日独両民族の時間観

時の表現にみる言語事実をふまえて

麦倉達生 著
Tatsuo Mugikura

はじめに

　つきつめて考えれば、我々人間は誰でも彼でも結局のところ、"いま・ここ"を生きるしかない。なるほど、「年寄りは過去に生きる」とか、「若者は未来に生きる」とかという表現がありはする。が、それでも過去を回想しながらの"いま・ここ"を、また未来の目的実現に向けての"いま・ここ"を生きているわけである。そして、"いま"というときには自ずと"ここ"が定まるのだから、せんじつめればこれまた誰でも彼でも、"いまを生きている"わけである。つまり我々人間は、あえてひと言で言えば、時間的な存在だということになる。そしてそのように考えるとまた人間のみならず有情非情の一切が、人間に関わる事象はもちろんのこと森羅万象が、時間的な存在であり事象だということになる。そうだとすると、人間の使う言葉が時間との関わりを持つことになるのは当然の理であって、そうした言葉と時間との関わり合いが一定の決まりを形作ってゆくときには、そこに時制（テンス）なるものが出来上がってゆくのもこれまたごく自然な成り行きと言えるだろう。ただしかし、人種・民族によって時間のとらえ方がずいぶんと異なるものであることは確かなようで、そうした異なった時間観がまたそれぞれの民族の言語における時制体系にも反映されることになるもののようだ。
　例えば筆者の場合だと、ドイツ語の時制形態による表現を日本語のそれに移そうとしてみるようなとき、（あるいはその逆のとき）どことなくしっくりとはそぐいかねるもどかしさをしばしば感じさせられる。ドイツ語では時制が6つに分かれていて、かつそれぞれにその表現役割がかなり明確であるのに、それに対して日本語では、時制といえるものはつきつめると、どうも2つくらいしか存在しないらしいということもまたその一因をなしているようだ。……日本語のテンスは一体どうなっているのだろうかと気になって、中学・高校の国

文法の教科書を見てみても、不思議なことに「時制」に関する項目（文法カテゴリー）は見当たらない。その点を疑問に思っていると、「これまでの学校文法、およびそれの理論的なよりどころとなっている橋本進吉氏や時枝誠記氏の文法論では、……動詞の文法的なカテゴリーとしてのテンスはみとめられていない」（鈴木重幸：『ことばの研究』）からだと分かった。

　そのようないわば主流の国文法体系からはずされた現代日本語のテンスは、しかしながら「松下大三郎、小林好日、佐久間鼎、金田一春彦、三上章、三尾砂、宮田幸一、日下部文夫の諸氏のような、伝統的な文法論にとらわれない研究者によって、対象としてとりあげられ」（同）ることになったが、私自身としては目下のところ、大筋においては金田一氏の時制論でほぼよいのではあるまいか、と思っている。それによると日本語のテンスは、「以前」と「非以前」の二元組織であるということになる。しかしそうだとすると、それならなぜドイツ語には6時制もあるのに、日本語には2時制しかないのかといったことがいきおい問題になってくる。そしてそのことをつきつめてゆくと、両言語の時制体系の違いは、その背後に控えているドイツ人の時間観と日本人のそれとの相違に因るということも分かってくる。そうなると次にはどうしても、それなら両民族のそうした異なった時間観はそれぞれにどこから出てきたのか、またどのように形成されてきたのか、古代においても現在と同じ時間観であったのかそれとも違っていたのか、変化が見られるとすればその理由は何なのか等々といったことが問題になってこざるを得ない。

　筆者としては自らの関心からそこまで論を推し進めてゆきたく思うのだが、そのためには何よりもまず具体的に、ドイツ語の時制と日本語のそれとを比較検討し、それによって確認される言語事実をふまえた上で、さてそれならそうした言語事実を無理なく説明し得るためには、その背後にある時間観をどのようなものと解さねばならないかというふうに論を展開してゆくべきだと考える。ただしかし、いくら言語事実をふまえるところから出発するといっても、読者の多くにとっては、おそらく「時制」についての詳細な検討はやはり煩瑣に思えるであろうことを恐れて、以下の本文中での言語的説明は極力簡略にし、ただもう要点のみに絞って記述することをご了解いただきたい。それでもド

ツ語と日本語とを比較することによってこそ明らかになる点とか、また時間観の導入を待って初めて解明される点などに関しては、主として「補説」の形において、煩をいとわず詳述することをも前もってご了承いただきたく思う。

　さてそのようなわけで、まずは現在の日独両語の時制体系を明らかにするところから始めようと思う。その際、現在の両言語の時制としては、形態上はドイツ語の方がよりととのっているふうに見えるゆえに、ドイツ語を先に取り上げて、そのドイツ語時制と対比しながら日本語の時制をも検討してゆくという形をとることにしたい。なおまた両言語における時制（体系）の違いと、それの拠ってきたるところの時間観の相違というものが少しでも明瞭になるよう、なるだけ互いの相違点に注目しながら見てゆくことにしようと思う。

日独両民族の時間観
──時の表現にみる言語事実をふまえて──

目　次

はじめに …………………………………………………………………………………… i

第1章　時制比較をふまえた日独の時間観のちがい ……………………………… 3
　Ⅰ．"過去"を表すドイツ語の3時制……現在完了、過去、過去完了 ………… 3
　Ⅱ．日本語の「～た」と「～てしまう」……………………………………………… 5
　Ⅲ．特別扱いされる「～た」…………………………………………………………… 8
　Ⅳ．ドイツ語の現在時制 ……………………………………………………………… 9
　Ⅴ．日本語の「現在止め」…………………………………………………………… 12
　Ⅵ．ドイツ語の未来時制と未来完了時制 ………………………………………… 14
　Ⅶ．日本語の「う」「よう」 ………………………………………………………… 17
　Ⅷ．ドイツ語と日本語の時制体系とその図式化 ………………………………… 20
　Ⅸ．日独の時間観の相違について ………………………………………………… 24

第2章　日本語における時制の変容と日本人の時間観の多元化
　前置き ………………………………………………………………………………… 31
　Ⅰ．古代日本語における時の助動詞 ……………………………………………… 33
　　（1）過去を表す〈キ〉と〈ケリ〉　34
　　（2）完了表現の〈ツ〉〈ヌ〉〈タリ〉〈リ〉　37
　　（3）過去完了時制としての〈テキ〉と〈ニキ〉　40
　　（4）現在時制としての動詞の〈基本形〉　41
　　（5）未来時制の〈ム〉と未来完了時制の〈テム〉〈ナム〉　43
　　（6）推量の助動詞〈ラム〉〈ケム〉　45
　　（7）古代日本語の時制体系とその背後にある直線的時間観　47
　Ⅱ．古代日本語の背景をなす直線的時間観の由来 ……………………………… 50
　　（1）日本の風土と原始神道の時間意識　50
　　（2）古神道とその円環的時間観　55
　　（3）直線的時間観をもつ人間集団の日本列島への渡来　61
　　（4）日本語のルーツ　66
　　（5）騎馬民族征服王朝説のための証左　70
　　（6）モンゴル系民族の太陽神信仰と直線的時間観　75
　　（7）天孫降臨神話および神統譜の神々にみられる時間観　81
　　（8）仏教の受容と仏教的時間観　93
　　（9）古代国家における時間観の並存　96
　　（10）国家宗教としての仏教とその時間観　100

（11）奈良朝における時間観の並存　　103
　　　（12）平安朝における直線的時間意識の優勢化　　106
　　　（13）仏教の時間観の影響　　109
　　　（14）武士の抬頭と円環的時間観の優勢化　　114
　Ⅲ．時の助動詞の推移──その消滅過程と整理統合化──………………116
　Ⅳ．鎌倉時代以降の日本人の時間観の変遷過程 ……………………………122
　　　（1）日本人の農耕民族化と神道の確立　　122
　　　（2）武士の生死観　　125
　　　（3）歌人の世界にみる時間意識　　128
　　　（4）鎌倉仏教にみられる時間観　　130
　　　（5）室町時代の連歌の流行と円環的時間観　　134
　　　（6）江戸時代の場的時間観にむけて　　135
　　　（7）江戸時代の儒教および神道にみられる時間観　　138
　　　（8）近代日本における時間観の同時並存　　141

第3章　ドイツ語における時制の変遷
　Ⅰ．問題点とその解明のためのカギ ……………………………………………146
　Ⅱ．印欧祖語からゲルマン語へ……時間観の一大転換 ……………………151
　Ⅲ．未来・現在・過去という単語に見る時間観的原義について ………155
　Ⅳ．ゴート語の時制とゲルマン的時間観 ……………………………………161
　Ⅴ．古高ドイツ語の時制におけるゲルマン的時間観の優位 ……………166
　Ⅵ．中高ドイツ語の時制におけるキリスト教的時間観の抬頭 …………173
　　　（1）中高ドイツ語の未来時制──キリスト教的時間観の優勢化──　174
　　　（2）中高ドイツ語の完了時制──キリスト教的時間観の勝利──　176
　Ⅶ．新高ドイツ語の時制について──6時体系の成立──………………178
　　　（1）新高ドイツ語の未来時制　　179
　　　（2）新高ドイツ語における未来時制以外の時制について　　182

第4章　ドイツ人における時間観の変転
　Ⅰ．印欧祖語（人）からゲルマン語（人）へ ………………………………185
　　　（1）印欧祖語（人）の時間意識とその風土　　186
　　　（2）ゲルマン語への分岐　　188
　　　（3）ゲルマンの風土とゲルマン人の生活　　189

Ⅱ．ゲルマン的時間意識の例証 ……………………………………………… *192*
　　　　（1）ゲルマン人の季節の巡りに対する時間意識　　*193*
　　　　（2）ゲルマン人の戦争にみられる時間意識　　*195*
　　　　（3）ゲルマン人の狩猟にみられる時間意識　　*197*
　　　　（4）ゲルマン人の葬制と死にみられる時間意識　　*201*
　　Ⅲ．キリスト教の浸透・普及 ………………………………………………… *209*
　　Ⅳ．ゲルマン的時間意識とキリスト教的時間意識のせめぎ合い ………… *213*
　　Ⅴ．機械時計の出現とその過程 ……………………………………………… *216*
　　Ⅵ．神中心の時間意識から人間中心の時間意識へ ………………………… *221*
　　Ⅶ．ゲルマン的時間意識の事例とヴァイツゼッカー大統領の演説 ……… *226*

補　説
　　補説Ⅰ．特別扱いされる日本語の「〜た」の本質 …………………………… *232*
　　補説Ⅱ．古代日本語における完了の助動詞〈ツ〉と〈ヌ〉の使い分けの規準 …… *240*
　　補説Ⅲ．ドイツ語の未来時制の形成過程
　　　　　　――ゲルマン的時間観とキリスト教的時間観のせめぎ合い―― ……… *257*

　　注　 ………………………………………………………………………………… *265*
　　あとがき ………………………………………………………………………… *275*

日独両民族の時間観
―― 時の表現にみる言語事実をふまえて ――

第1章

時制比較をふまえた日独の時間観のちがい

I "過去"を表すドイツ語の3時制
……現在完了、過去、過去完了

　時制とは、時間に対する捉え方を文法的に形式化・体系化したものである。ドイツ語の文法時制は（英語と同じように）、過去、現在、未来に、完了の時制つまり過去完了、現在完了、未来完了を加えた6種類である。そしてそれらはいずれもそれぞれに一定の文法形態を持っている。まず、"過去"の事柄を表す現在完了、過去、過去完了の3時制を見てみることにしよう。……次のような文はどうであろうか。

　（1）Das Kind hat lange geschlafen.
　　　子供は長いこと眠っていた[1]。

この文では"過去"の事柄であることを示す副詞（句）などないにもかかわらず、それでも現在完了時制という文法形態によって、過去のある時点から現在まで（ないし発話時点まで）ずっと眠っていたことが分かる。またこれを、

　（2）Das Kind hatte lange geschlafen.
　　　子供は長いこと眠っていた。

という過去完了時制の文にすると、日本語の訳文そのものには何らの変化もみられないのに、ドイツ語文では、過去のある時点まで子供がずっと眠っていた

ことが表現されることになる。またそれを、

(3) Das Kind schlief lange.
　　子供は長いこと眠っていた。

と過去時制の文にしても日本語訳の方はこれまた全然変更の必要をみないが、ドイツ語文では、ある過去の時点（もちろんある時間幅を持つ）で子供が眠っていたことを示す。すなわち、ドイツ語では現在完了、過去、過去完了という3とおりの時制形態そのものによって、"過去"に関わる事柄のその時間的前後関係が明瞭に区分されるのである。

　このことをやや視点を変えて、時間ないし意識の流れという側面から見てみると、同じ"過去"の事柄を述べる場合でも、その"過去"の事柄ないし出来事が話者の意識において現時点まで線的流れとしてつながってきているときには現在完了時制が使われ、他方、"過去"の出来事をいわばその過去時点での点的事柄として現在から切り離した形で述べるときには過去時制が使われる、ということなのである。そしてそのように見るならば、過去完了時制と過去時制との関係にあっても過去完了による叙述内容は、過去の一時点まで時間が、あるいは話者の意識が、線的流れとしてつながってきている、ということが言えるわけである。

　その点日本語では、ドイツ語の3時制区分のいずれもが「子供は長いこと眠っていた」と「～ていた」1つですまされるため、この「～た」という時制形態だけからではドイツ語式の3時制による時間的な前後関係の区別はつかず、場面・文脈等のそれ以外のものとの関連から判別するしかないことになる。このようにドイツ語の文では、時制の点で、その文自体の独自性・自立性がかなり高い。他方日本語の場合には、往々にして他の諸要素との関連から時制も決まってくるのであってみれば、文それ自体の時制面での独自性・自立性は低いと言わざるを得ないが、でもまた「～た」1つで3時制が表せるのだから、融通性のある言語だと言えなくもない。

Ⅱ　日本語の「〜た」と「〜てしまう」

　ともかくこのようにドイツ語では、"過去"の事柄を言い表すのに過去完了・過去・現在完了の3時制を当てて、時間的な前後関係をより明瞭にしようとする。ところが日本語ではそうした区別はなされず、"過去"の事柄の表現は基本的には「〜た」1つですまされるのである。それで、このようにドイツ語で細かく3時制に区分されるものを一括して表現する日本語の「〜た」をいま「過去止めの'た'」と呼ぶこととし、またこの「過去止めの'た'」によって表現される時制群を「過去止め時制」*と呼ぶことにする。〔*金田一春彦氏のいう「以前」にほぼ相当する。〕そうすると逆に日本語では、「過去止め時制」の中には、「過去止めの'た'」によって表現される過去完了・過去・現在完了の3つの時制が含まれることになるわけである。このことをもっと単純化して言えば、日本語の「〜た」は過去時制にも完了時制にも使われるということである。

　しかしそうしたことはなにも、ドイツ語の時制と日本語のそれとを対比してみて初めて明らかになるというようなものでなく、日本語史の点からも至極当然のことに思える。——日本語も昔は、過去を表すには「き」「けり」を用い、完了を表すには「つ」「ぬ」「たり」「り」を使うという区別があったが、現在の日本語に至る過程において、これらのうちの「たり」から出てきた「た」のみが残って、あとはすべて消滅してしまった。とすると、「〜た」が本来的に完了を表すものであるのは当然のこととして、過去「き」「けり」の代わりをつとめねばならなくなった以上、同時に過去をも表すのはこれまたいたって自然なことのはずである。筆者自身としては、先にあげたドイツ語の例文(1)(2)(3)に付された日本語訳からも明らかなように、ドイツ語の過去時制も完了時制も基本的には「〜た」1つで訳せるのだから、逆に、「〜た」は過去をも完了をも表す、とするのを自明のことだと考える。そうしたことを寺村秀夫氏がうまく説明（証明）しているので、念のためにあえてここに引用紹介しておこう。

私は、動作・でき事を示す動詞のタ形には
　　（a）モウ昼飯ヲタベタ
のように、完了（アスペクト）表わすものと、
　　（b）キノウハ昼飯ヲタベタ
のように、過去（テンス）を表わすものがあると考えるのであるが、タにこのように2つの異種のものがあるということは、次のような問いに対する答えを比べてみると分かる。
　　（c）モウ昼飯ヲタベタカ
　　（d）キノウ昼飯ヲタベタカ
に対して、肯定の答えは言うまでもなく'…タ'だが、否定の答えは、それぞれ
　　（c）'イヤ、（マダ）｛食ベテイナイ
　　　　　　　　　　　　｜食ベナイ
　　　　　　（×食ベナカッタ）
　　（d）'イヤ、食ベナカッタ
　　　　　　（×食ベテイナイ／食ベナイ）
でなければならない。
　この事は、'モウ''キノウ'とういうような副詞に助けられて、同じ'〜タ'という形式が、ある場合には現時点での動作の終わったか否かを、またある場合には現時点と（いかに短かい間であっても）隔絶した'過去'における動作を表わすのだ、という事が、決して観察者たる文法学者の頭の中にだけある区別ではなくて、実際に話し手と聞き手との間で了解されているということを示している。その異なる2つの面の、いずれかと限定するような補助的要素（上例では'モウ'とか'キノウ'とかの副詞）のない、例えば、昼飯ヲタベタのような文は、だから、少なくとも二義的である、という事になる[2]。

　日本語の「過去止めの'た'」が過去・完了いずれをも表すものだということ、ないし表し得るものだということはこれで明らかになったと思われる。そしてその際「昼飯ヲタベタ」のような二義的な文でも、実際には'モウ'とか'キノウ'とかの補助的要素が付け加わることによって、過去か完了かは自ずと分かってくる（決まってくる）わけである。そして日本語（日本人）の場合には、時制に関する区別はその程度で十分らしいということなのである。
　なおついでながら、日本語では「完了」を表すには「〜てしまう」が使われ

ると一般には考えられている。しかし、「～てしまう」はあくまで完了表現のための補助手段にすぎないのであって、必要十分なものではない。そのことについて少し触れておくことにしよう。……例えば次のような例文において見てみよう。

　(4) Weil wir die Arbeit beendet hatten, gingen wir nach Hause.
　　　仕事を終え（てしまっ）たので、私たちは家に帰りました。
　(5) Weil wir die Arbeit beendet haben, gehen wir nach Hause.
　　　仕事を終え（てしまっ）たので、私たちは家に帰ります。

　上例における副文の行為（「仕事を終え（てしまっ）た」）が主文の行為（「家に帰った」あるいは「家に帰る」）より時間的に先行していることは、ドイツ語では、(4)副文の過去完了時制と主文の過去時制、(5)副文の現在完了時制と主文の現在時制との対比によって明瞭である。そればかりか(4)における副文の行為が過去より以前、(5)におけるそれが現在より以前だということもまたその時制形態から明白に見てとれる。

　ところが日本語では、(4)における主文・副文の時間的前後関係は「終えた」「帰った」という「過去止めの'た'」による時制形態そのものからでは分からず、文中の他の諸要素から判別するしかない。こうした点を少しでも補うべく副文を、「仕事を終えてしまったので」とすれば、確かにその行為が「家に帰った」よりも時間的に先行することがより明瞭になりはする。しかしその場合でも、その行為が過去より以前（＝過去完了時制）のものだと判別されるのは、主文が「帰った」という「過去止め」だからである。なぜなら、(5)に見られるように、副文の行為が現在完了時制のものであっても、日本語としては(4)と全く同じ「終えた」という表現をとるからである。

　それならばドイツ語における過去完了をさらに厳密に訳出しようというわけで、「終えてしまっていたので」とすると、それでは日本語としてあまりにも翻訳臭く、いささか煩しすぎる。……という具合に、「～てしまう」を補うことによって完了の意味合いはより明瞭になるとしても、それでもなお、その副文が過去完了なのか現在完了なのかといったことは形態の上からは分からず、

主文が(4)のように「過去止め」か、それとも(5)のように「現在止め」*かによって決めてゆくしかないわけである。〔＊「現在止め」とは単純には動詞の基本形のことをいうものとする。そしてこの「現在止め」によって表される時制群を「現在止め時制」と呼ぶことにすると、日本語では、「過去止め時制」以外は原則的にすべて「現在止め時制」に入ることになる。金田一春彦氏のいう「非以前」にほぼ相当する。〕つまり、日本語の「〜てしまう」という補助動詞は、確かに完了の意味合いをより明確にし、また1つの文章の中での時間的前後関係をより明瞭にするための補助的機能をはたしはするが、しかしこの語だけからではやはり、ドイツ語における現在完了、過去完了といった時制形態が表す時間的前後関係を表現するにはなお不十分なのである。

Ⅲ．特別扱いされる「〜た」

ところで日本語には、これまでも国文法学者の間にあって問題にされ特別扱いされてきた「〜た」がある。すなわち、文法形態としては「以前」（筆者のいう「過去止め時制」）の範疇に入りながらも、実際には現在時制相当のものとして使われている「〜た」である。しかしながらこの「〜た」については、ドイツ語の表現と対比してみることで、その特性もずいぶんはっきりしてくるように思える。

例えば、長いこと待っていたバスがやっと来たような場合には、確かにドイツ語も日本語も同じく現在完了形を使って表現する。

　　ドイツ語：Da ist (endlich) der Bus gekommen!
　　日　本　語：（やっと）バスが来た！

しかし、現にバスが来ているのを眼前にしつつその事実を言い表す場合には、ドイツ語では現在形を用いて、その事実それ自体を客観的に突き離して、

　　Da kommt der Bus!

という。ところがこれが日本語だと——現在形を用いて「バスが来る！」とも

もちろん言うが、しかし一般的にはむしろ、いったんその事実を話者の主観のうちに引き込んで──「バスが来た（来た）！」という表現をとる方が普通である。この「〜た」は決して過去でも完了でもない。時制的にはあくまで現在時制相当のものとして使われているのだ。そしてこうした「〜た」は、特別扱いをもってすますには他にも類似の用法があまりにも多い。このように文法形態的には「過去止め時制」の中に入りながらも、しかし実際の時制としてはあくまで現在時制（筆者のいう「現在止め時制」）の中に入るので、それでそのいずれにも属するもの、ないしこれら両時制の中間領域に位置するものとして、こうした「〜た」を筆者としては「現在止め相当の'た'」と呼ぶことにしたい。〔なお、特別扱いされる「〜た」の詳細については、「補説Ⅰ」を参照していただきたい。〕

Ⅳ．ドイツ語の現在時制

　現在とはドイツ語の場合、時間の流れにおける過去と未来との接点である。したがって、現在（現時点）は過去にも未来にもつながりあっているわけで、そのため現在時制が、現時点の事柄・事象はもちろんのこと、過去および未来のそれをも表現し得るのはいたって当然なことと言えよう。例えば次のごとくである。

　(6)　Jetzt bringt er das Buch.
　　　　いま彼が本を持ってくる。
　(7)　Morgen bringt er das Buch.
　　　　あす彼が本を持ってくる。
　(8)　Neulich treffe ich einen Schulkameraden.
　　　　先日昔の学友に会う。

上例(6)(7)(8)における文法的時制はいずれも同じ現在時制である。しかし客観的な時間はそれぞれに異なっている。(6)では現在の事柄が、(7)では未来の事柄が、そして(8)では過去の事柄が述べられている。こうした客観的時間

の相違は、動詞の文法的時制が同一である以上、それ以外の要素、つまりここでは Jetzt, morgen, neulich といった時間副詞類によって生じていることは明らかである。この点では日本語についてもほぼ同様のことが言い得る。日本語では、現在の事柄を言い表すには普通「現在止め」が使われるが、しかし「あす」という時間副詞がつけば、(7) の日本語訳に見られるように同じ「現在止め」で未来の事柄を、また (8) では「先日」という時間副詞によって過去の事柄を表現している。そして (8) のような用法は、日本語の場合、日記などを書く際にごく普通に使われるものである。

ともあれ、ドイツ語の現在時制は、現時点の事柄のみならず過去および未来の事をも表現し得るわけで、そうした現在時制の用法をヘルビヒ／ブッシャは、【1】本来的現在時制、【2】未来的現在時制、【3】過去的現在時制（歴史的現在）、【4】普遍的（超時間的）現在時制の4つに大別しているが、ここではそれぞれについてごく簡単な説明と2、3の具体的用例をあげるにとどめる。

【1】本来的現在時制

これは現前の事柄ないし現在（現時点）の事柄を表す用法である。上にあげた (6) はもちろんここに入る。ただドイツ語では（英語のような進行形という文法形態がなく）現在時制が現在進行形をも兼ねるので、

(9) Seine Tochter studiert jetzt in Berlin.
　　彼の娘はいまベルリン大学で勉強している。

のような文では、「勉強している」というふうに現在進行中ないし継続中の事柄としてとらえるのが自然である。

また先にも述べたように現在が過去と未来にもつながり合っている以上当然のこととして、現在時制は時間副詞を伴って、過去から現在まで継続されている事柄を表す場合〔次例 (10)〕もあれば、またその継続状態が現在に始まり未来に及ぶ場合〔次例 (11)〕もある。

(10) Meine Eltern wohnen seit zwei Jahren in Köln.
　　私の両親は2年以来ケルンに住んでいる。

(11) Ich bleibe zwei Tage in diesem Hotel.
　　　私は2日間このホテルに留まる。

【2】未来的現在時制
　現在時制で未来の事柄を表す用法であるが、この場合には(7)におけるように時間副詞類（morgen, bald, in einem Monat etc,）の添えられることが多く、それによって未来の事柄であることがはっきりする。例えば、

(12) In einem Monat haben die Kinder Ferien.
　　　1か月後に子供たちは休みに入る。

では、In einem Monat（1か月後に）があることによって、この現在時制文が未来の事柄を表すものだと分かる。しかしこのように言ったからといって、必ず時間副詞を入れないといけないわけではない。

(13) Wir kommen (bald) zurück.
　　　私たちは（じきに）戻って来る。

この文では、bald（じきに）がなくても、未来の事柄を表していることは明らかである。

【3】過去的現在時制（歴史的現在）
　通称"歴史的現在"と呼ばれるこの用法の例を、

(14) 1914 beginnt der erste Weltkrieg.
　　　1914年に第1次世界大戦が勃発する。

という一文において見てみると、こうした過去の出来事は過去時制で記述されるのが普通であるが、他方発話者が、1914年という時点に身を置くことによって、大戦の勃発という歴史的な出来事をまるで眼前に見聞・体験するがごとき事柄として叙述する場合には、この"歴史的現在"が使われるのであり、そしてそれによって過去の事柄が生き生きと現前化される表現効果を持つことに

なるのである。

【4】普遍的（超時間的）現在時制

　過去・現在・未来のすべての時制に普遍妥当して言い得る事柄・事象は、これら3つの客観的時間の接点であるところの「現在」の時制、つまり現在時制で言い表されるのがごく自然である。日本語でも、そうした普遍的ないし超時間的な事柄は、「現在止め」で表現される。

(15)　Die Erde bewegt sich um die Sonne.
　　　地球は太陽のまわりを回る。
(16)　Silber ist ein Edelmetall.
　　　銀は貴金属である。

上例を過去ないし完了時制、あるいは単純未来時制をもって書き換えることは、ドイツ語でも日本語でもできない。

　なおまた、諺、規則的に繰り返される行為、一般的な確認事項なども、時に関係なく常に通用する事柄として現在時制で表現されるし、さらには、ある人の言説が今もなお生きていることを表すような場合にも、現在時制が使われる。例：

(17)　Goethe *sagt*: „Stirb' und werde !"
　　　ゲーテは「死して生まれよ！」と言っている。

Ⅴ．日本語の「現在止め」

　ドイツ語の現在時制の用法には大別して4つあったが、それらのいずれもが日本語では「現在止め」によって表現されるものであることは、(9)～(17)の日本語訳が「勉強している」「戻って来る」「勃発する」「回る」等々とことごとく「現在止め」になっていることからも明らかである。したがって、ドイツ語の現在時制は基本的には日本語の「現在止め時制」に相当するといってよ

いであろう。ただその際注意すべきは、ドイツ語ではあくまでも、現在時制という明確な文法形態が存在していて、他の時制と形態の上で明瞭に区別がつくということ、つまりそれ自身の独立性、独自性、自律性を持っているのに対して、日本語の「現在止め」は、時制としての独立性、自律性が稀薄だということである。そのことがまた日本語にそれ相応の特色をもたらすわけであるが、例えば次のようなごく一般的な文例においても、その点は明瞭に見てとれる。

　（18）今日は雨が降り、稲光がした。

上例の降りは連用形の"中止法"といわれる用法であって、文末の「した」の支配を受けるゆえに、ドイツ語式に言えば、過去ないし現在完了時制である。つまり、現在時制ではないのだ。ところが、もし後半が「稲光がする」あるいは「稲光がしている」となったとすると、その場合にはこの降りが、現在時制ないし現在進行形となる。そしてまたもし「稲光がするだろう」との未来時制的な文になれば、降りも同じく未来相当になる。すなわち、降りというこの「現在止め」には、時制としての独立性、自律性がないわけである。あるいは見方を変えて言えば、日本語の「現在止め時制」はそもそも初めから部分的には「過去止め時制」に重なり合っているし、また未来時制的な領域とも重なり合っているのだと言い直してもよい。その点ドイツ語では、降りが現在時制になっておればあくまで現在時制であって、時制としての独立性、自律性は保たれるのである。

　ところで先に、特別扱いされる日本語の「た」は、「過去止め時制」と「現在止め時制」との中間領域に位置付けるのが妥当と考えられると指摘しておいた。それと同じことが、「現在止め」としての「〜ている」についても言い得ることについて、ここで言及しておきたい。例えば、次の2つの文について見てみよう。

　（19）彼はいま『ファウスト』を読んでいる。
　（20）彼はもう『ファウスト』を読んでいる。

文法形態としては同じ「(読ん)でいる」という「現在止め時制」でありながら、(19)は現在「読書中」ということを、つまり現在時の進行ないし継続を表しているのに対して、(20)では読書が現在すでに完了していることを表している。もっとも(20)は、「読んだ」とか「読んでしまった」とかの完了表現に比べれば、行為自体は完了していても、その影響が何らかの形で現在もなおまだ残っていることを示唆している。だからそうした側面を重視すれば、(19)が動作自体の持続の表現である一方、(20)は動作終了の影響の持続の表現であって、この「持続の表現」ということでは(19)(20)には共通性があるわけである。しかしそうした共通性にもかかわらず、同じ「～ている」が(19)では現在時の「継続」に、(20)では現在時での「完了」に使われていて、時制の点での機能は明瞭に異なっている。

　そして両者のこうした相違は、文法形態が同じである以上、語彙(上例では「いま」「もう」)の選択という別の要因によって規定されているわけである。ちなみに、この「～ている」が「完了」のみを表すのは、いわゆる瞬間動詞(「死ぬ」、「点く」など)であり、「継続」のみを表すのは、継続動詞(「続く」、「眠る」など)であるとのことだが、しかし上例の「読んでいる」のように多くの動詞は、他の要因から「継続」「完了」のいずれにも機能し得るのである。

　いずれにせよ「～ている」はこのように、文法形態としても時制としても現在形として使われる一方で、現在完了時制としても使われるのである。つまり、形態面では「現在止め時制」の中に入りながら、時制の点では「過去止め時制」の中に入っているわけで、したがってこの「～ている」も、これら両時制が重なり合う中間領域に位置付けるのが妥当だと思われる。

Ⅵ. ドイツ語の未来時制と未来完了時制

(1) 未来時制

　ドイツ語にあっては先にも見たように、未来の事柄のかなりのものが現在時制によっても——多くは未来に関わる時間副詞類を補足手段としながら——言い表し得る。しかしそれでも、未来の事柄を表現するのに一定の文法形態

(werden ＋…不定詞) が存在するということは (そうした明確な時制形態を持たない日本語と対比するときには) やはり注目されるべきことであろう。

（21）Er wird morgen kommen. (未来；推量の意味を含まない)
　　　彼はあす来る。
（22）Er wird *wohl* morgen kommen. (未来；推量の意味が伴う)
　　　彼はたぶんあす来るでしょう。
（23）Er wird *wohl* schlafen. (現在あるいは未来；推量の意味が伴う)
　　　彼はたぶん眠っている／眠るでしょう。

（21）では「あす」という時間副詞があるのだから、未来時制にしなくても未来の事柄だと分かるのではあるが、それでも未来の時制形態をとることによって、推量の意味を含まない未来の事柄だということがより明確になる。ちなみにこれを、

（24）Er kommt morgen.

と言い換えると、彼があす来ることが（21）よりも確実視されているといったニュアンスを持つことになる。（21）と（24）とのあいだのそのような違いが、日本語では残念ながら出て来ないのである。なぜなら、あえて違いを出そうとして、（21）に「彼はあす来るだろう」との訳をあてると、日本語としては推量の意味を含む文に変わってしまうからである。その点ドイツ語にあっては、（21）の文に推量の意味を伴わそうとする場合には、（22）にみるように wohl（たぶん）に類する話法詞を入れれば事足りる。ただこの（21）（22）では morgen（あす）という時間副詞がなくても未来の事柄だと分かるが、（23）のような動詞の場合だと、助動詞 wird が未来の助動詞として機能していると解し得るほかに、現在の事柄に対する推量の助動詞として使われているとも受け取れるわけで、二様の解釈が可能となる。（もっとも、実際には他の要因から、そのいずれであるかは明瞭に決まってくるのではあるが。）

それはともかく、未来時制はこのように本来的には未来の事柄を表現する文法形態なのだが、主語が一人称のときには、そうした未来性とともに主語の意

図・意志を表す用法となる。

(25) Wir werden uns kurz fassen.
　　 私たちは手短に述べましょう。

(26) Von morgen an werde ich nicht mehr rauchen.
　　 明日から私はもうタバコを吸わないことにしよう。

これらの例文にみられる助動詞 werden が表す主語の意図・意志の意味合いが、日本語の「推量・意志の助動詞」としての「う」「よう」と相即の関係にあることは、その訳からも読みとり得るだろう。

また主語が二人称の場合には、未来性とともに要求・命令を表す用法ともなる。

(27) Du wirst jetzt deine Schularbeiten machen!
　　 お前はいまから宿題をするんでしょう！

(2) 未来完了時制

同じく未来に属する事柄を述べるに際して、その事柄が未来の一定の時点で終了したと想定されるような場合には、未来完了時制を用いて表す。

(28) Morgen wird er die Arbeit beendet haben.
　　 あすには彼はその仕事を終えて（しまって）いるだろう。

この用法では、未来に関わる補足的な時間副詞類（上例では morgen ）が不可欠である。なぜなら、それの代わりにもし過去に関わる時間副詞類（例えば gestern ）をもって置き換えたとすると、ほかは全く同じままで、たちまち過去の事柄の推量文に変わってしまうからである。つまり、

(29) Gestern wird er die Arbeit beendet haben.
　　 きのう彼はその仕事を終え（てしまっ）たらしい。

となる。このようにドイツ語の未来完了時制の文法形態は、過去の事柄の推量表現としても用いられる。そしてこの用法を、(28)のような未来的未来完了

時制と区別するときには、過去的未来完了時制と呼んでいる。

それなら、例文(28)が副文(例えば wenn 文章)の中に入ったときにはどうなるか。

(30) Er wird sich auf die Reise begeben, wenn er morgen die Arbeit beendet haben wird.
　　彼は、明日その仕事を終え（てしまっ）たら、旅行に出かけるだろう。

もちろん上文でよいわけだが、主文がすでに未来時制になっていることもあって、またこうした場合の wenn (「もし～なら」)には未来的な意味合いが含まれていることもあって、wenn 文章の中は普通、

(31) ……, wenn er morgen die Arbeit beendet hat.

というふうに、冗長な未来完了時制に代えて現在完了時制ですます。この点は日本語でも、「……その仕事を終え（てしまっ）ているだろうなら」という代わりに、「……その仕事を終え（てしまっ）たら」と現在完了的な文ですます。そのようになるのはドイツ語の場合と同じく、「旅行に出かけるだろう」という未来に関わる主文の内容が副文にも影響することと、「た」の仮定形「たら」の中にすでに未来的な意味合いが含まれているためでもある。

Ⅶ．日本語の「う」「よう」

先にも言及したように、日本語には未来を表す文法形態が明確には存在していない。一応ドイツ語の未来時制を「う」「よう」でもって訳しはするが、これら2つの助動詞は、学校文法でも「推量・意志の助動詞」(ときには「勧誘」にも用いられる助動詞)とされているきりである。そのような理由からか、日本語における時制（テンス）を取り扱った国文法学者にあっても、文法形態としてはっきりと未来時制を打ち出している人はほとんどいない。

たとえば橋本進吉氏も「う」「よう」を、「未来の助動詞といわれている」[3]とのみ述べて、「未来の助動詞」だとは言い切っていない。そしてこの「う」

「よう」が、普通「推量・意志の助動詞」として使われることは氏も、「そうでもあろうが」(推測)、「私も行きましょう」(決意)の例によって明示している。問題は、未来的未来時制の用法として使われる「う」「よう」があるかどうかという点だ。このことでは氏は、「そんな事をいおうものなら……」「あの人に出来よう筈はない」といった例をあげているが、しかしこれらはいずれも(金田一氏が指摘する)「連体法」の用法である。つまりそのような制約つきだということであって、文法形態としてはやはり不完全ないし変則的だと言わざるを得ない。それにまた(これも金田一氏の指摘するところだが)「テンスの形はほかの動詞で言い換えられないという特色がある」にもかかわらず、「出来よう筈」は「出来ル筈」と言い換えられるわけだから、その点からも「う」「よう」を、ドイツ語の(未来的)未来時制に相当する「未来の助動詞」と見なすことはできない、ということになるであろう。

　なおここで金田一春彦氏の論も見ておくと、氏は次のように言う。

　「日本語に、『以前』を表わす形があることになったとして、それに対する『以後』を表わす言い方はないか。『……シタ』が以前を表わすような、はっきりしたものはない。しかし全然ないことはなく、次のような場合の『……スベキ』や『……ウ』『……ショウ』は以後を表すと言える。ただし、いずれも連体法しかない。

　(32)　坐ルベキ場所ガナイ。
　(33)　モウジキ春ニナロウトイウノニ……。

これらは、『坐ル場所ガナイ』『春ニモナルトイウノニ』と言っても差し支えない。この意味では、はっきりした『以後を表わす形』とは言えない。テンスの形はほかの動詞で言い換えられないという特色がある。」[4]

　金田一氏においても、「う」「よう」が一応は「以後」(＝未来)を表すとしながらも、それでも「連体法しかない」との条件つきであり、かつそれとても、つきつめれば厳密な意味で「以後を表わす形」とは言えない、としている。

　以上から明らかなように、日本語にあっては未来を表す明確な時制形態は存在しない。確かに、未来に属する事柄はただ「予想・推測・推量」するしかな

いし、あるいは予想しがたくとも「決意」をもって臨むしかないと言えば、なるほどそのとおりなのだが、それでもドイツ語のように明確な未来時制の文法形態が存在する言語と比較するときには、このことはやはり日本語の時制形態における1つの特色としてよいのではあるまいか。いずれにせよつきつめていえば、日本語では未来時のことも「現在止め時制」でもって言い表されるということになる。これを言い直せば、日本語における時制組織としては、(ドイツ語でいう)「未来時制」は「現在止め時制」の中に包摂されるということである。一般に「未来の助動詞」とされる「う」「よう」は、あくまでも未来時表現のための補助手段でしかないということになるのである。

　次に日本語の未来完了(時制)についてだが、日本語では上述のように未来時制の文法形態が明確には存在しない以上、当然のこととしてドイツ語の未来完了時制にあたる文法形態もまた明確には存在しないことになる。したがって、それがドイツ語でいう未来完了時制に相当するかどうかは、語彙、時間副詞類、場面、文脈などから、未来に関わる事柄の文だと分かったうえで、そこに完了を表す「た」が出て来た場合ということになる。金田一氏は、

　　(34) アシタ勝ッタ組ハ決勝ニ出ル

という例をあげて、「この〈勝ッタ〉は、決勝に出るという事態が起る以前に〈勝つ〉という事態が完了していることを表わす。」[5]と説明している。すなわち、日本語においてはこのように何らかの形で未来の事柄だと分かるときには、基本的にはそこに「た」が加わるだけで未来完了を表し得るわけである。

　なおまた付言すると、この未来完了の「た」は、形態的には「過去止め時制」で用いられる「た」と同じものであることにおいて、一方では「過去止め時制」に属している。しかし他方では、それが他の要因から未来時に起きる事柄だと分かることにおいて——そして未来時のことは基本的には「現在止め時制」に包摂されることを確認したことにおいて——時制的には「現在止め時制」に属する。それゆえにまたこの「未来完了の'た'」も、「過去止め時制」と「現在止め時制」とが重なり合う中間領域に位置づけるのが妥当と考えられる。

Ⅷ. ドイツ語と日本語の時制体系とその図式化

　これまでドイツ語と日本語における個々の時制について概観してきたわけだが、それらをいま1つの全体（＝体系）としてまとめるとするなら、どのように見なし得るであろうか。……まずドイツ語から見てみよう。

　ドイツ語にあっても、現実の時間と時制とが必ずしも一致するものでないことは、ことさらドゥーデンの文法書の指摘[6]を引き合いに出すまでもなく、容易に看取できるところである。例えば、「現在時制」が現在時点の事柄を表現するのはもちろんだが、単にそれのみでなく——現在が過去と未来との接点であってみればむしろ当然のこととして——過去の出来事をもまた未来の事象をも表現し得るものであることは、具体的文例に即して見たとおりである。ただそうではあっても、ドイツ語においては文法上の時と現実の時とを、つまり時制（tence）と時間（time）とを、整合させようとする努力が見られる。そして実際またそのことによって、現実の時間の流れの中にうまく時制が組みこまれていて、ために（日本語と比べてよりすっきりと）ととのった時制体系が成り立っているように見える。それはドイツ人がもともと論理的な民族であるためなのか、それともラテン語やキリスト教の影響を受けてそうなってきたものなのか、そうしたことについては追って検討してゆくことになるが、ともかくも現代ドイツ文法における時制体系を見る限りでは、日本人よりはずっと論理的だということは異論のないところだろう。

　そのようなわけでドイツ語では、現在時点よりも以前（＝"過去"）に起きた事柄に関して、それが現在時点と直接的な関わりを持たぬものとして叙述される場合には、「過去時制」でもって表される。そして、そうした過去時点よりもさらに以前の事柄は、「過去完了時制」をもって述べられるのが普通である。他方同じ"過去"の事柄・事象でも、それが時間の流れないし発話者の意識の流れにおいて、現在時点にまでつながりを持ってくる場合には、「現在完了時制」を使って言い表す。そして改めて言うまでもないことながら、現在（時点）のことは「現在時制」で表す。

　他方、"過去"に関わるこれら3時制を関連づける時間の流れの線が現在時

点を通ってさらに先へと進んでいった、その未来のある時点において生起する事柄は「未来時制」によって、そしてその未来時点までに完了している事柄は「未来完了時制」をもって言い表されることになる。

　これらのことから容易に気付かされるのは、ドイツ語では6つの時制が1つの線をなして並んでいるということである。すなわち、直線的な時間の流れの帯の上に、過去時点、現在時点、未来時点という3つの点を配置させながら、それらの点の間を埋める線の帯が、完了時制の役割になっているということなのである。これを図示すると次のようになるだろう。

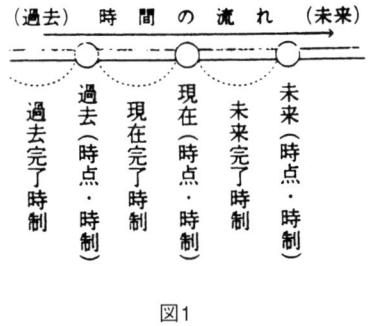

図1

　この図1からいろいろのことが見てとれるが、いまドイツ語の時制体系の背景をなす時間観に絞って言うと──ドイツ語における時制体系がこの図1のように整理できるのはつまるところ、ドイツ人が時間というものを、過去から未来に向けて一様に流れ動いてゆく線的なものとして把えているからに他ならない、ということなのだ。そして時間がそれ自体で一様に流れゆくものだと解すればこそ、それは区分し得るものとなるのであって、それによって過去完了─過去─現在完了……といった時制体系内における時間的前後関係の区分が明確になるのも、むしろごく自然なことと言える。かつまた人間のみならず万物万象がこの時間の流れのうちに存在し生起するものだと受け止められているがゆえに、一切の事物・事象が、ありとあらゆる人間の営為や出来事が、この時間の流れの中のいずれか然るべきところに位置づけられ得ることになるのである。さらにまた、時間とは一様に自己の外側を流れゆくものと見なされている

ことからごく自然に、それら一切の事物・事象を自己の外側に置いて見ることになる。そしてそのためドイツ語にあっては、同一の事柄を表現する場合にも日本語よりはずっと事柄それ自体のほうに重点をおいた表現が、つまり客観的に表現するほうが、一般的なものになるのである。

さてそれなら、日本語の時制体系はどのようにまとめ得るであろうか。……まず"過去"に関わる事柄が基本的には「過去止めの'た'」1つで言い表されるというのが、日本語の時制（体系）において見られる1つの大きな特色である。他方、現在の事柄は「現在止め」によって表現されるが、日本語には未来時制および未来完了時制の明確な文法形態が存在しないため、未来の事柄もまたこの「現在止め」によって、（多くは「推量の助動詞」の「う」「よう」を付け加えることによって）言い表されることになる。「過去止めの'た'」で表現される時制群を「過去止め時制」、「現在止め」によって表現される時制群を「現在止め時制」と呼ぶことにすると、日本語の時制体系は基本的には、「過去止め時制」と「現在止め時制」の二元組織である、ということになる。ただ先にも見たように、例えば「〜ている」のように、同じ1つの補助動詞でありながら、あるときは（現在完了を表すものとして）「過去止め時制」のなかに入り、またあるときには（現在の「継続」を表すものとして）「現在止め時制」の中に入るものがある。言い直せば、これら両時制の重なり合う中間領域に位置づけ得るものが存在するということである。「現在止め相当の'た'」および「未来完了の'た'」も、両時制のこの中間領域に置くのが妥当であろう。……以上のことを図で示せば図2のようになる。

この図から次のことが見てとれる。すなわち、ドイツ語の時制体系の背景をなす時間観が過去→未来型の直線的なものであったのに対して、日本語の時制の背景をなす時間観では、時間とは"いま"という時点において時々刻々に生まれ出てきては、円環的な「場」を形作りながら連なってゆくもの、というふうに把えられているのではあるまいか。恐れずにあえて言い切ってしまうならば、日本人の時間観は「場的な時間観」だと、あるいはドイツ人の「直線的な時間観」との対比でいうなら、「円環的な時間観」だと言ってよいのではあるまいか。

第1章　時制比較をふまえた日独の時間観のちがい　23

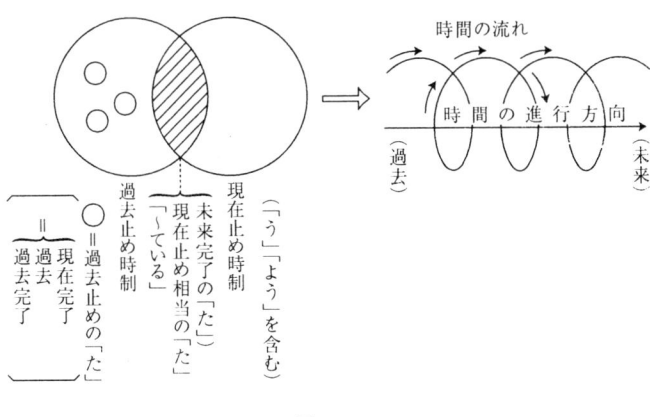

図2

　図2に即していうと、「過去止め時制」と「現在止め時制」とが重なり合う中間領域（＝斜線部分：つまり、「巣ガアル」と言う瞬間が即「巣ガアッタ」となるような時点、あるいは「いま読んでいる」が「もう読んでいる」に変わってゆくような時点）において時々に生まれ出てきた時間が、ある広がりをもった「場」を、いわば時間の空間化ともいえるような「場」を形作るとき、"過去"に属する事柄（過去完了、過去、現在完了）はそのいずれもがこの「場」のうちに納まる「点」と解し得るものとなる。ただしこれらの「点」は（時間の流れの）線上に並ぶ点としてではなく、文法形態的には——いずれもが「〜た」なのだから——時間的前後関係の区別のつかない「点」として、この「場」のうちに納まるのである。

　他方、現在および現在以後の時間もまた、現時点において生み出されながら、ある広がりを持つことになる「場」として把えられる。そしてその「場」の中で現在の事柄と未来の事柄とが、文法形態的に区別されることなく、いずれも「現在止め」でもって言い表される。すなわち、ドイツ語でなら未来時制表現になるものの多くが日本語では「現在止め」表現ですまされるのだが、それはおそらく、未来（実際には「近い将来」）の事柄もまた結局はこうした「場」のうちに納まっているのだとするある種の確実性、ないし一種の確定性に由来するのではあるまいか。そして確実視できなくなったときに初めて推量の「う」

「よう」をつけることになるものと思われる。

　いずれにせよ日本語の時制体系をこの図2のようなものとして整理し得るのは、要するに、それの背景をなす時間というものを日本人が、場的なもの、円環的なものと把えているからに他ならない、ということになるだろう。そして時間が場的なものとして表象されるのであれば、事物・事象の生起はことさら時間の前後関係をつけるほどのこともなく、まとめてその「場」のなかに納め入れられることになる。逆にいえば、人間の行為・行動はもちろんすべての事物・事象がこの場的な時間の環のうちに包摂されているわけである。そのためこの場的時間は、もはやそれ自体として自己の外側に存在するといったようなものとしてではなく、むしろ自己がそれの内側に包摂されているがごときものとなる。それだから場的時間観にあっては、自己と周りの事物・事象とがひとつながりのものとして感得されることにもなるのである。そしてそのためにまた日本語にあっては、同じ事物・事象の表現の場合にもドイツ語よりはずっと、自己（＝発話者たる「私」）に引きつけ自己（「私」）に重点を置いた表現が、つまり主観的な表現のほうが、多くなってくることにもなるのである。

　［注、日本語の時制体系の背後にある時間観としては、単に場的・円環的時間観のみではない。追って見てゆくように、歴史的過程において「過去→未来型の直線的時間観」もまた導入された。そしてそのことによって、この円環的時間が螺旋をなしながら過去から未来に向けて進行してゆくものとなったのである。またそれゆえに日本人は、こうした円環・直線いずれの時間観をもあわせ持つ多元的時間観の民族ともなっている。しかしそれにもかかわらず、現在の日本語の時制体系は、歴史的な円環的時間観の優勢化に伴って形作られたものなので、したがってその体系の背景をなす時間観としてはいまのところ、場的・円環的時間観ないし螺旋的時間観であるとするわけである。］

Ⅸ．日独の時間観の相違について

　以上、ドイツ語と日本語の時制体系およびそれの背景をなす時間観を個別に見てみたのだが、いまこの両者を対比して見てみるならば、その相違と同時に

それぞれの特色もまたより鮮明になるものと思われる。それで次に、先に示した図1・2に依拠しながら、両者を比較してみることによって言えそうな日独の時間観の相違・特色のいくつかを箇条書きふうにあげていってみることにしよう。

（イ）ドイツ語（人）の時間体系・時間観が線的であるのに対して、日本語（人）のそれは場的ないし円環的である。いま1年を例にとって比べてみると次のように言えるだろう。……ドイツ人にあっては、1年の時間もまた過去から未来へと線的に一様に流れゆくものであって、その線上には主としてキリスト教に関わる諸行事が糸でつながれた（時）点として並んでいる。そしてこの時間の進行は1年の終わり（年末）をもって終わることなく、"最後の審判"という未来に向けてなおどこまでも直進してゆく。

それに対して日本人にあっては、1年の時間は年末（大晦日）でもってひとまず円環的に終わる。その終わった旧い年は"忘年"されるものではあるが、でも次にはまた新しい年が生まれ始まる形で次々とつながってゆく。そうしてこの場的・円環的な時間の中には、仏教関係の行事（お盆など）とか神道あるいは農耕に関わる行事（秋祭りなど）がばらばらに、いくつかの点として納まっているのである。言い換えれば、諸行事を内包するこの円環的な時間は、同じところを堂々巡りするのではなくて、そうした円環がいわば鎖がつながるような形で、図2で示した螺旋をなして、進行しているものと解し得る。こうした円環的な時間周期はいわゆる"年度"にも見られるし、あるいはまた伊勢神宮の20年ごとの遷宮とか、各天皇一代によって年号が変わることなどにも見られるのであって、そうしたことからも日本人にとっての主導的な時間観は場的・円環的ないし螺旋的なものだといって間違いないであろう。

なおついでに言えば、こうした両者の違いの特色は単に時間観においてのみ見られるものではなくて、空間的なものにも及ぶ。なぜなら一般にも認められているように、時間観と空間観とは裏腹の関係にあるからである。そういうわけで、例えば、ドイツにおける町名番地に相当するものはすべて何々通り（〇〇－Straβe）という線的概念が基本になっていて、その線上に家が順序よく点

として並んでいる。一方日本の何丁目何番地は場的概念によるものであって、家はその「場」の中に「点」としてばらばらに存在しているといった具合である。あえてもう1例あげると、ドイツでの観光旅行は、ロマンチック街道（Romantische Straβe）とかメルヘン街道（Märchen Straβe）といった1本の線の上に並ぶいくつかの点としての観光的な名所旧跡をたどってゆくのが一般的である。それに対して日本では、北海道旅行とか九州旅行とかと一定の「場」を設定して、そのなかにいくつかの「点」として散在する観光地を巡るといったものが一般的である。〔ただしこのことでは日本人にあっても、熊野路の旅とか中仙道をたどる旅とかといった、線的な旅行形態も存在する。これは歴史的ないきさつからして、日本人のうちには、場的な時間観のほかに、線的な時間観もまた併存することによる。この線的な時間観については追って述べる。が、それはともかくとして〕――こうした例からも、線的と場的という独日両者の相違の特色が、ひとり時間観のみならず、空間的なものにも見られるということが理解されるのである。

　（ロ）ドイツ語（人）にあっては、時間は未来に向け直進してゆくものとして重視されるがゆえに、文法形態のうえでも未来時制が明確に存在する。そしてまた未来は彼らの思考範囲のなかに厳然として存在するがゆえに、そこに計画を立て、その実現を目指して、事を為してゆくという発想も出てくる。つまりは理性的な未来志向型といってもいい発想になるのである。例えば、1852年にグリム兄弟によって着手された「グリム大辞典」が百年を超える現代（1961年）に至って完結を見たということ、また600年の歳月をかけて完成されたケルンの大寺院など、そうした未来志向型発想の例をあげ出せばきりがないことだろう。

　他方、日本語には明確な未来時制が存在しなかったように、また未来の時間も通常は1年をもって終わり閉じられてしまうように、日本人にあっては何年も先の将来を考えの中に入れて計画を立て、それに則って事を為してゆくというようなことはおよそ不向きである。すなわち、理性的な未来志向型のドイツ人に対比して言うなら、日本人の発想は著しく情緒的な過去志向型である。何

かをしようとするときには常にまず、「以前にはどうであったか」と考える。何か新しい事を始めようとすると、「先例がないので……」と引っ込み思案になるといった具合だ。このような過去志向型になったことについては、後で見るように、日本人の農耕民族化がその最も大きな理由として考えられる。農作では常に過去の経験が重視されるからだ。ともあれ、一方が未来志向型であるのに対して、他方が過去志向型であるという特徴的な相違は、先に示した2つの図のそれぞれにおいて、"未来"と"過去"との占める比率の差異からも明白である。

　（ハ）ドイツ語にあっては、"過去"に関わる時制を過去完了、過去、現在完了の3つに分けて、過ぎ去ったことに対する時間の前後関係をより厳密なものにしようとしている。またその時制体系の図において見てとれるように、この"過去"に関わる3時制の、全体に対して占める割合（比重）はかなり大きい。それだけ過去に対する思考を重視し厳密なものたらしめようとしてきたということではあるまいか。例えばエドワード・T・ホールの指摘として、「歴史的背景にいろどられた、例えばドイツのような国では、どんな会話も、書籍も、記事も歴史的描写で始まる。ドイツ人には、まず目前のビジネスに取りかかる前に、過去を長々とかつ苦労して回顧する性癖がある」[7)]とあるように、またいささか飛躍するが、ドイツにおいて歴史学とか歴史哲学が発達した事実とも関連させて考えると、ドイツ人は（日本人と対比するとき）より歴史主義的だと言えるように思う。そしてそのことは未来志向型ということと裏腹の関係をなす。なぜなら未来に対する計画をより合理的、論理的で的確なものたらしめるためには、それだけ深く過去を、歴史を、検討し考察する必要に迫られるからでもある。

　他方日本語にあっては、"過去"の事柄の表現は、ドイツ語式の3時制区別が情緒的に曖昧化された「〜た」ひとつですまされる。そしてまた未来時制なるものが存在しない以上、日本語時制の図全体において、「現在止め時制」の占める割合（比重）がかなり大きなものとなることが見てとれる。それだけ現在というものが重視されていると解し得るわけである。そうしてこれまた飛躍

して言わせてもらうなら、日本人はどうも現在本位の考え方をする、つまり現在主義的というか現実主義的だと見なしてよいように思う。日本人は、「あしたはあしたの風が吹く」式に、未来のことはあまり考慮に入れようとせず、他方また「過去は水に流す」式に、過去もまた現在から切り離してしまおうとする性向がある。先に日本人は情緒的な過去志向型だと言ったが、それは決してドイツ人のごとくに過去および歴史を深く考察する底のものではなくて、要するにあくまで現在本位に考えを進めてゆくにあたって、過去を引き合いに出すまでのことなのである。つまりは日本人は本質的に現在主義ないし現実主義なのである。

（二）　ドイツ語は6時制あるのに、日本語は2時制きりである。すなわち、ドイツ語の方が時制をより細かく区画分けしているということであって、そのことはとりもなおさず、各時制の役割分担がより明確化されていて、不必要に他の領域を侵さないということでもある。言い直せば、各時制の独自性、独立性、自律性が高いということである。そうしてこのことは、空間的には区画主義ないし個室型であり、時間的には時間割りとか日程表作りを好み、一時に1つのことしかしないモノクロニック・タイム（単一的時間）[8]の民族であるドイツ人の特性をよく反映しているように思われる。

一方、日本語には2時制しかないということは、ドイツ語式に区画分けした場合の時制と時制との間の境目がいたって曖昧だということである。「～た」などは、文法形態的には境界がない、といってもよい。あるいはまた、2時制の両方にまたがるようなものまで存在する。言い換えれば、各時制の役割分担が明瞭でないということであり、その独自性、独立性、自律性が低いということである。「過去止め時制」では、1つの「場」のなかに3つの（時の）「点」が入っているほどである。そしてこうしたことは、空間的には開放主義ないし大部屋型であり、時間的には本来時間割りとか日程表作りを好まず、一度に多くのことを行うポリクロニック・タイム（多元的時間）[8]の民族である日本人の特性をよく反映しているといってよいであろう。

こうしたこととの関連で思いつく卑近な例としては……ドイツではテレビの

コマーシャルなどでも、コマーシャルばかりまとめて30分くらい放映される時間が番組表の中にちゃんと組みこまれているのに対して、日本のテレビでは、放映されている番組の中に、その内容・流れとは無関係にコマーシャルが割りこんでくる、といった違いがあるが、こうしたことのうちにも両者の民族特性と時間観の相違をはっきりと見ることができる。

　（ホ）ドイツ語の時制体系では、各時制はそれぞれに独立していると同時に、それらの時制の間には何らの間隙もない。間隙などは単に無用のすき間にすぎないのだ。ところが日本語のそれでは、過去止め時制と現在止め時制の間には、この両者が重なり合う中間部分（図での斜線部分）がある。この中間部分は、いわば両時制のあいだの間（ま）である。この間は、一方でいましも過ぎ去ったことになお関わりながら、他方で同時にいましも始まらんとすることのその始まりにも関わっている。それは決して単なる間隙などではない。いやむしろ、この間によってこそ、両時制も生きてくるとさえ言えるものなのだ。この間にこそ日本語時制（体系）の特質・特色があるのだ、とさえ言ってよいほどのものなのである。こうした間のもつ意味合いを理解するには、例えば日本舞踊とか日本の伝統的な音曲における間（合い）のことを想起してみれば分かる。この「間」がいかに重視されているかは、そうした音曲などで拍子が抜けることを「間が抜ける」と表現することからもうかがえる。「間が抜ける」のは「間抜け」であって、「馬鹿」と同意義でさえあるからだ。その点、西洋の踊りとか歌では、こうした間はともすれば単なる空白な間隙として退けられがちであるように思われる。

　以上ドイツ語と日本語の時制を整理した図から、その両時制体系の相違点について言い得ることを、またその体系の背景をなす時間観の相違についても（これまた図から）言えそうなことをいくつか指摘してみた。それによってドイツ語の時制体系を成り立たせているのは「過去→未来型の直線的時間観」であり、一方日本語の時制体系は「場的・円環的時間観」を背景にして成り立っているということが明らかとなった。そうしてそのことによってまた、現在の

ドイツ人にとっての主導的な時間観とは「過去→未来型の直線的時間観」に他ならず、一方現在の日本人にとってのそれは「円環的ないし螺旋的時間観」だということも明らかになったわけである。しかしそれならば、はたしてドイツ語も日本語も昔から現在のような時制体系であったのかどうか、とはつまり、ドイツ人も日本人も昔から今日に至るまでずっと一貫して現在見られるような時間観であったのかどうか、ということがいきおい問題となってこざるを得ない。そういうわけで次に、同じくそれぞれの古代の言語にみられるその言語事実をふまえながら、そうした点を検証してゆくことにしよう。

第2章
日本語における時制の変容と日本人の時間観の多元化

前置き

　最初にも書いたことだが、そもそも時空を離れて我々人間の存在は考えられない。その際、その時空のうちの時（間）が定まれば自ずと空（間）も定まるということからすると、つまるところ人間は時間的な存在だと言ってよい。他方また、人間が言葉を用いる生物であってみれば、その言葉のうちにこの時間に関わる表現あるいは時間に対する観方なり意識が顕れてくるのもまたいたって自然なことと言えよう。

　そして、そうした時間表現の文法形態を時制（テンス）と呼ぶことにするとき、現代ドイツ語には6時制あるのに、他方現代日本語では2時制きりしかないということを確認した。ところが、ドゥーデンの文法書の中に引用紹介されているハンス・ヴェーバーの指摘するところ（P.114）によると、ドイツ語のもとの言語であるゲルマン語にあっては、ただ2つきりの時制（過去と現在、あるいは過去と非過去）しかなく、時間に関わる一切の事柄はそれら2つの助けを借りて表現していたということである。そうしたゲルマン語の2時制表現が、古代ドイツ語、中世ドイツ語を経て、現在の標準ドイツ語に直結するところの新高ドイツ語（近代標準ドイツ語）の6時制表現へと分化・発展してゆくにあたっては諸々の要因が作用したものと考えられるが、ともかくもドイツ語にあっては、かつての2時制から現在の6時制へと分化・発展していったとい

う言語発達史的な事実が認められるわけである。

　なおまた、泉井久之助氏の指摘するところ[1]では、印欧語（ドイツ語は言うまでもなく印欧語の1つ）にあっては、まず「法（modus）」の区別が生まれ、次にアスペクトの区別が生まれ、最後に「時称」（＝時制）の区別が生まれるという順序が考えられるとのことであり、かつ時制なるものが、法やアスペクトに比べてどちらかというと概念的で理知的なものだとするならば、もともと理知的で論理的な言語傾向のあるドイツ語が、ラテン語やキリスト教的時間観などの影響を受けながら、時代の推移とともに時制の面でもより細かく分化・発展していったとしても、それは極めて自然な成り行きだったと見なすことができよう。

　さてそれなら、2時制しかない現在の日本語はどう解すればよいのか。いまもし仮にドイツ語にみられる変遷を基準にして考えたとするならば、日本語は時制の面で分化が未発達な言語というふうに見られなくもない。そしてはたせるかな事実、そのように思いなす人もいるわけで、例えば中埜 肇氏などはその著『時間と人間』の中で、「……日本語の時制はヨーロッパの近代語に比較すると、その分化の程度が進んでいないのではないかと思われる」（P.163）と述べているのだ。だがしかし、現代日本語における時制の二元組織は、はたして「分化の程度が進んでいない」ためなのであろうか。いや、そうではない。日本語にあってはむしろその逆に、6時制に──見方によってはそれ以上に細かく──分化していた古代日本語の時制（区分）が、現在の2時制組織へ時代とともに整理統合されて収斂していったということなのである。

　つまり過去の事柄をいうにも〈キ〉と〈ケリ〉を使い分け、完了表現には〈ツ〉〈ヌ〉〈タリ〉〈リ〉の4通りの助動詞でもってこまかな差異・相違まで明確に表現し分けていたのであり、そしてそれら過去と完了表現の助動詞とによるいくとおりもの組み合わせによって、ドイツ語でいう過去完了時制はもちろんのこと、単に時制（時間）表現にとどまらぬ微妙なニュアンスの違いをも言い表し得ていたのである。他方また推量表現にしても、過去時の推量には〈ケム〉が、現在の推量には〈ラム〉が当てられることによって、〈ム〉が未来時（制）を担当するといったふうに役割分担が分化していたのである。

それならば、古代日本語には一体どうしてそんなふうに6時制もあったのか、そしてまたどうしてそれが現代日本語の2時制へと収斂していったのか、ということが問題となってくる。かつまた、こうした日本語における時制面での変容は、ドイツ語のそれとはまさしく逆の現象を呈しているのだ。したがって、両言語の時制面に見られるこうした相違の内実を解明してゆくならば、やがてそのことは、時制の背後にあるそれぞれの民族の時間観そのものの内実とその変遷・展開過程をも明らかにすることにつながるはずである。……ということで、そうしたことの解明と検証を目標としながら、まずは日本語の時制から検討してゆくことにしよう。

Ⅰ．古代日本語における時の助動詞

　古代日本語の時制が、現代ドイツ語のそれと同じように、6時制体系のものだったという言語事実を明らかにしようとするのが、このⅠ．全体のねらいである。そしてそのため以下に、まずは個々の「時の助動詞」を具体的に見てゆくわけだが、それに先立って、それら「時の助動詞」の役割分担がいかに細かく分化したものであったかということを大づかみになりと理解しておいていただくために、参考までに長田夏樹氏の区分を紹介しておこう。――氏は終止法（直説法）では次の16通りに分けている[2]。

①	現在	sumu	和我須武佐刀
②	現在進行	sume-ri	
③	現在完了	sumi-nu	
④	不完全完了	sumi-tu	
⑤	状態存続	sumi-tari	
⑥	過去	sumi-ki	
⑦	伝聞回想	sumi-keri	住家類人曽
⑧	継続	suma-fu	周麻比都都
⑨	未来（推量）	suma-mu	於伎爾也須麻牟
⑩	過去進行（2＋6）	sume-ri-ki	

⑪　完全過去完了（3＋6）　šumi-ni-ki
⑫　不完全過去完了（4＋6）　šumi-te-ki
⑬　未来進行（推量）（2＋9）šume-ra-mu
⑭　完全未来完了（3＋9）　šumi-na-mu
⑮　不完全未来完了（4＋9）　šumi-te-mu
⑯　過去推量（6＋9）　šumi-ke-mu

この区分に対しては、例えば「②現在進行」は「①現在」のアスペクトにすぎないとか、あるいは「⑥過去」と「⑦伝聞回想」とは法の違いであって時制（テンス）の相違ではないとかといったふうに、テンス、アスペクト、モードなどを厳密に分ける立場からは反論が出るかもしれない。がしかしそれでも、現代ドイツ語における時制区分に従って分けた場合にもなお、①②⑧が現在時制に、③④⑤が現在完了時制に、⑥⑦⑩が過去時制に、⑪⑫が過去完了時制に、⑨⑬が未来時制に、そして⑭⑮が未来完了時制に相当するわけであって、少なくとも6通りの時制区分が存在したことだけは確かであり、その点現代日本語における2時制区分とは明瞭な相違を示していることだけは理解していただけるものと思う。……以上を念頭に置いてもらったうえで、それでは以下に、「時の助動詞」のおのおのについて（長田氏の区分と必ずしも一致しない点もあるが）順次具体的に（といっても煩瑣にならぬようごくごく簡略に）見てゆくことにしよう。

(1) 過去を表す〈キ〉と〈ケリ〉

　例えば「昔ひとりの翁ありき」と、「昔ひとりの翁ありけり」といった、同じように昔ひとりの翁がいたことを述べているこれら2文において、き（〈キ〉）とけり（〈ケリ〉）とで、どのような違いがあるかということを初めて発見（1932年）して国文法学者の目を開いたのは、英文法学者の細江逸記博士だった。細江氏は、トルコ語などとの対比から、話者が直接に体験した過去の事実を回想して述べる場合（＝「経験回想」または「目賭回想」）には〈キ〉を用い、他方、話者が自ら体験することなく間接的に聞き及んだような過去の事柄を述べる場合（＝「非経験回想」または「伝承回想」）には〈ケリ〉を用いる

ということを、『竹取物語』における〈キ〉と〈ケリ〉の使い分けの実例に即して論証してみせたのであった[3]。

このように見定めると、同じく過去の時を表す〈キ〉と〈ケリ〉との基本的な違いといっても、それは法(モード)的な違いに過ぎない、といえば言えなくもない。がしかし、より肝要なのは、少なくとも過去(時点)の事柄を表現する〈キ〉という助動詞が存在する上にさらに、その過去時の事柄になお法(モード)的側面をも付与したいときには、〈ケリ〉というもう1つの表現形態が存在したという事(実)である。つまりは、テンスのみならずモードをも表現し得る形態が同時に存在したということ、すなわち、それだけ細かな区分があった、ないしは役割分担が分化していたという事実にこそ注目すべきなのである。

しかしそうした〈キ〉と〈ケリ〉のモード的な違いないし使い分けのほかに、いまテンスの側面に限った場合にもなお、〈キ〉と〈ケリ〉とでは明瞭な違いがあったことをここで見ておこう。

〈キ〉は普通次の事例のように、「過去の一定の時に動作や状態が完結したことだけを表す。したがって、その完結したことは現在に何ら係わることはない。」[4]

① 天地のわかれ<u>し</u>時ゆ（万葉集）
　　天地ノ分カレ<u>タ</u>時カラ（天地開闢ノ時以来）[5]
② 京より下り<u>し</u>ときに、みな人、子どもなかり<u>き</u>。（土佐日記）
　　京カラ下向シ<u>タ</u>時ニハ、同行ノ人ハミンナ、子供ハナカッタ<u>ノダッタ</u>。

①②は、それらに付された口語訳だけでもう説明の必要などいらないほどだが、①では、「天地のわかれ<u>し</u>時」の<u>し</u>（〈キ〉）によって、直接的には「現在に何ら係わることのない」過去の出来事が述べられている。②でも、京から下向したこと、そのとき子供のなかったことが、<u>し</u>、<u>き</u>（〈キ〉）により、現在と関わらぬ過去の事柄として述べられている。このように〈キ〉は、(発)話者のいる現在にほとんど何ら影響や効力を及ぼさないものとして、現在と直接的な関わりのないものとして、いわば現在から突きはなす形で、過去時点の事柄を表すときに用いられる「時(テンス)の助動詞」なのである。〔ちなみに、〈キ〉のこうした

機能は、現代ドイツ語における「過去時制」の用法と実によく似通っている。」
　他方〈ケリ〉におけるテンス的な側面に関しては、次の用例において見てみよう。

　③　今は、昔のよしなし心もくやしかり<u>けり</u>とのみ、思い知りにて、親のものへゐてまゐりなどせでやみに<u>し</u>も、もどかしく思ひ出でらるれば、
　　（更級日記）
　　　　今ハ、昔ノタワイモナイ心モ後悔セズニハイラレナイモノ<u>ナノデアッタ</u>ト、徹底的ニ身ニシミテ知リツクシ、親ガ私ヲ、物詣デナドニツレテイカナイデ終ワッテシマッ<u>タ</u>コトヲモ、非難シタイ気持デ思イ出サレルノデ、

　上の例では、「自分の不信心を問題にし、その一半の責任は親の態度にあるとして取り上げる部分では<u>し</u>（〈キ〉）が使われ、そしてそんな今までの自分のあり方を現在の心境で反省してみる部分では<u>けり</u>（〈ケリ〉）が使われている。」[6] すなわち、（何らかの問題意識との関連で取り上げられる）過去の事実そのものが回想内容となるときには〈キ〉が使われるのに対して、他方〈ケリ〉の場合には、（ごく自然に気づかれ見いだされた）過去と現在とのつながりが回想内容の底流をなしている、ということなのである。つまり、〈ケリ〉では、過去の事実が現在にまでつながっているという点に重点が置かれるわけである[7]。

　〈キ〉と〈ケリ〉との相違をこのように把えてみると、先にあげた「昔ひとりの翁あり<u>き</u>」と「昔ひとりの翁あり<u>けり</u>」にあっても、前者が話者の直接体験であるのに対して後者は伝聞的事実を表している、とモード的な違いとして理解できる一方で、他方また前者を、「昔ヒトリノ翁ガ<u>イタ</u>」と現在からは突きはなしつつ、そうした過去の事実そのものを問題としている叙述だと解し得るのに対して、後者にあっては、「昔ヒトリノ翁ガ<u>イタノデアル</u>」というふうに、そうした過去の事実を現在にまでつながりを持たそうとしている叙述だと見なせるわけである。

　こうした〈ケリ〉の用法に関しては次のように解し得る。すなわち、〈キ〉が基本的には「現在と関わらない過去」を表し、他方それに対して、次に見る〈ツ〉〈ヌ〉〈タリ〉〈リ〉という「完了の助動詞」が「現在と関わる過去」を表

すのだが、〈ケリ〉はいわばこの両者にまたがる中間的な存在だと見なせるということである。現代ドイツ語では、「過去時制」が〈キ〉に対応し、「現在完了時制」が〈ツ〉〈ヌ〉〈タリ〉〈リ〉に対応する。しかし、この両時制にまたがる〈ケリ〉のごとき文法形態は存在しない。ましてや〈詠嘆〉表現の〈ケリ〉〔それまで気づかなかった過去の事実を、今あらためてそれと気づいたということが前面に出ると、〈ケリ〉の〈詠嘆〉用法となる〕に対応する、文法形態としての「時の助動詞」など存在しない。こうしたことからも、古代日本語における時制の「分化の程度」をあらためて知らされるのである。

(2) 完了表現の〈ツ〉〈ヌ〉〈タリ〉〈リ〉

　古代日本語において「完了の助動詞」と言われる〈ツ〉〈ヌ〉〈タリ〉〈リ〉は、基本的には「現在と関わる過去」の事柄を表す。これは現代ドイツ語において現在完了時制が、「過去の事柄が時間の、あるいは発話者の意識の流れにおいて、発話時点までつながってきていることを表現する文法形態」であるのとよく対応している。また、前者も後者も主として「完了」を表現するのに用いられる他にも、「経験」とか「結果」とかを表す点でも似通っている。ただここでも指摘したいのは、ドイツ語の現在完了時制という文法形態は確かに「完了」「経験」「結果」などを表現し得るのだが、それでもそれらの内容を表すのに1つきりの文法形態しか存在しないということである。それに対し古代日本語では、そうしたいく通りかの内容を〈ツ〉〈ヌ〉〈タリ〉〈リ〉のそれぞれが役割分担しながら表現していたのであって、この点でも言語表現における「分化の程度が進んでいた」と言えようか。それでは以下に、これら4つの「完了の助動詞」のそれぞれの主たる機能をごく簡略に見てみることにしよう。

〈ツ〉と〈ヌ〉

　4つの「完了の助動詞」のうち、主として「完了」表現の機能を受け持つのが、〈ツ〉と〈ヌ〉である。まず〈ツ〉の具体例を1つだけあげる。

　④　刀を抜きてみづから髻を根際より切り<u>つ</u>。（今昔物語）

　　　　　刀ヲ抜イテ自分ノ手デモトドリヲ根元カラ切ッテシマッタ。

④では、髻を切るという行為はすでに「完了」しており、かつこの用例では、その結果として現に髻は無くなっているわけで、「結果」を表す機能の事例ともなっている。ということは、髻を切ったという過去の行為（ないし事実）と、髻のない現在とが関わりを持っているわけであって、この一例からだけでも、〈ツ〉は「現在と関わる過去の事柄を表す」、という特色が見てとれる。かつまた〈ツ〉による「完了」表現では、その行為なり事柄なりが現在以前に完了したことを表す、という機能特色を持つことも看取される。

　〈ヌ〉も、〈ツ〉と同様に「完了」表現が主たる機能である。

　⑤　いみじくみじかき夜の明けぬるに、つゆ寝ずなりぬ。（枕草子）
　　　ヒドク短イ夜ガ、明ケテシマウノニ、全然一睡モシナイママニナッテシマッタ。

⑤の後半の「寝ずなりぬ」のぬ（〈ヌ〉）は、一睡モシナイという行為が、現在以前に完全に成立したこと、つまり「完了」を表している。しかしこれなどは、不眠の後の頭がぼんやりした状態の中にいるという「結果」の表現と見なしても差し支えない。他方、前半の「明けぬるに」のぬる（〈ヌ〉）は、口語訳からも明らかなように、「完了」を表してはいるが、しかしこちらの方は、（夜が明けるという現象が）未来において「完了」するとの意味用法であって、後半のぬ（〈ヌ〉）とは異なっている。

　〔このように同じく「完了」を表現する〈ツ〉と〈ヌ〉ではあるが、この両者の間には何かしら然るべき使い分けがあったと考えられる。ところが、そうした使い分けの基準といったものに関しては、不思議なことにいまだ国文法学界においても定説がないという。思うにどうもそれは文法的な側面からのみ解明しようとするがためではあるまいか。そうではなくて、古代日本語の背景をなした時間観が他ならぬ「過去→未来型の直線的時間観」だったとの観点を導入することによってこそ、筆者としてはほとんど無理なく説明がつくように思われるのである。しかしこのことに関しては、少し詳しく説明する必要があるので、詳細は「補説Ⅱ」を参照していただくことにしたい。〕

〈リ〉・〈タリ〉

〈リ〉〈タリ〉にも「完了」を表す用法があるので、大まかに一括するときには〈ツ〉〈ヌ〉〈タリ〉〈リ〉の4つを「完了の助動詞」と呼ぶ。がしかし、少し細かくこれらの役割分担を見てみるときには、〈ツ〉〈ヌ〉が主として「完了」と「結果」を受け持つとするなら、〈リ〉〈タリ〉は——英語の現在完了形の用法にならって言えば——「継続」表現を主として分担する。そしてそれは、〈リ〉の語源が「有り」であり、もともと状態の存続・持続の意を表す言葉に由来することからして、ごく自然なことといえよう。他方〈タリ〉は、助詞「て」と動詞「有り」とが複合したもの。それゆえにまた、〈リ〉〈タリ〉は普通、いわゆる「状態の助動詞」とも呼ばれることになるわけである。先に示した時制区分表において長田氏は、その機能をやや細かく分けて〈リ〉は「現在進行」を、〈タリ〉は「状態存続」を表すとしているが、「現在進行」というのも、現在そうした状態が存続・継続・進行中ということであってみれば、〈リ〉〈タリ〉ともその基本的用法において、さしたる違いはないと見なしてよいだろう。

他方また、〈リ〉〈タリ〉と2つあるのは、上接の動詞と結合する場合の音韻上の関係によるとのことである。具体例を挙げるのは省略するが、〈リ〉〈タリ〉にはこうした「存続」・「継続」という基本的用法のほかに、そのときそのときで1回ずつ完結する動作を表す動詞の下につくと、その動作の済んだ結果がそのまま持続していることを示すことになる。

他方また、このような「結果の持続」の方にではなく、動作の済んだことないしは行為そのものの方に関心が向けられると〈リ〉〈タリ〉が、現在と関わる「完了」の意となる。

1例のみをあげておくと、

⑥ はしりかかりたれば、おびえまどひて御簾のうちに入りぬ。(枕草子)
〔犬ガ〕勢イヨクトビカカッタノデ〔猫ハ〕オビエウロタエテ御簾ノ中ニ逃ゲ込ンデシマッタ。

(3) 過去完了時制としての〈テキ〉と〈ニキ〉

　ところで、「過去を表す助動詞」〈キ〉〈ケリ〉のうち、もっぱら過去時制の表現に使われるのは〈キ〉の方であり、他方「完了の助動詞」(〈ツ〉〈ヌ〉〈タリ〉〈リ〉)のうち完了表現が主たる役割になるのは〈ツ〉〈ヌ〉であってみれば、〈ツ〉(の連用形) と〈キ〉の組み合わされた〈テキ〉と、〈ヌ〉(の連用形) と〈キ〉の組み合わせの〈ニキ〉の2つが主に、(現代ドイツ語の時制体系のなかでいう)「過去完了時制」を受け持つことになるのもごく自然なことと言えよう。〈テキ〉〈ニキ〉ともそれぞれ1例のみをあげる。

⑦　いとねぶたし。よべもすずろに起きあかし<u>てき</u>。(源氏物語)
　　　ヒドクネムタイ。昨夜モ何イウコトモナク徹夜シ<u>テシマッタ</u>。
⑧　名にめでて折れるばかりぞおみなへし我おち<u>にき</u>と人にかたるな。(古今集)
　　　オ前ノ名前ニホレコンデ折ッタダケダヨ、女郎花。コノワタシガ堕落シ<u>テシマッタ</u>ナドト、人ニ語ルナ。

　⑦にあっては、時間幅をもつ「よべ」(昨夜) の、その夜が明けんとする時点を「過去時点」として、それまで徹夜してしまったというのだから、この「起き明かし<u>てき</u>」の<u>てき</u>(〈テキ〉) が過去より以前、つまり過去完了時制を表しているのは明らかである。

　⑧の主体 (＝作者) が、女郎花をその「名前ニホレコンデ折ッタ」のは過去の行為であり、そしてそうした行為に出るよりも以前に「コノワタシガ堕落シテシマッタ」あるいは「堕落シテシマッテイタ」わけだから、ここの「我おち<u>にき</u>」の<u>にき</u> (〈ニキ〉) が過去完了時制に当たるのは明らかである。

　〔なお、過去完了時制の表現形態として〈テキ〉と〈ニキ〉の2つがあったからには、それら両者のあいだに然るべき相違ないし使い分けが当然あったはずである。そうした両者の使い分けに関しても、〈ツ〉と〈ヌ〉の使い分けの基準が (「補説Ⅱ」において) 明らかになった段階で、自ずと解明されるはずであることを言い添えておこう。〕

　ともかく以上で「完了の助動詞」に関わる検討をいったん終えて、次に現在

時に関わる動詞の基本形について見てゆくことにしよう。

(4) 現在時制としての動詞の〈基本形〉

「古代語においては、原則として、過去を〈連用形＋キ（またはケリ）〉、現在を〈基本形〉、未来を〈未然形＋ム〉で表す。……終止法において、〈基本形〉は、大抵現在を表す。」[8] と山口佳紀氏が述べている。つまり手当たり次第に〈基本形〉による表現を取り出してみたなら、それらの大抵が「現在（時制）」を表しているのであってみれば、今さら事あらためて「現在」の用例を例示するには及ばないであろう。

さてそれなら、大抵の〈基本形〉が「現在」を表すとして、それでもその現在なるものが過去と未来の接点であってみれば、そのことから逆にまた、〈基本形〉で過去および未来を表す用法があって当然と言えるわけで、その点は古代日本語にあってはどうなっていたのだろうか。

まず〈基本形〉による過去表現について見てみると、これは（ドイツ語などでいう）いわゆる《歴史的現在》と呼ばれる用法であって、古代語においてもさして珍しいものでもない。

⑨　源氏の方にはまた箙をたたいてどよめきけり。「あ、射たり」といふ人も**あり**。（平家物語）
　　源氏方デハ再ビエビラヲタタイテドット歓声ヲアゲタ。「アッ、見事ニ射タ」ト言ウ人モ**アル**。

⑨での「といふ人も**あり**」は、その上の「どよめき**けり**」同様に「といふ人もあり**けり**」と過去表現にしても文法的には一向に差し支えない。しかし話者（語り手）としては、読者（聞き手）が、この扇の的射の場面をありありと眼前に想い浮かべつつ、臨場感を味わってくれるようにとの表現効果をねらったところから、〈基本形〉による《歴史的現在》の用法を用いているのである。ただし、このような〈基本形〉による過去表現が可能なのは、時間副詞類、場面、文脈などから、それが過去時に関わるものだと前もって分かっている、との条件下においてのことだ、とは今さら言うまでもないであろう。

次に〈基本形〉による未来表現についてであるが、このことに関して山口氏は、「〈基本形〉で未来を表すという例は、特殊な条件下にあるものが殆どである」[9]として、(1)モコソ・モゾを伴う形式、(2)〈動詞＋ト〉の形、(3)〜トシテ（オボシテ）に要約される３つをあげている。(1)の用例としては、

⑩　こよひ来む人には逢はじ七夕の久しき程に待ち<u>もこそすれ</u>。（古今集）
⑪　秋山の清水は汲まじ濁りなば宿れる月の曇り<u>もぞする</u>。（詞花集）

などを示して、これらは未来を予測した表現になるとした上で、このモコソ・モゾの形式は、好ましくない結果の生ずることを危惧する気持ちを表すものだと説明している。(2)の例としては、

⑫　山の端を出でがてにする月<u>待つと</u>寝ぬ夜のいたく更けにけるかな。（新古今集）

を示し、〈動詞＋ト〉ないし〈終止形＋ト〉の形は、次に来る動作の動機・意図を表すもので、古くから数多くの用例が見られると述べている。(3)については細かく分類すると４種に分けられるとして例示しながらも、基本的には、

⑬　池に住む名ををしどりの水を浅み<u>隠るとすれ</u>どあらわれにけり。（古今集）

といった用例に代表されるとし、かつ動機・意図を表すものだと説明している。ともかくこのように、〈基本形〉で未来を表す用法は、特殊な条件下にあるものがほとんどだと言ってしまってよさそうである。つまり（特殊な条件下にない）ごく一般的な、普通の〈基本形〉は、基本的には「現在」を表すということなのである。

　それならば、現代日本語ではこの〈基本形〉（に相当する「現在止め」）がごく普通に未来（時）をも表現し得るのに、どうして古代語ではむしろそれが稀なのか。——それは、前者にあっては明確な未来時制の文法形態が存在しないために、「現在止め」が（いわば代用される形で）未来時のことを表すのがむしろ当たり前になっているのに対して、他方後者にあっては、〈未然形＋ム〉

という明確な未来時制の文法的表現形態が存在するために、〈基本形〉は、特殊な条件下にあるものの他は、「現在」の表現に限定されるがためだ、と解してよいのではあるまいか。

それで次に、この〈未然形＋ム〉によって表現される未来時制、および未来完了時制の〈テム〉〈ナム〉について見てゆこうと思うが、ただしその前に「推量の助動詞」としての〈ム〉〈ラム〉〈ケム〉について一言触れておくと次のようになっている。……

古代日本語における推量系統の助動詞のうち、テンスに関わるものは〈ム〉〈ラム〉〈ケム〉の3語である。そしてこれらについて池上秋彦氏は、「……既に幾多の文法書で説かれているように、

 ム——まだ実現していない事実について推量する……未来の推量を表す。
 ラム——現に起こっているが、直接には体験していない事実について推量する……現在の推量を表す。
 ケム——既に終わっている事実、または、その原因について推量する……過去の推量を表す。

という点にこれら3語の基本的相違がある、という事実については全く疑う余地がないように思われる。」[10]と述べている。この推量表現の区分からも、古代日本語にあっては過去・現在・未来という時制（区分）が明瞭に存在していたことが明らかになるし、そしてそれはとりもなおさずその背後に、過去・現在・未来をつらねる線的な時間観が存在していたということをも推測せしめるのだが、まずはともかく具体的な事例に即しながら、以下に見てゆくことにしよう。

(5) 未来時制の〈ム〉と未来完了時制の〈テム〉〈ナム〉

〈ム〉は「未来の推量」を表す。〈ラム〉が「現在の推量」を、そして〈ケム〉が「過去の推量」を表す以上、〈ム〉はあくまで現在実現していない、未来時の事柄の推量表現を基本とするということだ。転じて自分の意志・希望を表すのにも、また他に希望し勧誘するのにも用いられるが、それらのいずれもが、

未来時に関わる事柄を表す〈ム〉の基本用法の、その応用なのである。つまり、古代日本語にあっては明確に未来時が存在し、その「未来の推量」の表現形態が存在したからには、——未来の、未だ起きていない事柄の表現に関しては、神ならぬ身の人間としては「推量」する以外にないのだから——〈未然形＋ム〉は、未来時制を表す文法形態だとして、大筋において誤りないということである。

⑭　限りあらむ道にも、後れ先だたじと、契らせ給ひけるを、(源氏物語)
⑮　ほととぎす夜声なつかし網ささば花は過ぐともかれずか鳴かむ。(万葉集)
　　ホトトギスノ夜ノ声ニ心ガヒカレル。網ヲハッタラ、花ハ散ッテモ橘ノ枝ヲ離レズニ鳴クダロウカ。

⑭について山口明穂氏は次のように述べている。「この『む』の訳に当たっては、『限りあらむ道』のような、これから先の事態を表す内容の文に使われている場合は、……『限りある道』と訳すことで原文の内容は表し得る。」[11]　確かにその通りである。ただしかしそれは、現代日本語で「限りある道」と言う場合、現在時の事柄のほかに未来時に関わる内容のものとも解し得ることによる。逆に言えば、現代日本語の「限りある道」が未来時をも表しているのは、現代日本語に未来を表す明確な文法形態が存在しないためだとも言い得る。その点古代語にあっては、最初から「限りある道」と「限りあらむ道」との二様に表現し分けられ得るだけ、それだけ「時」の区分が明確だったということである。言い換えればそれだけ明確に未来時が存在していたのであって、その点は心に留めおきたい。

⑮は、眼前にない事態についての予想・推量の用例である。この歌でも、「花ハ散ッテモ」というのが、すでにもう未来（時点）のことで、その時点で「鳴クダロウ」と言うのだから、「鳴かむ」のむ〈ム〉が未来時に関わるものであるのは明瞭である。

このように〈ム〉は、「未来の推量」を表すのが本来の用法なのだが、それは〈ム〉が主に3人称の動作を表す語につく場合である。それに対してこの

〈ム〉が主として１人称単数の動作を表す語につく場合には、話し手の「意志」（・希望）を表現し、また主として２人称の動作に関する語につく場合には、相手に対する「勧誘」（・やわらかな要求）を表す用法となる。それらの用例は省略するが、こうした点では、現代ドイツ語における未来時制が、３人称では主として「推量」を、１人称では「意志」を、そして２人称では「要求」を表す、のと似通っている。

　ところで、この未来の助動詞の〈ム〉が完了の助動詞の〈ツ〉〈ヌ〉と組み合わさった〈テム〉（テは〈ツ〉の未然形）〈ナム〉（ナは〈ヌ〉の未然形）は、未来完了時制を表すことになる。例は１つずつ示すだけで十分だろう。

　⑯　秋の野に露おへる萩をた折らずて、あたら盛りをすぐし<u>てむ</u>とか。（万葉集二十）

　⑰　花見つつ惜しむかひなく今日暮れてよその春とや明日はなり<u>なむ</u>。（古今六帖）

⑯は、「惜しいことにその盛りを見過ごしてしまうことになるのか」の意の、未来完了表現であることは明らかである。⑰も、「私に関係のない春になってしまうことだろう」との未来完了表現であることは、何らの説明を必要としないだろう。

(6) 推量の助動詞〈ラム〉〈ケム〉

　〈ラム〉は「現在の推量」を表すが、大まかにいって、話者自身の目の前にない事態の、現在の状況を推量する場合と、目の前にはあっても、その内部事情が分からないので、それについて推量する場合とがある。次の⑱は前者に、⑲は後者に相当する用例である。

　⑱　出でて行きし日を数へつつ今日今日と吾を待たす<u>らむ</u>父母らはも。（万葉集）
　　　　私ガ出発シタ日ヲ、何日目ダ何日目ダト数エテハ、今日コソハト私の帰リヲ、<u>全ゴロハ</u>オ待チニナッ<u>テイルダロウ</u>、父上母上ヨ。アア。

⑲　秋の露いろいろことに置けばこそ山の木の葉のちぐさなる<u>らめ</u>。（古今集）
　　秋ノ露ハ種々ノ違ッタ色ニ置ク<u>カラ</u>コソ、アノヨウニ山ノ木ノ葉ノ色ガ種々様々<u>ナノダロウ</u>。

それからまた、「現在の推量」を表す〈ラム〉が「完了の助動詞」の〈ツ〉〈ヌ〉と組み合わさると、現在完了時の事柄の推量を表すことになる。

⑳　さても誰か、かくにくきわざはし<u>つらむ</u>。（枕草子）
　　イッタイ誰ガ［クサメナドトイウ］コンナ気ニクワナイコトヲヤッテノケ<u>タノダロウ</u>。
㉑　年だにも十とて四つは経にけるをいくたび君をたのみ来<u>ぬらむ</u>。（伊勢物語）
　　年月ダケデモ四十年ハ過ギテシマッタノニ、［ソノ長イ間］奥サンハ幾度アナタヲ頼ミニシテキ<u>タコトデアロウカ</u>。

この⑳も㉑も、現在と係わりを持つ過去時（＝現在完了時）の事柄に対する推量表現になっている。

〈ケム〉は「過去の推量」を表すが、それは過去の事実そのものの推量である場合と、その原因・理由についての推量である場合との２通りがある。次の㉒は前者、㉓は後者にあたる。

㉒　昔こそ難波田舎と言はれ<u>けめ</u>今は都引き都びにけり。（万葉集）
　　昔コソハ難波田舎ト言ワレ<u>タダロウガ</u>、今ハ都ヲ移シテ、都ラシクナッタモノダナア。
㉓　なかなかにもだもあらましを<u>何すとか</u>相見そめ<u>けむ</u>遂げざらまくに。（万葉集）
　　イッソノコト黙ッテイレバヨカッタ。<u>何ノタメニ</u>逢イソメ<u>タノダロウ</u>、思イヲトゲルコトハデキナイダロウニ。

㉓では、思いを遂げることはできないだろうのに「相見そめ」てしまった過去の事実に対して、何のためにとその理由を自問しているのである。

また同様に、この「過去の推量」の〈ケム〉が「完了の助動詞」と組み合わさると、過去より以前（つまり過去完了時）の事柄に対する推量を表すことになる。

㉔　さばかりたがふべくもあらざり<u>し</u>ことどもを見給ひ<u>てけむ</u>、はずかしく。(源氏物語)
　　アレホド間違エルハズモナカッ<u>タ</u>証拠ナドヲ、御覧ナサッ<u>テシマッタデアロウ</u>、ソレガ恥ズカシク、
㉕　あやしくぞ帰さは月の曇り<u>にし</u>昔がたりに夜やふけ<u>にけむ</u>（新古今集）
㉖　いかがし<u>たりけん</u>、判官弓をかけおとされぬ。(平家物語)
　　ドウシ（テイ）<u>タノダロウカ</u>、義経ハ弓ヲ熊手ニカケテ落トサレ<u>テシマッタ</u>。

㉔では「たがふべくもあらざり<u>し</u>こと」の<u>し</u>（〈キ〉）によって過去時（点）が示されたうえで、それよりも以前に「証拠ナドヲ御覧」なさっていただろうというのだから、この「見給ひてけむ」は明らかに過去時よりも以前（＝過去完了時）の事柄に対する推量を示している。㉕は単に「し」のみならず「に・し」で過去完了時制を表している。そして作者は、自宅に帰りついてから、その帰り道と友との昔がたりを回想しているわけだ。だから、この「夜やふけ<u>にけむ</u>」も、明らかに過去完了時の推量表現になっているのである。㉖では、義経が弓を落とされた、その過去時（点）の出来事よりも以前の状況を問題にして問うているのだから、ここの「<u>たりけん</u>」が過去完了時（の状況）に対する推量表現になっていることは明らかである。……ともあれ以上の3例だけからなりと、過去完了時の事柄に対する推量表現が、文法形態として明瞭に存在していたということが明らかになったものと思われる。〔ちなみに現代ドイツ語では、現在完了時の推量も、過去時の推量も、そして過去完了時の推量も、それらを表現する文法形態としては「werden＋…完了不定詞」という形ひとつきりしかない。よってこの点に関しても、古代日本語の「時制」における「分化」を再認識させられる。〕

(7) 古代日本語の時制体系とその背後にある直線的時間観

　以上のように、古代日本語における個々の時制について概観してきたわけで

あるが、いまそれらをまとめてみると次のようになる。……過去、現在、未来という3つの時点・時制に関しては、〈連用形＋キ（またはケリ）〉が過去（時点・時制）を、〈基本形〉が現在（時点・時制）を、そして〈未然形＋ム〉が未来（時点・時制）を表す。そうしておいて、これら3時点の間を埋める形で、まず〈ツ〉〈ヌ〉〈タリ〉〈リ〉が過去と現在との間の、現在に関わる過去（＝現在完了時制）を表す。次に過去より以前のこと（＝過去完了時制）は、〈キ〉と〈ツ〉〈ヌ〉の組み合わせである〈テキ〉〈ニキ〉によって、他方未来のある時点までに完了する事柄（＝未来完了時制）は、〈ム〉と〈ツ〉〈ヌ〉の組み合わせである〈テム〉〈ナム〉によって表される。なおまたついでながら推量表現に関しても言うと、〈ケム〉が過去の推量を、〈ラム〉が現在の推量を、そして〈ム〉が未来の推量を表す。そうして〈ケム〉と〈ツ〉〈ヌ〉の組み合わせである〈テケム〉〈ニケム〉が過去完了時の推量を、〈ラム〉と〈ツ〉〈ヌ〉の組み合わせである〈ツラム〉〈ヌラム〉が現在完了時の推量を、〈ム〉と〈ツ〉〈ヌ〉の組み合わせである〈テム〉〈ナム〉が未来完了時の推量を表す。——以上を（現代ドイツ語の時制体系にならって）図示すると、図3のようになる。

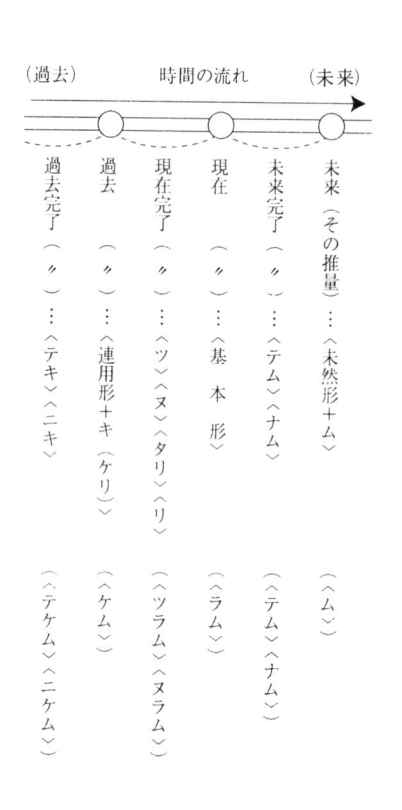

さてところで、この章の最初に示した長田氏の時制表においてすでに、古代日本語が時制の点で（現代日本語における「以前」・「非以前」ないし「過去止

（過去）　　時間の流れ　　（未来）

過去完了　……〈テキ〉〈ニキ〉
　〃　　　　〈テケム〉〈ニケム〉

過去　……〈連用形＋キ〈ケリ〉〉
　〃　　　　〈ケム〉

現在完了　……〈ツ〉〈ヌ〉〈タリ〉〈リ〉
　〃　　　　〈ツラム〉〈ヌラム〉

現在　……〈基本形〉
　〃　　　　〈ラム〉

未来完了　……〈テム〉〈ナム〉
　〃　　　　〈テム〉〈ナム〉

未来（その推量）　……〈未然形＋ム〉
　　　　　　　　　　〈ム〉

図3

め時制」・「現在止め時制」という簡略な二元組織と異なり)、かなり細かく区分され、かつ区分されたそれぞれが明確な役割分担をもっていたらしいことはおおよそ分かっていたと思うが、いまこうして図3のごとくに整理してみると、古代日本語の時制体系が現代ドイツ語のそれと基本的に同じであることをあらためて知らされる。そしてそのことはとりもなおさず、古代日本語の時制体系の背後にある時間観が——現代ドイツ語のそれにおける時間観が過去→未来型の直線的・直進的時間観であったのと同様に——過去→未来型の直線的時間観であったことを如実に物語っている。なぜといって、もしもその時間観が現代日本語におけるがごとき円環的ないし螺旋的な時間観であったとしたならば、時制体系としても現代日本語と同じような二元組織的なものだったはずであって、図3に見られるような明確に細区分された時制体系などそもそも出てきようがないからである。そしていま、古代日本語の時制体系が、現代ドイツ語のそれと同じく6時制体系のものだったという、ゆるがしようのない言語事実を認めるならば、それなら、この古代日本語の6時制体系を成り立たせた時間観が同様にまた「過去→未来型の直線的時間観」であったことをも、認めないわけにはいかない。

　そのようにして、古代日本語の時制体系を裏打ちする時間観が直線的なものであったことが認められたとするならば、それはそのまま、古代日本人の時間観そのものが、時間とは過去から未来に向かって直線的・直進的に流れゆくものだと把えていたことをも認めることを意味するはずだ。そうすると次にはどうしても、それなら古代日本人のそうした直線的な時間観は一体そもそもどこから出てきたのか、といったその由来が問題となってこざるを得なくなる。なぜといって、(追って述べるように)弥生時代から本格化した水稲農耕に伴う円環的・循環的時間観の延長線上には、この直線的時間観は出てきようがないからである。そしてこのことはただちにまた、日本語および日本人のルーツを探るといった課題へとつながってゆくこととなる。……そのようなわけで以下に、そうした課題を追ってゆくことにしたい。

Ⅱ. 古代日本語の背景をなす直線的時間観の由来

(1) 日本の風土と原始神道の時間意識

　周知のように、日本人（倭人）のことが初めて文献に出てくるのは、『魏志倭人伝』においてである。そしてこの文献中の地名、人名、官名などにおける音韻組成、あるいは形容詞が名詞の前にきていることなどを手掛かりとして文化人類学の石田英一郎氏は、『日本文化論』の中で、弥生時代にはすでに今日の日本語が用いられていたと結論づけている。ただしかし、資料的な限界からこうした程度のことしか言えず、その当時の日本語の文法構造はどうなっていたか、また時制表現の点ではどうだったか等々といったようなことまでは分からない。したがって、そのころ用いられていた言葉に何らかの時制があったにしても、それならその時制を成り立たせていた当時の人びと（倭人たち）の時間観そのものはいったいどんなものだったのか、といったことについては、言語以外の側面から推測してゆくしかない。——そういうわけで想像をたくましくしてみるわけだが、その際、時代を古く遡れば遡るほど、人びとの生活万般に、したがってその民族の時間観の形成にとっても強い影響力を及ぼすものは、その民族が置かれた自然環境と、そしてその自然環境に人間が生業を通して働きかけることでつくられる風土である、というのが最も有力な決め手になるだろう。

　そういうわけでそれらのことに注目すべく、まずは地図を開いて日本という国について見てみることにしよう。そうすると、我々になじみのこの国土について、あらためて確認できるいくつかの点がある。まず、アジア大陸の東の海上に大きく弧を描く列島だということ。それを歴史的にみるとこの国は、文化の受容が容易な程度に大陸の近くに位置し、そしてまた朝鮮半島からの、場合によっては朝鮮半島を経由しての東北アジアからの、民族の渡来もあり得たであろう位置にあったということが分かる。東アジアのモンスーン地帯に属し、かつ温帯に位置しているところから、紀元前300年の水稲農耕（文化）の伝来後は、日本人が着実に農耕民族化への道を歩んでいったことも、ごく自然な成り行きとして納得される。なおまた、この国がモンスーン地帯のなかの温帯に

位置しているということは、その気候が温暖湿潤で、豊かな自然の恵みに浴し得ることをも意味している。と同時にまた、四季の変化が明確で、そうした四季循環が、春耕秋収の水稲耕作と相まって、日本人の時間意識の形成に決定的な影響を及ぼしたであろうことも想像にかたくないところである。他方この国は、火山を伴う山国である。国土の大部分を山が占め、平地に乏しく可耕地が少ない。したがって人はいきおい、視界のうちに山を眺めやる地に住むことになる。しかしその山は、赤茶けた山肌をむきだしにする岩山・禿山などではさらさらない。それはまさに、生命の象徴ともいえる緑に1年中覆われた山である。主として狩猟採集に生きたであろう縄文期の人びとにとっては、獣を棲息させ木の実を実らせるなど、命の糧を恵み与えてくれる場であったし、下って弥生時代以降は、水稲耕作に不可欠な水の供給源ともなった。そして他方その水――河川となり海となる――にはまた、浄化の力が存するとも見られたのであった。

　そしてこのような自然と風土の中でこそ、日本人にとっての固有の民族宗教である神道が生成していったのであり、そうしてまた他ならぬ日本人の時間観が、この神道と深く関わりながら形成されていったのである。つまりは、日本の風土と、その中で育った民族宗教たる神道と、そして日本人の時間観の形成とが、不離一体の関係にあったということなのだ。したがって、日本人における時間意識・時間観の形成過程を考えてゆくに当たっても、まずは日本の自然・風土を基底として、そこから生成してくる神道と日本人の時間観とがどのように関わってくるのか、という観点から検討してゆくのが、一番の近道であるように思われる。

　さて、日本人にとっての固有の信仰ないし宗教である神道は、日本民族の発生とともに古いが、いまその原初的な形態を原始神道と呼ぶことにする。そうすると、現在みられる神道の基盤というか枠組が、この原始神道において形作られ、現在にまでなお脈々と息づき続けていることを知る。そしてまたこの原初の神道が、他ならぬ日本の自然・風土に育ったことをも知るのである。……日本人は太古よりこのかた、自分たちをとりまく自然ないし世界を、決して生

命なき〈物〉とは見なしてこなかった。そうした西欧的自然観とは対照的に自然のうちに生命を見、また感じとったのである。自然のうちにたくましい生成力というか生命力を看取し感得したのだった。逆にいえば、日本の自然そのものが、天地万物が、それほどに瑞々しく清らかで旺盛な生命力や生成力に満ちあふれていると言い直してもよい。いずれにせよ日本人は古来、この霊妙不可思議な生成力・生命力に霊を、神霊を、感じとり、それを崇め拝してきたのだった。言い換えれば、死のけがれを知らぬ清浄で旺盛な生命力や生成力を、またとなく神聖な神威の本質として礼賛したのである。そしてこうした神霊は、山川草木・天地万物ことごとくのうちに宿ると言ってよいのだが、太古の日本人は、とりわけ亭々と茂る大樹とか、鬱蒼とした森とか、巨大な岩とか、圧倒的な印象の滝とかのうちにそれを看取し感得したのだった。これは決して大樹とか巨岩そのものの問題ではない。あくまでもそれらのうちに生命を、神霊を、神を見ているということなのだ。別の言い方をすれば、樹や森や岩や滝が、神霊の、神の、拠りどころ、依代になっている、つまりそれらのうちに神が宿り坐すのではないか、という発想なのである。

　このことを知らないと、原始神道は、(そしてその流れをくむ現今の神道でも、)一見単なる自然物ないしは自然を崇拝の対象とするところのいわゆるの自然崇拝なのか、と思われかねない。例えば、原始神道の時代にまでその信仰の源を遡り得ると思える大神神社の三輪山のように、山自体をご神体としているのを見ると、まるで山という自然物を信仰の対象とする自然崇拝とも見えかねない。しかしこの場合にも、あくまでこの山のうちに霊妙なる生命を、神霊を、神を見ているのである。あるいは神の宿り給う依代という形でこの山を見ているのだ。「目に見えず、心に感ずるのみの神霊」が宿ったと感じて初めて、山は神となるのである。要するに、霊的生命ないし生命的霊体の宿る自然というのが、古来からの日本人の自然観であった。このような生命的な霊体を神として崇めた原始神道はしたがって、一種のアニミズム信仰と言い得るかもしれない。

　以上述べてきたところからすでにほぼ明らかなように、原始神道の本質は、1つには多神教だということ、もう1つはアニミズム信仰を基調とすることに

ある。すなわち、我々の目に見えないあまたの神々（＝自然神）が自然界のうちに遍在しておられて、山川草木ことごとくを依代とされるのである。例えば古代ギリシアの神々が肉体や性格、個性や表情を持つ、いわば目に見える多神教、受肉の多神教であるのに対して、日本の原始神道の神々は、肉体も個性も持ってはいないし、また格別の表情といったものもない。言ってみれば「目に見えない多神教」であり、また受肉の原理では説明のつかない「憑依の多神教」といっていいだろう。いずれにせよ、原始神道におけるこのあまたの神々が、のちの日本神道（天孫降臨神話を主軸とする神統譜）に見られる「八百万神」たちの基底をなして直結してゆくのである。他方、アミニズム信仰の側面もまた、後の産霊（神）信仰への基層をなして明瞭に受け継がれてゆく。

　これらのことについては後述するつもりだが、ともあれ、「多神教的なアニミズム信仰」とでも呼ぶべきものを本質とする原始神道を育んだのが、間違いなく日本の自然・風土であったろうことは、もはや多言を要さずとも理解されるものと思う。一例として、砂漠的自然・風土に育ったユダヤ教（ユダヤの民にとっての固有の民族宗教）のことを想起してみれば、それはなお一層明瞭になるだろう。つまり、自然・風土が不毛であれば、宗教上の絶対者は、自然界からかけ離れて著しく一神教的な超越性や人格性を帯びるのだが、反対に日本のような豊かな自然・風土のもとでは、神（々）は、自然界に内在しつつ一段と多神教的な親近性や自然性を帯びるように思えるということなのである。

　さてところで、原始神道ないしこの時期（水稲耕作のはじまった弥生時代より以前）の時間観はどのようなものだったと考えられるだろうか。……一般的に言っても、時代を古く遡るほど、空間意識のほうが時間意識に優先するが、そのことはこの時期の日本人についても当てはまるだろう。すなわち、狩猟と採集を主たる生業としたといわれる（実際にはすでに稲作も行われていた）縄文期の人たちにあっても、自分たちの生命の糧を恵み与えてくれる周りの自然界は生命（力）ないし生命的な神霊に満ちた世界だとする原始神道の形態において、すでにその空間意識は十分に発達させていたと考えて間違いない。それと比べれば、時間意識の方はなおまだ稀薄というか、確かな形成に向けての途

上にあったと言ってよかろう。それでも、日本のような中緯度に位置している国にあっては、四季の巡りが明確なため、季節循環にたいする知識は、したがって循環的な時間意識が、次第に深まっていたに違いない。なぜといって、狩猟にしろ、採集にしろ、季節の変化と時の循りを知ることは、生活を営んでゆく上で必要不可欠なことだったからである。ましてやこの時期に、未発達ながらすでに農業がとりわけ日本の風土と不可分の関係にある稲作が行われていたとするなら、なおさらのことである。

　ちなみに、日本の国内で稲作が始まったのは、これまで2300年前（弥生時代の初め）、精一杯遡っても2500年前（縄文晩期後半）とされてきた。ところが、1992年に岡山県・南溝手遺跡と青森県・風張遺跡から相次いで、モミ痕が付いた土器片と炭化米とが出土し、それが約3000年前（縄文後期末）のものだと確認された。しかしこの時点では、水田などの栽培地や農具を確認していないことから、コメそのものを中国などから輸入していた可能性も考えられていた。ところが、1993年3月1日付の毎日新聞の第1面は、「3500年前（縄文後期）に稲作」との大見出しの記事で、定説よりも1000年古く稲作の行われていた事実を伝えた。同じ岡山県・南溝手遺跡出土の約3500年前の土器片から、イネの葉の成分（プラント・オパールと呼ばれる珪酸体で、イネ科の植物特有の鋭利な葉の縁に含まれるもの）が検出されたことによる。このプラント・オパールは、葉に含まれる成分であり、わらまで輸入していた可能性は低いから、稲作をしていたことの大きな裏付けになるという。またこのプラント・オパールの形状からイネは栽培種で、弥生時代から現在まで作り続けられているジャポニカ（単粒種）とみられるとのこと。ただ、この時期の栽培が水田で行われていたとは考えにくく、焼き畑だったのではないかとされる。

　そしてその後、稲作の始まりに関してはさらに遡ってゆき、1999年4月22日の毎日新聞（朝刊）はその第1面において、「国内最古6000年前に稲作」との大見出しで、岡山県・朝寝鼻貝塚の土層からプラント・オパールが検出されたことにより、すでに縄文前期に稲の栽培が行われていたことを報じた。かつまた同じ土層から小麦のもみがらの一部も検出されたという。小麦の検出例はこれまで約4000年前（縄文後期）が最古で、これを約2000年遡る。ともかく

これによって縄文時代にすでに稲作が行われていたことは確実で、たとえそうした稲作農業がいまだ本格的なものではなく、また地域的なものであったとしても、原始神道に生きた日本人において、季節循環に対する知識の深まりと春耕秋収の稲作農業とから、1年サイクルの循環的な時間観がすでに形成されつつあったことだけは、まず間違いないところだろう。したがって、こうしたことからあえて強引に結論づけるとすれば、原始神道ないしこの時期における日本人の時間観は、形成過程中の循環的時間観であった、と言ってよいのではあるまいか。

　以上のように、この時期の日本人の空間観（周りの自然界は生命的な神霊に満ちた世界だと見る空間観）も時間観（形成過程にあった循環的時間観）も、ともに日本の自然・風土とふかく関わりながら形成されてきたのだが、ただこの段階ではいまだこの両者が緊密に関連し合うことなく、それぞれが独自に人びとの心のうちに意識されていたというふうに見るのが妥当なように思われる。そうして、人びとが時間を循環的なものとしてはっきりと意識し出すのは、水稲農耕の始まる次の弥生時代、つまり古神道の時期になってからであるが、そうなることによってようやく、空間（観）と時間（観）とが深く関連し合うものないし関連づけられたものとなってゆくのである。

(2) 古神道とその円環的時間観

　日本の神道史における第2段階としての古神道は、時代的には弥生時代（B.C300年～A.D300年）の600年間と、それに続く古墳時代の前期100年間、合わせて700年ほどの間の神道をいうものとする。この古神道を特徴づけるものは、それまでの原始神道の上に、祖先崇拝から出てきた祖先神信仰がつけ加わったこと、そうしてさらにはこの祖（先）神信仰が発展した氏神信仰がつけ加わり、やがてはそれらの方が主流をなすに至るということのうちにある。この祖先崇拝が水稲農耕とともに始まるということは、当時の人びとの心情からすればごく自然なこととして理解できる。そのことについてはのちに述べるつもりだが、ともかくも彼らの時間意識が、したがってまた古神道の時間観が、この水稲農耕によって決定的な影響を受けることになる。いや、さらに言えば、

それまでの原始神道における空間意識の時間意識に対する優位性が逆転して、古神道にあっては、時間意識のほうが空間観に対して作用を及ぼし始める、とさえいえるものとなる。

それなら、水稲農耕に伴う時間観とはどのようなものかといえば、それは先の縄文時代後期中ごろからの稲作農業に伴って形成され始めていた循環的時間観の徹底化に他ならない。すなわち、春の種蒔きに始まり秋の収穫に終わることを主軸とするところの、1年を春夏秋冬の四季の循りにおいてとらえる円環的・循環的時間観が、あるいはそうした1年が年々歳々繰り返されながらその連なりにおいて時間は経ってゆくものだと見るところの螺旋的な時間観が、この700年の間に次第に確立されていったということである。そしてこの時期の人びとが、水稲農耕を生業としつつ、それと表裏一体をなす祖先崇拝→祖神信仰→氏神信仰を主流とする古神道のうちに生きてゆくことになったのであってみれば、この古神道の時間観そのものがまた、基本的には1年サイクルの循環的時間観となることはもはや言うを待たないであろう。そうしてそもそも水稲農耕を可能にしたのが、詮じつめればモンスーン地帯という日本の風土であったことを想えば、古神道とその時間観を成り立たせたものもまた結局のところ日本の風土に他ならなかったと言いきってよかろう。

ところで、水稲耕作の広がり方としては、「はじめは葦原なす湿地帯に天水田を営み、鉄製農具を得てからは随所に溜池を造って台地にも水田を拓いていった」[12] というような地域ももちろんあったろう。がしかし一般的には、日本が山国であり、かつ水稲耕作に不可欠な水の供給源が山にあったことからも、もともと人間が水田を作って住んだのは山つきのところであり、そののち治水、潅漑、排水といった土地改良に関わる技術の進展を待ってだんだんと平地に進出していったものと思われる。ともあれ、祖先のたゆまぬ努力によって水田が切りひらかれ、稲作農業を生業とする生活が営める段階になってくると、子孫らの自然の情としては、かく水田を開発し、それを子孫後裔のためいまに伝えてくれた祖先に対し、感謝と崇敬の念で胸一杯になったことだろう。つまり、「先祖が苦労に苦労を重ねて開墾し、子孫のために譲渡してくれた田が、まる

で神からの贈り物のようにありがたく思え、そういう切々たる感謝の一念がまた、おのずと先祖の霊魂を神霊そのもののごとく見立てる祖先崇拝の心をつのらせた」[13]のだった。

　このように、祖先崇拝は水稲農業の本格化とともに始まる。そしてこの祖先崇拝はまた、先祖の霊魂を神霊そのもののごとく見立てることにおいて、おのずと祖霊信仰へと、さらには祖神信仰へとつながってゆくものであった。このことを民俗学の立場から論じたのが、柳田国男の「死霊の山中他界説」であり、「祖霊の山上昇神説」である。……当時の日本人が、死霊は山中へ他界すると信じていたのは、古い時代から墓を山麓や山中に設けた山中葬送の習俗と結びついた観念だと柳田国男はいう。そして、山中に埋葬された祖霊は、麓から山の上へ登ってゆくにつれて、次第に穢れ（死穢）や悲しみから解き放たれ、ついには清らかで安らかな神霊＝神（山の神）になってゆくとする。こうした死霊の祖霊化と、それに引き続いての神霊化には、一定の年月の経過を要するとするが、それを柳田は、「弔い上げ」や「問い上げ」などと称する最終年忌制の実在からひとまず33年と見ている。

　いずれにせよ、死後、一定の期間を過ぎると、祖霊は個性を棄てて集合霊に融合して一体となり、かくして神霊化の機を得て山の神となるのである。したがって、山の神とは（柳田にあっては）、融合した祖霊神に他ならない。そうしてこの山の神が、春の初めに里に降ってきて田の神となり、農作の守護のため田の中または田のほとりにおられて、秋の終わりにはまた田から上がって、山に還って山の神になるとする。いわゆる「山の神・田の神交代説」と言われるものである。

　こうした柳田民俗学における祖霊一元論とも言える神学に対して西田正好氏は、祖霊神が田の神を兼ねるのは認めるとしても、山の神には往年の自然神の面影がなお色濃く残留しているのだから、山の神まで祖霊一本で押し通すことには問題がある、と批判する。そうした批判的な指摘それ自体はまさにそのとおりであろう。なぜなら、水稲農耕の時代になっても、山を仰ぎ見る人びとの心のうちにはそれまでの自然神としての山の神がなお生き続けており、そのうえに祖霊神としての山の神のイメージをダブらせながら眺めやっていた、と

見なすのがごく自然だからである。ただしかし、水稲農業の拡充・徹底化の進む時代の推移とともに、農耕神・祖霊神としての山の神のイメージの方が次第に強く意識されるようになり、これがやがて前面に押し出されてきたであろうことも間違いないところである。したがって、柳田・西田それぞれの主張の違いも、言ってみればどこにウエイトを置いて見るかという、視点の相違にすぎないとも言えようか。

 ただこのこととの関連で、筆者がここで問題にしたいのは、水稲農耕の本格化に伴ってより明瞭に形作られていった循環的時間意識が、空間観にも作用を及ぼすに至ったのではあるまいかと考えられる点である。なぜなら、柳田国男の言う山の神と田の神との交代そのものは、言うまでもなく空間のうちで、空間的に生起する事柄なのだが、そうした交代を当時の人びとがごく当たり前のこととして受け止めていたとするなら、そこに「時は循環する」との観方（＝時間観）が空間観にも強く作用していたものと見なさざるを得ないように思えるからである。

 このことに関して例えば、山の神というも田の神というもその本質は同じ祖霊神であって、山にあっては山の神となり、田に降っては田の神となるまでのこと、神にとって変幻など自在、というのが何ら本質的な答えにならないのは、言うまでもない。それに対して、山の神・田の神交代説の根拠として、水分神（みくまりのかみ）の存在を指摘するのは、かなりの説得性がある。「たとえば、大和平野の南端に位置する吉野山の山頂には、いまもって世に名高い吉野水分神社がある。同社の主神はアメノミクマリノオオミカミと称し、山の神でありながら、文字どおりれっきとした水の神でもある。平野を潤して豊作をもたらす田の神が、いつしか川上の水源を占める山の神と関係づけられ、山頂の分水嶺（水分）に鎮座すると信じられた」[14]のである。

 このように、山の神の1つに水分神（みくまりのかみ）のごとき水源神が見られたことは、空間的に山の神が水の神へと交代することの有力な根拠となし得るだろう。しかしながら、神の交代を空間的にのみ説明しようとすると、水稲耕作にたずさわる農民にとって必要不可欠な水が一般に山から田へと流れ降りてくるがゆえに、山の神が降ってきて田の神となるとするのは、比較的に自然な流れとして

理解し得る。が、次にまたその田の神が山の神に戻る場合、神だから山に戻れば元の山の神になるとするだけでは、いささか無理があるし説得性に欠ける。やはりどうしてもそこに、循環的時間意識からの作用といったものを、考慮に入れぬわけにはいかない気がするのである。

　繰り返しになるが、水稲農耕における時間観とは、春の種蒔きに始まり秋の収穫に終わるところの、1年を春夏秋冬の四季の循りにおいてとらえるものであった。秋の収穫が終れば冬ごもりに入り、その冬が過ぎればまた春に戻って、再び種蒔きの季節となる。そしてその春から夏秋の農作業を経て秋の収穫。秋の後には——冬を経て——また春へと反転する。このように、四季は循環しつつ反転して、また元のところに戻りくるとする時間意識が、水稲農業の徹底化に伴って、当時の日本人の間に浸透してゆくとき、そうした時間意識が空間意識にも作用を及ぼすようになるのはごく自然な成り行きであろう。つまり、祖霊神としての山の神が、春の初めに山から里に降ってきて田の神となり、秋の終わりに再び山へと帰って元の神に転じる、そうして春になると山から降ってきてまた田の神に転じて……といった空間内における反転的循環をも、これまたごく自然なものとして人びとが受け入れるまでになったということなのである。したがって、稲作農業に特徴的な循環的時間観からの作用といったこのような側面からの補強をまってこそ、かの「山の神・田の神交代説」もまた十全なものたり得ることになろうか。要するに、古神道の時代になると、その循環的時間観が空間観にまで作用・影響を及ぼすほどのものに発達してきたということなのである。

　ともかく以上から、古神道の時代に水稲農業に依拠する1年サイクルの循環的時間観が確立されたということは、十分明らかになったものと思う。それでもなお念のために、そうした循環的な時間観からの影響の1例として、その当時の日本人の他界観について一言しておくことにしよう。……いま見てきた柳田国男の「祖霊の山上昇神説」とか「山の神・田の神交代説」からほぼ推測がついていたように、仏教伝来以前の日本人の他界観ないし死後の観念の特色は、人は死ぬとその霊はまずは山中に他界するものと思いなしていたこと、そうし

てその霊は永久にこの国土のうちに留まってそう遠くへは行ってしまわないと思っていたこと、かつまたその霊は、毎年時を定めて子孫後裔のもとに還ってくるものと信じていたこと、のうちにある。日本人に本来的なものともなったこうした「死後の観念」は、人びとが時間を循環するものと見ていたからこそ出て来得た信仰であり、またそう解することによって初めて理解し得るものなのである。なぜなら、循環的時間観にあっては、時間はひと巡りすると再び元のところに戻ってきて、いわば閉じられた円環を形作る。決してこの円環から飛び出して、どこか遠い彼方へ行ってしまうということがない。あくまで円環のうちにとどまりながら、それに沿って循り戻るのである。このような時間観が空間意識に対しても強く作用してゆくときには、次のように言えるでもあろうか。つまり、子孫のもとから去った霊は、この円環的時間にそって次第にこの世から離れてゆきはするものの、あくまでもこの円環のうちにとどまる。そうしてその際、時間的なこの円環が同時にまた空間的にもとらえられることにおいて、それは子孫のいる国土とひとつながりの空間世界となるのであり、したがって「霊は永久にこの国土のうちに留まって、そう遠くへは行ってしまわない」のだと。

　それでもこの円環はもともと時間的なものなのだから、それは四季循環にしたがって、再び子孫たちのもとに戻る時間世界であることに変わりはない。それだからこそ、子孫後裔を死後にも守護したいと願っている霊としては、この時の循りにしたがって春秋の定期の祭りに還ってくるのみならず、子孫たちのまつりを受けて（そうされるのが霊の方の望みでもあるのだが）、例えばその霊の命日などに、毎年時を定めてご帰還されるのである。

　しかしこのような循環的時間観だと、他界は決して第一義の大切な世界とはなり得ない。おそらくはそのためであろうか、他界に対する明確なイメージが稀薄で、それゆえにまた、のち日本の古典には、黄泉の国、根国、妣国、常世など、たくさんの他界が出てくるにも関わらず、しかしそのどれもが、現世と本質的に違う世界としては描かれていない、といったことにもなる。一方また、他界に行きっ切りというのではなく、何時でも此の世のまつりを受けて帰ってこられるということは、言い換えれば、祖霊を祭ることが子孫後裔にとってい

かに大切かということでもある。「神道で一番大切なのは、我々がまつりをするかどうかなのである」[15]と言われるゆえんである。そして我々日本人は、古神道時代のはるかな昔から今日に至るまで、毎年時を定めて祖霊を迎えまつるその行為を通して、実は円環的・循環的時間観を実修し続けてきたのであった。そうして、春秋のお彼岸における祖霊への墓参りはもとよりのこと、仏教にはもともと祖霊を迎えまつるという教義などなかったにもかかわらず、それをお盆の行事のなかへ組み入れてまで、古神道以来の循環的時間観を、今も実修し続けているのである。

(3) 直線的時間観をもつ人間集団の日本列島への渡来

このようにして弥生時代600年の間に一般化していった1年サイクルの円環的・循環的ないし螺旋的な時間観が次第に確かなものになりつつ、次の古墳時代（4世紀初め～7世紀中頃）へと受け継がれていったのだった。そうしながらこの古墳時代の前期には（特に4世紀から5世紀初めの、ほぼ100年間に集中的に、）古墳に好んで三角縁神獣鏡を入れるということが流行したという。そしてそのことは、「当時の倭人たちが、やはり、不老長寿へのあこがれを持っていた、というよりそのことを強く信じ、共通の呪具をもつ1つの信仰が拡まっていたことをしめしている」[16]と解されるという。このように古墳時代に入った当時の倭人たち（といってもそれは実際には古墳を造り得た少数の者たちに限られていたのだが）は、死後によみがえるとした上で、そのときには老いることなく長く長く生き続けたいとの願いを持つに至ったということである。それは言い直せば、死後には生前のかの生死・生滅的［・循環的］な時間から解き放たれて、いつまでも生き続けたいと願ったということである。そしてそのことはまたとりもなおさず、死後の時間というものは（生前の時間とは異質で）どこまでもまっすぐに続いてゆくものだと、時間を直線イメージで把えようとしていた（あるいは把えたがっていた）と解し得るということでもある。

しかしながらそのことは逆にまた生前の倭人たちにあっては、時間は円環的・循環的に巡るものだとみる見方が、一般的にはすでにほぼゆるがしがたく定まりかけていたことをも意味するものではあるまいか。こうした状況は、一

方で直線的な時間観を受容する下地が一部にできかけていたということであると同時に、他方ではまた、外から別の（とは直線的な）時間観が入りこんできたとしたならば、その際にはそれを完全に拒絶するなり、あるいは余裕をもって包摂してしまうなりできるほどには、いまだ円環的・循環的時間観はそれほど確固不動のものとしては定着・確立されていなかったということをも意味するはずである。

　はたせるかな事実、古墳時代の後期になると、外部から直線的時間観（をもった民族）が入り込んできて、それが支配的になっていったらしいことが、その後期古墳の副葬品から推測されることになる。すなわち、古墳時代前期の副葬品に比べると、後期のそれは全く性格が違ってきて、そこには衣食住から武器・馬具・生産用具など日常必要な品々が網羅されることになる。そして、そうしたさまざまな副葬品はどういう意味を持っていたかというと、「この時代の人たちは死んだ後も、あの世において現世と同じ生活をするという観念を持っていた」[17]と解されるとのことなのだ。つまりそこでは時間は、現世でもあの世でも同質のものとして、現世からあの世へと直接・直結しながら、直線的・直進的に流れ進んでゆくわけである。そうしてあの世での生活が現世のそれの続きとしてなおどこまでも続けられてゆくということは、それは逆に言うと、現世の時間そのものが直線的に進行するものだと見られていたことを意味するものに他ならない。

　古墳時代後期になってそれまでの（あの世での）不老長寿の信仰がなくなったわけでないが、それでも4世紀にくらべると、そうした信仰を持つ人がずっと少なくなって、上述のごとく、あの世も現世の生活の続きだとする観念が主導的になってきたのである。このことをいま現世のみに限定して言うならば、古墳時代前期にあっては、いまだ確固不動のものとして定着・確立されるまでには至り得ていなかったにせよ、それでも円環的・循環的時間観が主導的であったのに対して、古墳時代後期になると、直線的・直進的時間観が支配的になってきたということなのだ。

　このように古墳時代の前期と後期とでは、時間観の間にずい分と大きな相違が、いや、決定的ともいえる差異が見られるということだ。つまり、この両者

の間に何かしら非常に大きな変化が起こったものと想定せざるを得ないということなのである。そして少しく先走っていうならば、先に見た古代日本語の時制体系の背後にある直線的時間観は、他ならぬこの古墳時代後期の直線的時間観の延長線上にあるものだということである。なぜなら、古墳時代前期に定まりかけていた円環的・循環的時間観が、その後の水稲耕作のさらなる普及・徹底による倭人（＝日本人）の農耕民族化に伴って、なおいっそう確固たるものとして定着・確立されていったとして、その延長線上に古代日本語を考えるとするならば、当然のこととして、その時制体系は、先に第2章のⅠの図3で見たような整然と細区分される底のものではなくて、現代日本語におけるそれのごとくに二元組織的なものになっていたはずだからである。言い換えるなら、古墳時代前期の延長線上において農耕民族化がどんどん進んでいって、そこからやがて豪族が生まれ、そうしてその豪族たちのうちから最も力を持った者が最終的に大和王朝を打ち樹てるに至ったとするならば、（筆者などは中学・高校の日本史の授業でそのように教わったのだが、）その者たちの時間観は当然のことながら、農耕民族に特徴的な円環的・循環的な時間観のはずであって、それに裏打ちされて出てくる時制体系もまたそれに相応するもの（現代日本語のそれのごとき二元組織的なもの）のはずだからである。

　ところが実際には、まごうかたない言語事実として、古代日本語の時制体系は直線的時間観に拠って形作られたものであった。となるとどうしても、古代のある時期に、直線的時間観に依拠する時制体系ないし文法体系の言語が外部から日本列島に入りこんできて、それがそれまでの倭人の言葉のうえに覆いかぶさる形で、支配的・主導的に古代日本語を形成していった、と考えるしかないということになる。しかるに、言語というものはその本性上、言語だけが入ってきて土着の言語を支配するなどということはあり得ないのだから、これまた当然のこととして、そうした言語を話す人間の集団なり民族なりが入りこんできて、その者らが主導的・支配的立場に立ったということでなければならない。

　さて、そうだとすると次には、当時の日本列島をとりまく時代状況および地理的状況からして、そのような直線的時間観をもつ民族としては、どのあたり

に住むどのような民族が考えられるかということが問題になる。そして、この直線的時間観（を持つ民族）というものを考えるに際して最も大きな決め手になるのが、その風土なのである。……ちなみに、直線的な時間イメージを持つもの（宗教）としてすぐさま思い浮かぶのは、ユダヤ・キリスト教である。つまりそこでは、神の天地創造に始まった時間が、最後の審判というその終末にむけて、直線的・直進的に進んでゆく。そうしてこの直線的に進行する時間の線上にいくつかの重要な歴史的な事件が（エジプト脱出、神とモーゼの出会い、メシアとしてのイエスの誕生、その刑死等といった事件が）、決定的な意味を持つ点（時点）として並ぶ。そしてこのような直線上にいくつかの点を配する時間イメージを持つユダヤ・キリスト教がもともと遊牧民たるヘブライの民の宗教であり、砂漠的な自然環境に生まれたものであることは、旧約聖書の記事を読めばただちに明らかになるし、また世界地図を広げて、現在のイスラエル（ユダヤ民族の国）を中心に広がる西南アジアの砂漠地帯的風土に思いをいたしてみることによっても、容易に想像し得るところである。要するに、直線的な時間イメージは（一般にも認められているように）砂漠的ないし草原的な自然風土に特徴的なものであり、そしてそれはそのまま、そのような自然環境の中で生活する遊牧民族ないし牧畜民族に特徴的なものだということなのである。

　それならば、日本列島にもっとも近い砂漠的・草原的な自然風土はどこかと言えば、それは蒙古から満州（さらに東北アジアまで含めてもよいだろうが）にかけての地域であり、そしてまたそこに住む遊牧民族が、彼らの足とも言える馬にまたがり、その機動力にものいわせて常に古代の中国をおびやかしてきたことは、何よりも万里の長城（すでに春秋戦国時代に斉・燕・趙・魏などの諸国が彼らの侵入を防ぐためにその一部を築き、後に秦［前221〜206］の始皇帝が大増築を行って出来上がっていったもの）がよく物語っている。だがこの長城によって北方の遊牧民族の活動が封じ込められたわけではなく、やがて西晋が滅んだあと華北一帯に北方民族の匈奴・羯・鮮卑・氐・羌が侵入してそれぞれに国を建て、いわゆる五胡十六国時代（317〜439）となることはよく知られたところである。

　このように北方の遊牧（騎馬）民族が古代中国を侵して建国できたのは、単

に彼らが馬という機動力にものいわせたり、弓矢に長じていたがためだけではなくて、彼らの文化・文明が古代中国のそれに匹敵するまでに高度なものになっていたからに他ならない。そして、こうした遊牧（騎馬）民族の勢力が南下して華北に広がる一方、その地理的状況からして、西に進んだフン族（匈奴）によりゲルマンの大民族移動が引き起こされたことはよく知られた歴史的事実だが、他方東しては東北アジアに広がり、そこからやがて朝鮮半島を南下して、いずれ日本列島にまで及んでくることもあり得ただろうとは、古代史の専門家でなくても、十二分に推測し得るところである。それにまた何よりも、直線的な時間イメージをもつことを特徴とするそうした遊牧（騎馬）民族が古代の日本列島に入り込んできて、彼らの言語がそれまでの倭人の言葉に覆いかぶさる形で古代日本語を、とりわけその時制体系を形作るのに支配的・主導的な役割を果たした、ということになってくれてこそ初めて、先に見た絶対的な言語事実としての古代日本語の6時制体系の、その成立の由来についてもまた納得のゆく説明がつき得ると考えられるからである。

　ところで、江上波夫氏の「騎馬民族征服王朝説」は、まさにこうした筆者の見方、考え方に対して1つの拠りどころを与えてくれることになり得る説である。あるいは逆にこう言い直してもよいかもしれない。……つまり、（この「騎馬民族説」はいまだ古代日本史における定説にまではなっていないとのことであるが、それにまた江上説の中では古代日本語における時制体系にまでは言及されていないのではあるが、）先に見たごとく古代日本語の時制体系をささえる時間観が直線イメージのものであり、そうした直線的な時間観が、水稲農耕の定着・確立による古代日本人の農耕民族化の延長線上には考えられない以上、古代のある時期に、直線的な時間イメージを持つ民族が、とはとりもなおさず遊牧（騎馬）民族（ないしは少なくともそうした系統を引く民族）が日本列島へとやって来て、その民族の言語がそれまでの倭人の言葉に覆いかぶさる形で支配的・主導的なものとなっていったところに、古代日本語に見られるあの時制体系が成立したのだ、とする筆者の古代日本語の時制体系の由来に対する考え方・見方が認められるとするならば、そのことは同時にまた、江上氏の「騎馬民族征服王朝説」（古墳時代の中頃に朝鮮半島から南下してきた北方

の騎馬民族が日本列島に渡来し、倭人を征服していってやがては大和朝廷を築いたとする江上説）の妥当性を、古代日本語における時制体系の側面から証拠だてることにもなる、と言い換えてもよいであろう。そのようなわけでともかく筆者としては、古代日本語の時制体系の由来について納得ゆく説明が得られるために、少し回り道ながら、まずは日本語のルーツないし成立についての諸説を概観したうえで、江上氏の説をも見てゆくことにしようと思う。

(4) 日本語のルーツ

(イ)「朝鮮語が語源である」という説

これを強く主張した人として金沢庄三郎氏は有名だが、『日本語の起源』（岩波新書）の大野晋氏［ここで氏は、弥生文化とともに、母音調和をもちアルタイ的文法をもった朝鮮南部の言語が日本に入ってきて、顔（カホ）、目（マ）、手（タ）、臍（ホソ）などをもつ南方言語を征服した結果、日本語が成立した、と見ている］、先に時制表を引用させてもらった長田夏樹氏もこれに属する。

しかしながら誰よりもその実証的研究を通して、つまり、日韓両語間の『音韻変化の法則』を発見・確立することによって、この説の正当性（「日本語のルーツは古代朝鮮である」）を主張しているのは、韓国人の朴炳植（パクビョングシク）氏である。なお朴氏は、原住の縄文人を「アイヌ」と見なしていること、「倭」および「倭人」の解釈が江上氏のそれと異なること、また「卑弥呼に発する邪馬台国からの系譜が大和朝廷という古代国家へと移行していくと考えている」ことなどから、江上氏の「騎馬民族説」に対して否定的ではあるが、それでも言語面では、古代朝鮮語そのものが東北アジアの騎馬民族の言語──モンゴル語、満州語、ツングース語、チュルク語など──に由来する可能性のあることは認めている。つまり朝鮮語もまた騎馬民族の言語同様にアルタイ語族に属することは認めているのである。（ついでながら、韓国では、朝鮮語をアルタイ系言語、とくにツングース系言語と見る説がもっとも有力だとのこと。）[18]

(ロ)「モンゴル語が語源である」という説

小沢重男氏がその主唱者である。氏の『モンゴル語と日本語』の中に紹介さ

れている現代モンゴル語の文章、中世モンゴル語（『元朝秘史』から）の文章、また蒙古文語の一文といったものが、それらの文章の各語の下につけられた訳語の日本語をそのまま読み進んでゆくだけで、ほとんどもうそのまま日本語になってしまうほどに似ているのは、全くもって驚きである。こうした日・モ両語間の文章構造上の類似性・近似性のみならず、小沢氏はさらに100語（60語の動詞と40語の動詞以外の語）を取り上げて、日・モ両語の語根、単語の構造を対比しながら、上代日本語がモンゴル語の系統を引くものであることを論証しようとしている。それでいながら氏は、「"日本語の系統は、現在のところ、不明である"というのが、学問的に妥当なところではないか」と、いたって慎重である。

（ハ）「南島語の基礎の上に（ウラル・）アルタイ語が重層して日本語ができた」とする説

先にあげた大野氏もこれに近い考え方とも見なし得るが、泉井久之助氏、村山七郎氏等がこの説に属する。

泉井氏の見解は、次の言葉に明示されている。──「日本語と南島語は同系の言葉ではない。……将来いわゆる日本語たるべくあった言語は、大陸の、しかも相当奥地において形成されたにちがいない。それがこの島々に来たとき、そこには主として西南日本よりそしておそらくは朝鮮南部にわたって、南島系の言語が行われていたものと思われる。……古い言語は新しく来た言語によって置きかえられたけれども、その語彙要素の若干は、新しいものの中に吸収されたであろう。」文中における「大陸の、しかも相当奥地において形成せられた」言語として泉井氏は、ウラル系（＝フィン・ウィグル系）の言語を考えていて、その新来者の言語が、それまで日本列島において行われていた南島系の言語を征服する形で、日本語に文法的な骨格を与えていったものと見ている。

それに対して村山氏は、新来者の言語はアルタイ系の言語、とくにツングース・満州語族と親縁関係にある言語だとしていて、その点が泉井氏と少し異なる。すなわち、「……日本列島でも南島系の言語が、おそらく朝鮮半島をへて到来したアルタイ系の民族、とくにツングース系民族──その数は土着人に比べて問題にならないくらい少なかったでしょう──の言語によって文法的につ

くりかえられ、古代日本語の動詞活用形式や名詞の格変化や語順がアルタイ的なものになったのでしょう。」とする。そしてまた、「日本語の厚い、厚い南島語的基層の存在を考慮しなければ日本語の系統の問題は解決できない。」として、基層語としての南島語的構成要素を重視している点も村山氏の特色である。なおついでながら言うと、大林太良氏は民族学の立場から、アルタイ系支配者文化要素の存在はかなりはっきりしているとして、村山氏とほぼ同じ見解をとりながらも、そうした一連の支配者文化要素はツングースからさらに遡って、チュルク・モンゴル系の牧畜民に連なる傾向が見られるとしている[19]。

　(二) その他

　安本美典氏は、『日本語の成立』(講談社現代新書) において、日本語の起源は４つの層からなるとする。すなわち、形成の核をなした古極東アジア語と、統一の引き金となったビルマ系江南語との結びつきによって成立した日本語祖語が、それまでの縄文期に広がっていたインドネシア系の言語やクメール系の言語など (大雑把な言い方をするなら南方系の言語) をのみこみながら、日本列島を言語的に統一してゆく。そしてさらにその上に、中国語の層がかぶさって、日本語が形成されていったとする。

　また藤原明氏はドラヴィダ語源説を唱えており、近頃では大野晋氏も、パプア・ドラヴィダ基層説さらにはタミル語源説を唱えている[20]。

　以上ごく簡単に、日本語の起源ないしルーツについての諸説を見てきたが、それらの説は互いに違っているように見えても、それでもその大筋においてはいずれも、南島語の基礎の上に大陸系の言語が重なって日本語が成立した、との見方をとっていると見なしてよいように思われる。言い換えれば、南島系の言語が話されていた日本列島へ、ある時期に大陸系の言語が入りこんできて、それまでの言語により確固とした文法形態的な骨格を与える形で征服していったと見なしているということである。ところが言語というものはその本性上、ひとり言語のみが渡来して、土着の言語を征服してゆくなどということは考えられない以上、どうしてもそうした言語を使用していた民族の渡来と征服として受け止めざるを得ないということになる。[ちなみに、現在の日本語は漢字

なくしては考えられない。また奈良時代およびそれ以前の文章・文献はすべて漢字ないし漢文で書かれていた。それほどだのに、それでもなお日本語に——語順ひとつを例にとっても——漢文（中国語）の文法形態が入りこんでいないのは詮ずるところ、漢人・中国人がその言語ともどもに渡来したのではなく、主として書物の形で漢字文化としてのみ移入されたがためである。］そのようなわけで次に、日本語の起源ないしルーツを、日本列島への外部からの民族渡来という観点から論じた江上説を取り上げてみることにしよう。

(ホ）江上氏の説

日本語のルーツないし成立に関する江上氏の見解を（主として森・江上共著『対談・騎馬民族説』によりながら）箇条書きふうにまとめてみると……①縄文時代までは、母音終わりの太洋州的な言語が話されていた。②そこへ弥生時代になって江南から非シナ語が——主として朝鮮半島南部を経由することにより、朝鮮語の要素をもかなりまじえながら——入ってきた。③その上へさらに、古墳時代の中頃に東北アジア系の騎馬民族の言語、つまり（朝鮮語が混入ないし影響した）夫餘系のツングース語が朝鮮語ともども入ってきた。そうして基本的にはこれら①②③の言語がミックスして、古代日本語がつくられていった、としている。こうしたミックスの過程においてはなお他にも、江南の言語と関連をもつ東南アジアの非シナ語、チベット語などが、またアイヌ語とか古代アジア語などが混入ないし影響したとしてはいるが、それでも基本的には太洋州的な言語、江南の非シナ語、朝鮮語、ツングース語の4つが、古代日本語の成立に中心的役割を果たしたものと見なしている。

他方このことを日本人のルーツという側面から見てみると……①原住縄文人は、母音終わりの言語を話す太洋州的な人種（民族）であった。②そこへ中国大陸の江南地方から非シナ語を話す倭人が、弥生時代に稲作を伝える形でやってきた。（この稲作伝来のルートとしては4つほど考えられるが、朝鮮半島南部を経由するのが主たるルートだったので、そのことに伴って江南の倭人のみならず一部韓人もまた入ってきた。）③その後、古墳時代の中頃に、東北アジア系の騎馬民族が渡来してきて、それまでの先住日本人を支配しながら大和王朝を成立させた、となる。

日本語ないし日本人のルーツといった側面にしぼって江上説を（他の箇所からの補足説明も加えながら）整理してみると上のようになるのだが、ただここで気づかされるのは、氏の「騎馬民族王朝説」にあっては、先住の日本人を政治的・軍事的に征服支配して大和王朝を成立させたのは他ならぬ東北アジア系の騎馬民族だとして、このアルタイ語族に属する夫餘系騎馬民族を強く前面に打ち出しながら、それでいて古代日本語の成立ということでは、この騎馬民族の言語が果たした主導的な役割をそれほど強く主張することなく、控えめにミックス説をとっている点である。たしかに、いくつかの（あるいは諸々の）言語が混じり合って古代日本語は成立したわけだから、むろんミックス説で正しいのだが、それでもそのミックス説にあっても、主導的・支配的役割を担った言語をどれと見るかその見方の相違によって、先に（イ）〜（ニ）で見たように"日本語の起源"についてもいく通りかの異なった見解が出てくることになったのである。

　その点で筆者としては、江上氏が日本語の成立に関しても、他ならぬ騎馬民族が、（音韻、基礎語彙、語法等の面でのことはさておき、いま問題としている時制体系成立の面で、あるいは膠着語的な特色の面で、）日本の先住言語をアルタイ語化してゆきながら征服支配していったのだと見なすことではじめて、大和朝廷樹立のかの征服王朝説の主張もより首尾一貫したものたらしめ得ると考えるのである。

(5) 騎馬民族征服王朝説のための証左

　以上見てきたように、日本語の起源ないしルーツに関しては、南島語の基層の上に大陸系の言語が主導的に重なって古代日本語が成立したとするのが大方の見方であった。それをふまえたうえでさらに、古代日本語の6時制体系が依拠する直線的時間観の由来を無理なく説明し得るためには、そうした時間観をもつ民族（＝騎馬民族）の日本列島への渡来と、その民族の土着民支配による大和王朝樹立を想定せざるを得ないということになった。ところが、言語面ではそうした新来者による征服を認めながらも、民族面での征服、すなわち騎馬民族征服（王朝）説それ自体は認めたがらない人も少なくないようだ。しかし

筆者としては、古代日本語における時制体系の背後にある時間観（時間イメージ）が直線的なものであることを、かつまたそうした直線的時間観が牧畜騎馬民族に特徴的なものであることを確認している以上、言語的に（文法形態的に）先住民族を征服していった新来者は他ならぬ騎馬民族であって、そうした言語的征服に先だってその騎馬民族が政治的・軍事的に日本列島を支配していって、大和王朝を樹立したものと見なすのが妥当だと考える。それで念のためあえてここで、そうしたことの証左ともなる事例を次に2、3あげてみることにする。

　まず昭和50年に発見された埼玉県稲荷山古墳出土の鉄剣銘文について。──150文字のその銘文中に、「辛亥年」（＝471年）の年紀があり、「ワカタケル大王」（＝雄略天皇）の大王名があることの貴重さもさることながら、騎馬民族説の立場から見て江上氏は、「オホヒコ」から「ヲワケ」までの8代にわたる系譜があること、および「杖刀人首（じょうとうじんのおさ）」という官職名があることの重要さを指摘して、次のように述べている。少々長くなるが引用する。

　「〈その児の名は……、その児の名は……、〉と出てくる8代にわたる系譜の形式は、明らかに騎馬民族のそれです。なぜならば、農耕民族は、けっしてこのような系譜はつくらないからです。というのは、農耕民族にとっては、農耕を営む場である土地が何より大切ですから、何かにつけて、土地に結びつけて物事を考えるわけです。ですから系譜にしても、どこそこの人ということ、本貫が必ず書かれるのです。彼らにとってはどこそこの氏（うじ）の出である。何々家の某であるということがいちばん問題になってくるのです。ですから日本でも、土着の豪族になると、武士でも「武蔵の住人、姓は〇〇、名は〇〇」というようになるのです。

　ところが稲荷山古墳の鉄剣では、その系譜に住所・本貫については、一言も触れていなくて、親から子への名前による、男系の系譜だけが語られている。このような系譜を持つものは、原則的に牧畜・騎馬民族ないし、その出身者です。というのは、彼らは一定不変の住所というものがなく、頻繁に移動する関係から、系譜を住所で示すことはできないからです。また、お互いに敵になっ

たり、味方になったりします。それで、男系の代々の人名を名乗って系譜とするほかにはないのです。このような父系男子の名前だけを、次々に名乗る系譜の現し方は、テュルクでも、アラブでも、モンゴルでも、ユダヤでも騎馬民族や牧畜民族ではみなそうです。

　それで、そのような形式の系譜を持つ、稲荷山古墳の鉄剣の主は、間違いなく騎馬民族か、その後裔なのです。

　しかもその人は、先祖代々、天皇家の杖刀人の首(おさ)だったという。杖刀人というのは読んで文字のごとく、刀を杖とする人なのです。刀を杖とするということは、年中刀を杖のように持って天皇を守っていることです。いまでいえば天皇のボディーガードです。

　農耕民族ならば偉い人であっても、昼夜の別なく、ボディーガードが必要ということはないでしょう。農耕民族は平和が建て前だから、ボディーガードがいたとしても、別室に控えているような扱いでしょう。偉い人の横に常に侍立して、常に剣を持っている武人、すなわち杖刀人がいるのは、いつ何時、仇敵が現われて殺されるかもわからない騎馬民族の首長のところぐらいです。……彼ら騎馬民族の王族にとって、不可欠な人物が2人あります。1人はこの杖刀人の長、……もう1人は食事掛りの長、毒味役です。この2人は常に王侯のところに控えているのです。」[21]

　上の引用文中の説明によって、鉄剣銘文にみられる系譜が騎馬民族固有の系譜そのものであること、また「杖刀人首」なるものが騎馬民族の王侯に必要不可欠な存在であることが納得されるならば、それなら、当時、(とは5世紀の後半の雄略天皇の時代に、)東は関東から西は九州まで、その権勢を伸ばしていた天皇＝大和朝廷の出自が、騎馬民族であることもまた納得されるのではあるまいか。そしてそれと同時に、親から子への(父系男子の)名前を、いわば直線的に次々と連ねてゆく系譜が牧畜・騎馬民族に固有なものだということは、それはとりもなおさず、彼らの時間観(時間イメージ)そのものが、直線的に連なり流れゆくものとして把えられていたということを意味するものに他ならない。[ちなみに、この鉄剣が発見された昭和50年よりも3年前に出された『古代日本人の時間意識』において、その著者の田中元氏は、「5・6世紀

頃、系譜によって超時間的権威が保証される観念が定着するようになると、もはや巨大な古墳は必要とされなくなる。この時代には系譜的観念が示す直進的時間意識が顕在化する」（136頁）と述べて、系譜は直進的・直線的時間意識を示すものであることを明言している。]

そうだとすればそのことからさらにまた、彼らの使用する言語の文法体系が支配的な影響力を及ぼしながら形成されていった古代日本語にあって、その時制体系が直線的・直進的時間意識に依拠するものとなったこともまた、ごく自然なこととして納得されるはずである。そしてこのことを逆から言い直すと、古代日本語の6時制体系を裏打ちする直線的時間観は、まさしく牧畜・騎馬民族のそれに由来するものだったのだ、ということになる。このこともまた納得・容認されるものと期待したい。

次には、有名な高松塚古墳（7世紀末～8世紀初めのもの）の彩色壁画について。──これに関する詳しい記述は省略するが、要するに、この大陸・朝鮮系の壁画墳の発見によって、かねてから、天皇陵は、大陸系の彩色壁画墳であろうとしていた江上氏の予想がまさに的中したわけで、これによって氏は、「こうして高松塚古墳の壁画は、天皇家の出自、朝鮮半島からの騎馬民族の渡来を、いっそう明確なものとしている」[22]と、自説の妥当性を主張し得ることとなる。

次に『古事記』（712）、『日本書紀』（720）などの歴史書の編纂について。──こうした日本の建国史が書かれた理由として江上氏は、概略つぎのように述べている。……7世紀後半に唐が朝鮮半島の百済・高句麗を滅ぼします。それで結局大和朝廷としては、その宗主権をかつて中国に認めさせた朝鮮半島南部と縁を切って、完全に日本列島に限定された独立国として、中国の律令制度を摂り入れ、当時としての近代国家に転進したのです。そういうことになった結果、大和朝廷としては、天皇が悠久の昔から、日本列島を支配したというイデオロギーで、歴史を書き換えざるをえなかったのです、と。……このように天皇が「悠久の昔から」（建国史の書かれた）現時点まで「日本列島を支配した」とは、別言すれば、はるかな過去から現在にいたるまでの時間を支配して

きたということでもある。そうして、そのように支配し得る時間とは、それは、自分の外側を一様に直進してゆくイメージにおいて把えられたところの時間なのである。かく一様な直進的・直線的時間であってこそ、それの当分化も可能となり、かつまたそれによって、区分された時間経過の上に（とは暦において）歴史的事実を列記してゆくことも可能となるのだ。事実『日本書紀』は、編年体の形式を取っているのであり、そのこと自体がすでに何よりも如実に、時間を直線イメージで把えていたことを物語っている。

　そしてこうした歴史書を書かざるを得なかったのが、上に見たような当時の時代状況によるものだとしても、それでも、そうした時代状況にいち早く対応して歴史書を記述し得たということは、それは大和朝廷の樹立者たちが、そもそも直線的な時間イメージをもつ民族の出自だったからということでもあるはずで、だとするならば彼らはやはり、直線的時間イメージをもつことを特徴とするところの、騎馬民族に他ならなかったのだと考えるのが妥当であるように思われる。

　このように江上氏は考古学的資料等から自説の「騎馬民族征服王朝説」を論証しているわけだが、他方筆者としては、先にも述べた古代日本語に見られる言語事実から、氏と同じく騎馬民族の日本列島への渡来と、倭人を征服していったことによる大和王朝の樹立という考えに立たざるを得ないのである。そしてこのこととの関連でなお念のため書きそえると、そうした筆者の考えにとって非常に有力なバックアップともなる論を松本秀雄氏がGm遺伝子による医学的立場から打ち出しておられるのだ。その詳細は「科学朝日」1998年2月号を見ていただくこととして、ともかくその結論として氏は、「Gm遺伝子について得られた以上の結果から、現時点結論を出すと《日本民族は北方型蒙古系民族に属し、そのおおもとの起源はシベリアのバイカル湖畔と推定できる》ということになる。」と述べていることを紹介しておきたい。そしてここでいう「北方型蒙古系民族(モンゴル)」というのが、江上氏のいう"騎馬民族"に相当することは、今さら言うまでもないであろう。

(6) モンゴル系民族の太陽神信仰と直線的時間観

　これまで述べてきたことをここで要約すると次のようになる。……まずは、古代日本語の時制が、現在の英語やドイツ語のそれと同様に、6時制体系のものだったという確固たる言語事実が存在するということ。そしてこの6時制体系とは、直線的な時間観（時間は過去から未来に向けて直進すると見なす時間観）に依拠してこそはじめて成り立ち得るものだということ。しかるにこの直線的な時間観は、弥生時代以来の水稲農耕に特徴的な円環的・循環的な時間観の延長線上には決して出て来得ぬものである以上、どうしても古代のある時期に日本列島以外の外部からもたらされたものだと考えざるを得ないということ。そうしてその際、直線的な時間イメージなるものが砂漠的ないし草原的な自然風土に特徴的なものであり、かつそのような自然環境の中で生活する遊牧・牧畜（騎馬）民族に特徴的なものだということからして、古代日本語が依拠したかの直線的な時間観は、そうした自然環境としての蒙古から満州にかけて活躍した遊牧騎馬民族がその勢力を東に拡大したのち、やがて朝鮮半島を南下してさらには日本列島へと渡来し、そこで大和王朝を樹立するに至ったことによってもたらされたものだ、と結論づけざるを得ないということであった。

　言い換えれば、古代日本語にみられる言語事実としての6時制体系の、その存在根拠を無理なく説明し得るためには、江上波夫氏の「騎馬民族征服王朝説」を支持せざるを得ない、ということになったのであった。そしていまここで改めてそうした筆者の見解・立場を再確認するのは、その後の日本人の時間観を理解するためにも、また神道史の第3段階としての「神道」にみられる時間観を理解するためにも、そうした見解ないし立脚点に立ってこそ初めて無理のない説明が可能になるように思えるからである。そのことをいま先走ってあえてひとことで言うとすれば、渡来の騎馬民族のもたらした太陽神信仰とその直線的時間イメージとが、それまでの倭人の原始神道・古神道とその円環的時間観をなんとか自らのうちに汲みあげ組みこもうとする努力のうちに、支配的・主導的に「神道」を形成していったということなのである。そういうことでまずは以下に、「神道」成立にいたる前段階としての、騎馬民族の太陽神信仰から見てゆくことにしよう。

これまで述べてきたように、古墳時代の中頃に日本列島へと渡来し、やがて大和王朝を樹立するに至った遊牧騎馬民族は、モンゴル系民族であって、その出所はモンゴルから満州にかけての乾燥地帯である。その地理的環境なるものは、「南からのモンスーンや、北からの北氷洋海風の影響をうけることがなく、すこぶる雨量にとぼしい。したがってそこには、樹林や沃野の発達がごく局地的に見られるほかは、大部分が満目荒涼たる草原的・砂漠的広野で、おもに羊、山羊(やぎ)、牛、馬、駱駝(らくだ)などの放牧地として利用され、ながく遊牧民の独占的な地域であった。」[23] 内陸ユーラシアの乾燥地帯に属するこのような地域は、至るところに無限の短草原が広がっていて、しかも家畜を害するような食肉獣はいたってまれなために、放牧を行うにはまったく理想的な、天然の大牧場といってよい。それでいて一方、満目荒涼たる一望千里のこの大自然は、まさに取りつく島のない世界といってよいものであって、そうした草原的・砂漠的な広野を覆う無限の「天空」がまた、人びとに圧倒的な存在として感じ取られたとしても何ら不思議ではない。つまりは、こうした世界で祈るとしたら天上の神（天神）しかない。あるいは天上との関係で何かすがるものを見つけなければどうにもならない、ということになるわけである。

そしてまた、こうした一望千里の大自然と無限のかなたへ伸びてゆく「天空」を日々ながめやる者にとっては、時の流れというものが同じように、現在自分の立てるところからはるか無限のかなた（未来）にむけてどこまでもまっすぐに進んでゆくといったイメージのものとなってゆくのは、きわめて自然なことであったろう。それにまた放牧・遊牧における彼らの意識としても、常に一定の牧草を求めて先へ先へと進んでゆこうとするものであるのだから、その点でも時間イメージが直線的・直進的な未来志向型のものとなるのはごく自然なことだった。このように、草原的・砂漠的な自然風土に住む遊牧騎馬民族としてのモンゴル系民族にあっては、時の流れとはその砂漠とか草原のうえを過去から未来にむけて直進してゆくものとイメージされ、意識されたのだった。つまり「天空」への信仰と表裏一体の関係にある彼らの時間観としては、過去→未来型の直線的・直進的な時間観になったということなのである。

こうしたこととの関連でD・ダイマルはその著『草原の国モンゴル』の中で、モンゴルではさまざまな場所でおびただしい数の歴史的な岩画に出合うと指摘したうえで、次のように言う。「モンゴル史にとってきわめて興味深いのは、ボグド‐ウラの山腹、イフ‐テンゲリアン‐アム谷近くの、さして大きくない岩に墨で描かれた岩画である。……この岩には、「永遠なる蒼天」という文句をふくむ古モンゴル語の碑文があるが、このことは、仏教以前にモンゴル人たちが崇拝していた「永遠なる天空」(ハン・テングリ)への信仰を反映している。というのは「永遠なる天空」はシャーマニズムにおける主神であったからである。」[24] ……この文からも分かるように、仏教からの影響をうける以前の遊牧騎馬民族にとっては、「天空」はまさに「永遠なる」「偉大なる」存在として、崇拝と信仰の対象になっていたのである。いや、シャーマニズムを信奉する彼らにとって「天空」は、まさに主神にほかならなかったのだ。そして、天空のうちに最高の神をみる遊牧騎馬民族のこの信仰が、のち記紀の日本神話において、主神となる天之御中主神(あめのみなかぬしのかみ)へと受け継がれてゆくように思えてならないことを、いささか性急にすぎるが、ここで指摘しておきたい。

　他方また、遊牧民が国家を形成するような場合、その遊牧国家の首長ないし君主は、おのれが単に「俗」的権力者、遊牧騎馬英雄であるにとどまらず、同時にまた「聖」的権威者であることを、一般遊牧民のまえに明示する必要から、みずからの権威の拠りどころを永遠にして偉大なる「天空」に求めたのである。そしてそのために、「俗」に死んで「聖」に復活する特殊な即位の儀式を行い、それによって上天からの霊威をわが身にうけたとして、人間にして神、神にして人間なる存在となったのである。例えば、匈奴国家の初代首長となった冒頓単于(ぼくとつぜんう)(在位、前209～前174)が、自分のことを「天の立つところの」、「天によって生まれた」、「天の子」と称しているなどはそのことをよく示している。そしてまたこの点でもいささか先走るが、遊牧騎馬民族によって樹立された日本の大和王朝の君主が、現御神(あきつみかみ)、天皇(すめらみこと)、天の日嗣(ひつぎ)とされるのも、このような遊牧民族の神観念ないし国家首長観の流れを汲むものだと見てよいであろう。

ところでしかしながら、「天空」(天神)をこそ主神と仰ぐ彼らにとって、その天空に輝く太陽(と月)が、やがて他の諸々の神々の中でもとりわけ重要視されるようになっていったのは、ごく自然な成り行きとして理解される。そしてこのことを最も端的に示しているのが、モンゴルの文化的遺物群としてのいわゆる「鹿石」である。「鹿石」というのは、石の上部に太陽の象徴としての大小さまざまな円盤が彫られ、その太陽に向かって、両脚を折り曲げて疾駆する鹿が彫られているといった石柱のことである。この鹿石そのものは、多くは軍事的指導者である名門出身者を表現し、それを永遠化するためのもの、一種の祖先崇拝のためのものであったと考えられるという。がそれはそれとして、言うまでもないことながら、人間にとって最も大切なものは、自分たちの生命と生活を支えてくれる命の糧である。遊牧民にとってのそれは、羊、山羊、牛、馬、駱駝といった家畜、およびそのほか狩りの対象となる動物たちであった。鹿石に、これら諸々の動物たちが彫られているのはまさしくそのために他ならなかったのだが、中でも鹿の彫像が多く見られるのは、遊牧民にとって鹿は、最も高貴な動物とみなされていたがためである。鹿に出会えば、それは吉兆とされた。鹿はいわば多幸のシンボルであった。そしてその鹿は、太陽に向かって疾駆しているのだ。それは多幸を願い求めて馳せる人々の心の象徴的表現と言ってもよい。そしてその鹿が太陽へと馳せ慕うのは、遊牧民にあっては幸せを含む一切が、永遠にして偉大なる「天空」(天神)の意志と恩恵によって与えられるものと信じられていて、かつまたその天空を遍く照らす太陽のうちに、「天空」のより具象的な顕れを見、また感じ取っていたがために他ならない。太陽の恵みに浴さずして生き得るものなど、この地上に1つとして存在しないからである。

そして、天空、天、天神に対する信仰はその後も長く持続されながらも、それでも時代の推移とともに、より具体的な太陽への信仰(太陽神信仰)のほうが、より強く前面に打ち出されてくることになったのであった。ただそうした「天空」信仰からより具象的な形態へと推移した太陽神信仰にあっても、その時間イメージとしては、それまでの「天空」信仰にともなう直線的時間イメージがそのまま、ごく自然に太陽神信仰に伴う時間イメージとして継承されてゆ

くことになったのであった。

　なお先にも言及したように、鹿石そのものは一種の祖先崇拝として作られたものだった。ただ祖先崇拝といっても、日本の弥生時代人が、田畑を拓いてくれた祖先を一様に崇拝したのとはちがって、遊牧騎馬民族のそれは、「軍事的指導者である名門出身者」というごく限られた者に対する祖先崇拝であった。そしてまた例えば匈奴において、氏・部（族）の放牧地には、それぞれ共同の神祠があって、天神地祇などの諸神とともに、各氏・部族の世襲の首長の霊を祀ったとされることなどもやはり、特定の者に対する祖先（祖霊）崇拝と見なし得るものだった。このように、遊牧騎馬民族における祖先崇拝は、ある限られた特定の者に対するそれではあったのだが、それでもなお祖先崇拝が明瞭に存在していた事実は、特に留意しておかねばなるまい。なぜなら、遊牧民にそのような祖先（祖霊）信仰の側面があったればこそ、のち騎馬民族による大和朝廷樹立に際しても、それまでの土着の倭人の祖先崇拝、祖霊（祖神）信仰を──日の神信仰ともども──自然な形で汲み上げつつ、それと彼らの太陽神信仰とをうまく習合させて、天照大神を天皇家の祖先つまり皇祖神と仰ぐところの、天孫降臨神話をつくり得たからである。（このことについては後にあらためて言及したい。）

　それはともかく、このようにして「太陽神信仰」がその後ますます確固たるものになってゆくと、やがて彼らは古い説話のなかで、「モンゴルの民、その父は若い月、その母は黄金の太陽」と歌うまでになる。そして後にかの有名な旅行家マルコ・ポーロは、モンゴル人の築いたモンゴル帝国（元朝中国）において、「モンゴル人が昔からあがめる太陽神」信仰が徹底して、すでにそれらを彼らの旗印とするまでになっているのを目にしたのだった。……ともあれ、以上ごく簡単ながら、日本列島へ渡来して大和王朝を樹立した騎馬民族の、その原郷における彼らの信仰と、それに伴う時間観を見てみた。それによって、彼らがまずは天空（天神）を主神として崇めていたこと、次にはそれの推移発展した形態として（天神としての）太陽神信仰を持つに至ったこと、ただしその自然風土から、決して一神教になることなく、天神地祇、日月星辰等の諸神を許容したばかりか、祖先崇拝者でもあったことを確認し得たのであった。

そうしてまた、彼らの太陽神信仰に伴う時間観が、時間とは過去から未来に向けて直進すると見なす、直線的なイメージのものだったことも確認した。そうした直線的な時間イメージが、砂漠的ないし草原的な自然風土に、とはつまりそうした自然環境の中で生活する遊牧・牧畜民に、特徴的なものだということについては先にも述べたが、そうしたことがまた彼らの葬制においても認められることについて、念のため触れておこう。

　　D. ダイマルは次のように指摘している。──古代の遺物のなかで、大小の墳墓上の構築物がモンゴルには特に多い。……なかでも、もっとも古いものは、立石墓とよばれているものである。……このような立石墓は、青銅器時代及び初期鉄器時代に比定されている。……葬制の根底には来世と魂の不死に対する信仰があった。死者には、あの世の生活に必要なものがすべて用意され、墓中には、衣服、個人用の武器、家財道具が納められた。死者とともに馬具つきの馬の頭部、家畜の肉の一部も埋葬された。墓そのものが、死者の住居としての役を果たすべきものであった[25]。

　この文から明らかなように、遊牧民たちは死後も、来世において現世と同じ生活をするという観念を持っていた、と解し得る。つまり時間は、現世でもあの世でも同質のものとして、現世（現在）からあの世（未来）へと直接・直結しながら、直進的・直線的に流れ進んでゆくとみられ意識されていたということである。そしてそのことは同時にまた、現世での時間そのものが直線的に進行するものだとみられていたことを意味するものに他ならない。そうしてさらにはこの現世（現在）の時間は、時間の流れの必然性からして、過去に由来するものである以上、結局のところ、遊牧民にあっては、時間とは過去から未来にむけて直線的・直進的に流れ進んでゆくものだとする、直線的な時間イメージにおいて捉えられていた、と結論づけ得るのである。
　そうなるとここで想い起こされるのは、遊牧民のこの葬制における観念が、日本の古墳時代後期のそれに酷似しているということだ。すなわち、古墳時代前期の副葬品に比べると、後期のそれは全く性格が違ってきて、そこには衣食

住から武器・馬具・生産用品など日常必要な品々が網羅されることになった。そして、そうしたさまざまな副葬品はどういう意味を持っていたかというと、「この時代の人たちは死んだ後も、あの世において現世と同じ生活をするという観念をもっていた」と解されるとのことであった。このように、古代のモンゴルの墳墓中に見られる副葬品、およびそれを通して知られる遊牧民の葬制に対する観念と、日本の古墳時代後期の副葬品（前期のそれと急に全く性格を異にするもの）およびその葬制の観念とが、かくも酷似しているということは、遊牧騎馬民族の日本列島への渡来と、彼らによる大和王朝樹立という見解を、妥当なものと見なし得るその傍証の1つとしてよいのではあるまいか。――いずれにせよ、あえて以上のような諸点を前もって確認しておいたのは、それらをふまえてこそ日本の神道史の第3段階におけるいくつかの点が、とりわけ時間観に関わる点が、比較的無理なく説明がつくように、筆者には思えるからである。

(7) 天孫降臨神話および神統譜の神々にみられる時間観

　さて、以上の前置きをふまえたうえで見てみるなら、日本人の時間観とも深く関わってくる神道史の第3段階とは、いわゆる天孫降臨神話を主軸とする八百万神の系統化によって、「神道」が形成された段階を指すということになるだろう。言い換えれば、それまでの原始神道・古神道における土着の神々（国神）の上に、渡来の騎馬民族のもたらした太陽神ほか諸神（天神）が支配的・主導的に覆いかぶさる形で、両者がつなぎ合わされ結び合わされ、あるいは融合・習合が図られつつ、基本的には現在の神道へと直結するその原型としての「神道」が、この段階において出来上がったということである。そして最終的には、8世紀初頭の記紀編纂の時代に国家意識の高揚の中で、民族宗教としての「神道」が自覚的に成立したのである。

　ところで、ここで言う天孫降臨神話とは、天上界の高天原の主神にしてかつ皇祖神である天照大神の命令により、皇孫ホノニニギノミコトが「斎庭の穂（神田の稲穂）」を授けられた上で、地上界の葦原の中つ国をめざして、他の神々（五部神）を従え、まずは筑紫の日向の高千穂峰に天降り、そこを最初の

拠点として、そこからやがてめざましい進出を図る建国説話であることは、今さら改めて言うまでもないであろう。そうした建国説話およびそれに続く諸々の神話の背景には、もちろんそれ相応の歴史的事実があったはずだが、しかし、そうした歴史的事実に関わるあれこれを明らかにするといったようなことは、いまの筆者の目的とするところではない。そうした事柄に関してはすでに出ているあまたの研究書に委ねればよいのであって、筆者がここで問題にしようとするのは、天孫降臨神話を主軸とする記紀所伝の日本神話に見られる「神道」の時間観が、一体どのようなものであったのかという点のみであることを、予めお断りしておきたい。

　そうした点でまずとりわけ注目されるのは、西田正好氏も指摘するように、天つ神が降臨のさいの依代（よりしろ）として山を選んだということ、言い換えれば、天つ神の地上進出が、まず山の神となることから始まったと受け取れる事態である。そのうえで、一連の神話内容が意味している特徴からして、ひとたび山の神として天降った天つ神が、次に田の神となって地上に降り立ち、稲作のための穀霊神や守護神となって活躍するという神話構成に見られるプロセスである。天つ神が山の神についで田の神になったとすることについては、ホノニニギノミコトという神名中の「ホ」が、いわゆる稲穂を表し、続く「ニニギ」がまたその稲穂のにぎにぎしく熟成する様子を形容していると読み取れること、なおまたその天降りに際して、天照大神がわざわざ「斎庭（ゆにわ）の穂」を授けたとしていることからも、容易に納得されるであろう。いずれにしても、天孫降臨神話に見られるのは、天つ神→山の神→田の神というプロセスである。そして、こうした垂直的なと言うか直線的なプロセスが、渡来の騎馬民族に固有の直線的な時間観に拠ってこそ出てき得るものだということも、説明の要なく、了解されるところだろう。ところが他方、ここで思い起こされるのが、柳田国男の山の神・田の神交代説である。すなわち、弥生時代以来の水稲農耕により、循環的時間観に依拠した山の神⇄田の神なる循環的プロセス観が、先住の倭人の間にすでに一般化していたと見なしてよい実情があったということである。それなら、これら２つのプロセスの関わりをどのように解すればよいのであろうか。

まず、天孫族が渡来してくるよりも前に、日本列島では稲作がすでに一般化し、倭人はすっかり農耕生活者になっていた。こうした先住者を支配下に置くためには、遊牧・牧畜を生業とした渡来の天孫族といえども、水稲農耕のもとである「斎庭の穂」は、自分らが持ち来たったものとせぬわけにはいかなかった。これにはもちろん、天孫族がのちに大和朝廷を樹立した時点で対外的に、とは当時の中国に対して、「天皇が悠久の昔から日本列島を支配したというイデオロギーで、歴史を書き換えざるを得なかった」という歴史的事実が作用してはいた。がしかし支配者の側からすれば、建国史の記述に際して対内的にも、先住者を取りこむための神話作りは必要不可欠な作業であったのだ。そしてそのために、「皇孫が稲穂を手にして天降る」という神話が仕立てあげられたのである。

　それをいま時間観の観点に絞って言えば、すでに一般化していた山の神⇄田の神なる循環的プロセスを、それの上に天つ神の天降りをドッキングさせることにより、天つ神→山の神→田の神という直線的プロセスに組みこむ形で変形し、よってもってこれまでの循環的時間観を直線的時間観のうちに取りこもうとしたのだった。だがしかし、時間観なるものは、ひとたび形成されたあとでは、決して他の時間観に融合したり併合・統合されたりなどすることなく、あくまでそれ自身の形で存続しつづけるとの特性を持つものだということは、よく知られている。そうだとするなら、天孫族の側としてはおそらく、もとからあった山の神・田の神交代説（における循環的時間観）を、天孫降臨神話（における直線的時間観）の中に汲み上げ組みこむことで、1つに統合し得たと思いなしたのでもあろうが、しかし当の一般農耕民にとってはあくまでも、山の神⇄田の神なる循環的プロセスの方が実感覚であったに違いない。山の神・田の神交代説が、今日でもいまなお民間伝承として生き続けているのもそのためであって、そうした民俗的立場からすれば、神話に語られる天つ神→山の神→田の神というプロセスは、どうにも胡散臭い人為の作り物とさえ映ったことであろう。

　それでも当時の現実においては、この直線的時間観はひとり神話の中においてのみならず、大和朝廷の支配力の拡充に伴って、実生活・実社会の中にも確実に浸透していったのだった。そしてそのような状況からして、神道史の第3

段階としての「神道」における時間観としても、天孫降臨神話の系統に属する直線的時間観と、山の神・田の神交代説の背景をなすところの、祖霊神の系統に属する循環的時間観との2つが、同時並行的に存在することになったのであった。

　次に注目すべきは、神話（神統譜）の記述をとおして見られる時間観の特色である。まずは『古事記』の冒頭においてそれを検討してみよう。

　　天地初めて發けし時（天地初發之時）、高天の原に成れる神の名は、天之御中主神。次に高御産巣日神。次に神産巣日神。此の三柱の神は、並獨神と成り坐して、身を隠したまひき。次に國稚く浮きし脂の如くして、久羅下那州多陀用弊流時、葦牙の如く萌え騰る物に因りて成れる神の名は、宇摩志阿斯訶備比古遅神。次に天之常立神。此の二柱の神も亦、獨神と成り坐して、身を隠したまひき。上の件の五柱の神は、別天つ神。次に成れる神の名は國之常立神。次に豊雲野神。此の二柱の神も亦、獨神と成り坐して、身を隠したまひき。（傍点筆者）

時間観の点ですぐに気づかされるのは、「次に」という言葉の繰り返しが端的に示しているように、その継起性、連続性また発展性である。天地初發時と同時に生成していたアメノミナカヌシの神のあと、ツギツギに神が生成してゆく。そして、ツギからツギへと連続的に神々が生成してゆくところのその時間の流れが、直線的に進行する時間であることは、いまさら説明するまでもないであろう。かつまたこうした直線的時間（観）なるものは、渡来の遊牧騎馬民族によってもたらされたものだと考えざるを得ないことも、これまで述べてきたところである。ところが他方、天の御中主神を除いた他の神々に関わる時間の内実は、決して直線的なものではなく、端的に言って、循環的時間なのである。例えば、2柱の産巣日神（いずれも「生成力の神格化」としての神）が、弥生時代以来農耕生活者となった倭人にとり重要視された、かの産霊神（穀物霊を地上に遣わす生成の神）であることは言うを待たないが、この神においてイメージされていた時間が、稲作農耕民に特徴的な——基本的には1年をサイクル

とする——循環的な時間だったことを想起するならば、2柱の産巣日神における時間の内実がまた循環的なものであるのは明らかである。

そしてまた、次に現れたウマシアシカビヒコヂの神というのは、「りっぱにととのっているアシの芽の男の神」[26]という意味であって、(ここではいまだ大地が未完成状況下での出現ではあるが、その具体的なイメージにおいては、)生命の象徴としての植物の生成・生長が思い描かれていることは間違いない。そうして、日本列島における植物の生育・生長が、四季循環をサイクルとするものだということは、これまでにもいく度となく述べてきた。とするなら、このアシカビヒコヂの神に関わる時間(意識)の内実もまた循環的時間であると言って差し支えなかろう。

さらにまた、次に現れたアメノトコタチの神とクニノトコタチの神とは、いずれも「大地が姿を現す」という意味の神である。その一方(前者)は天上に、他方(後者)は地上にとどまるという違いはあっても、この2柱の神が1対のものと考えられているのは、その名前からしてまず間違いない。そうしてこの1対の神が、のちのいわゆる国生み神話において、日本列島を産んだイザナギの命とイザナミの命の2柱の神へと、その底流においてつながっていること、つまり、「大地が姿を現す」との意味合いの神名からして、のちのより具体的な日本国土建設へとつながってゆくその前提ないし下地の神として設定されているらしいことも、ほぼ疑いえないところだろう。そうしてみると、アメノトコタチの神・クニノトコタチの神は、本質的には日本の国土につながる神といえる。そしてその日本の国土(風土)では、明確な四季の循りからして、循環的時間意識が生ずることになるといったことに関しては、これまでにも述べてきたところであって、したがってこの2柱の神に関わる時間の内実もまた、循環的なものだと見なして差し支えないのではあるまいか。

以上確認したような、神々をツギツギとつなげて流れる直線的な時間と、1柱ごとの神に内在する循環的時間との併存の関係は、単に古事記の冒頭部分のみならず、これに続く神統譜の記述の全体に及ぶものである。すなわち、上の冒頭部分に続いて、「次に成れる神の名は宇比地爾神、次に……」といったふうにしていわゆる神世七代の神々の最後に、伊邪那岐神と伊邪那美神が現れる。

そうして次にはこの男女神が、淡直之穂之狭別島（今の淡路島）を手始めに、「次に……次に……」と、大八島国（現在の日本列島）がととのうまでツギツギに神々を産んでゆく。そこに生まれる神々の大方が対をなす男女神であったり、あるいは対をなす天上の神と地上の神であったりするのだが、そのほとんどが原始神道時代の自然神のいわば一種の神格化——あるいはこれを「擬人化された自然神」といってもよいが——であることは明瞭である。ということは、つまりは神統譜におけるこれら八百万神の時間の内実が——原始神道における時間観が循環的なものだったことからして当然のことながら——循環的な時間だということに他ならない。要するにここでもまた、神々をツギツギとつなげる直線的時間と、それらの神々に内在する循環的時間との並存が認められるわけである。

　それなら、この２つの時間（観）の並存をどう見なすのが、最も当を得ているであろうか。……筆者としては次のように見たい。すなわち、渡来の遊牧騎馬民族によってもたらされた直線的時間の側としては、土着の倭人の循環的時間を、できることなら自らに融合ないし併合する形で、直線的時間一本に統一したかったことでもあろう。だがしかし時間観というものはその本性上、決して他に融合、併合あるいは統合されることなく、あくまでも自らの独自性を保持し続けるとの特性を持つ。そのために、結局は図４のように、直線的時間が循環的時間をツギツギにつらねて螺旋的なものたらしめながらも、両の時間はなおそれぞれに独自性を保ちつつ、不即不離的な関係・関連において並存的に進行してゆくといった構図をとることになる。その際、直線的時間の方が支配的・主導的な立場にたっていることは言うまでもない。

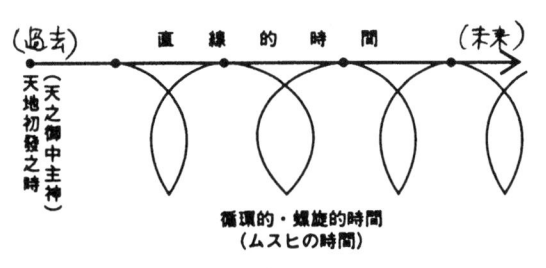

図4

しかしそれでいながら、下位にある循環的・螺旋的時間がもともと生命的な日本の国土・風土に育まれた生命的時間とでも言ってよいものであるために、上位の抽象的・無機的時間とも言える直線的時間にもいわば生命を付与する作用を及ぼして、ために並存的時間の全体像としては、まさに生命的連続としての時間の流れ、生命的な螺旋的時間の流れとなっていることは、注目に値する。そしてこのことから少しく飛躍して言えば、生命のツギツギの生成発展こそが、神道の基本原理あるいは理想態と見なし得る、ということになるのではあるまいか。

　なおついでながらここで、神統譜に見られる２、３の事柄について言及しておきたい。その１つは、先にも少しふれたように、神統譜の最初に出てくる天之御中主神とは、遊牧騎馬民族にとって最高にして絶対的な存在であった天空（天、天神）のより明瞭な神格化に他ならないということである。彼らの信仰が後には、この天空に輝く太陽というより具象的な対象（＝太陽神崇拝）へ移っていったとしても、それでも彼らのおおもとの崇拝ないし信仰が天空（天、天神）に向けられていたのであってみれば、この天空そのものの神格化とも言える天之御中主神を神統譜の第１位に据えたのは、しごく当然なことであったと言えよう。それでいながら他方、ひとりこの神のみが神統譜全体のなかで、いまなおどこか抽象的で例外的な存在だとの印象を拭いきれないのも、もっともなこととして納得される。なぜならこの神は、時間的側面から見るならば、天空を直進する抽象的で無機的な直線的時間のいわば化身ともいえる存在である上に、実質的には次の２柱の産巣日神をもって始まるところの、「生命的連続」として表象される循環的・螺旋的時間のなかへは、組みこまれがたい位置におかれているがためである。

　神統譜にみられる２つ目の特色は、双神（男女対偶の神）および天上の神と地上の神とを１対の神としていることの多さである。男神と女神とを１対のものとするこの双神なるものの発想は神統譜を構想した者たちの出自が、遊牧・牧畜民族であることにその根拠をもつとは言えまいか。なぜなら、そうした民族にとって最重要なものは家畜であるが、その家畜は雌雄あって初めて繁殖す

ることを得る。そして、その基盤の上に自らの生命が支えられ、またそれによって自らの民族の繁栄も望み得るとするならば、この雌雄、つまり男女を1対のものとして捉える発想が、神々の世界にも投影されてゆくのは、ごく自然な成り行きだと見なし得るからである。

　そうした双神の典型とも言えるのが、イザナキの神（男の神）とイザナミの神（女の神）であり、この男女神によって国生み、神生みがなされるのはあまりにも有名である。そしてそこで生まれる神々の多くは、原始神道時代の自然神を双神化したもの、あるいは1対の天上の神と地上の神としたものである。またイザナキの命が黄泉つ国（死んだ妻イザナミの命がいる国）から逃げ帰ったあと、海の水でみそぎをするが、そのさい左の目を洗うときに現れたのが天照大御神であり、右の目を洗うときに現れたのが月読命であって、この姉と弟の神もまた一種の双神と見なせなくはない。

　他方、1対の天上神と地上神の実例としては、先にアメノトコタチの神とクニノトコタチの神において見たとおりである。あるいはまた、もと獨り神であった土着の産霊神を、高御産巣日神（天上の神、男神）と神産巣日神（地上の神、女神）との2柱の神に分けているのも、その一例である。このように同じ性格の1対の神を、一方は天上の神とし、もう一方を地上の神とするのは、そのことによって天上界と地上界との間に緊密なつながりをつけようと意図したがためであろう。というのも高天原を原郷と考える天孫族としては、彼らの地上での支配権が直接その天上界にいる神の命令に由来するとしたからである。つまり天孫は、「豊葦原千五百秋之瑞穂国は、是れ、吾が子孫の王たるべき地なり。宜しく爾皇孫就きて治せ」（紀・一書）との天照大御神の命令により、高天原から天降られたことになっているわけで、ために天上・地上の両界は、あくまでも緊密につながり合っていなくてはならないからである。そのことは、先に引用した古事記の冒頭文中に出てきた豊雲野神という神（名）においてもまた、うかがい知れるように思える。なぜなら、この神は、「天と地がはっきり区別できないような」意味合いの神だからである。つまり、神名中の雲は天に、野は地に関わっていて、その両方をおのがうちに併せ持つとは、それはまさに天と地とをひとつながりのものとして直結せしめんとした天孫族の意図の

表れに他ならない、とも読みとれるからである。

　3つ目は……上に見たように、天上の神と地上の神とが実は同じ性格の1対の神だとする構図において、そこに天上界（高天原）と地上界（中つ国）とを緊密につなぎ合わそうとする意図が働いていたことが読み取れたわけだが、それはまたとりもなおさず、天孫族による土着の倭人の征服・支配をより円滑に推しすすめるために、自分たちの信仰ないし宗教と土着のそれとを、できるだけ無理・摩擦のないものとしてつなぎ合わせ関連づけようとする意図の表れでもあったと言える点である。そうしたことの一例としていま、日本神話の中核をなす天照大御神を取り上げてみよう。なぜならこの神は、皇室の祖先神（皇祖神）として尊崇されるばかりでなく、百神の冠首として統合的主宰神と仰がれるに至る最重要な神だからである。

　先にも触れたように、遊牧騎馬民族の日本列島への渡来の段階にあっては、彼らのそれまでの天空（天・天神）崇拝は、その天空をあまねく照らす、より具象的な太陽神への崇拝ないし信仰に移っていた。ただしその際にも、天空を直進する直線的イメージはそのまま受け継がれたのであり、したがって、彼らの太陽神（信仰）を貫く時間イメージもまた直線的なものであった。他方、弥生時代以来稲作農耕民となっていた土着の倭人にあっては穀霊信仰による稲魂の祭祀から、稲魂の生成に必要な産霊の霊徳に想到し、そこからさらに稲の生育に最も関係の深い太陽の光明温熱に想到して、日神祭祀の成立を見るに至っていた。つまり、この段階ですでに日の神は、他の数多の神々のうちで主神としての位置を占めていたのである。そしてこの日の神（信仰）に関わる時間意識が、水稲農耕に特徴的な循環的イメージのものであったことは、改めて言うまでもない。

　このような状況下にあっては、主神としての日の神およびその祭祀をうまく取りこみ、この神を立てる形で自らの太陽神（崇拝）と合体させれば、信仰ないし宗教面での主導はスムーズに運ぶはずだ、と支配者側が考えたとしても、それはむしろ当然すぎるほど当然なことであった。かくして日神と太陽神とが結び合わされる形で生まれたもの、それが他ならぬ天照大御神なのだ。ただし

ここで注意しなくてはならないのは、日神と太陽神との背後にある時間意識が互いに相異なるものであって、かつ時間意識なるものは決して融合ないし併合されて統一されるようなものではない、との特性を持つということである。それゆえに、表向きは1柱の天照大御神に統合されながらも、少なくとも、時間意識の点では、それまでの2つの時間観が内包され続けることになるわけである。そしてこうした事情から派生してくる複雑さのために、この神に対する解釈がまた一義的なものとなり得ないのも、あるいはもっともなことと言えようか。
　さて、主神としての日の神に、最高にして絶対的な存在としての太陽神が合わさって生まれた天照大御神が、神統譜の中で、また実質的にも、百神の冠首として統合的主宰神と仰がれるに至るのは、ごく自然な成り行きではある。しかしだからといってこの大神が、それでただちに土着の農耕民にとっても、心情的に親密にしてかつ最高神的存在となり得るにはなお隔たりがあった。なぜなら、稲作農業における農業神としての日の神の恩沢は知りすぎるほど知ってはいても、それでも彼らの心情からする一般的な信仰としては、祖先（祖霊神、祖神）崇拝の方がはるかに重きをなしていたからである。
　このことに気づいた支配者側は、彼らを心情的にも最高神としての天照大御神に引きつけるべく、この大神に祖先崇拝を結びつけることを思いついたのであった。つまり、天照大御神を天孫族の祖先神とするならば、そのことでただちにこの大神は、諸々の祖先神の中での最貴最高の祖先神となり得るのであり、そのことによって祖先崇拝の面でもこの大神を統合的主宰神として、土着の農耕民をより円滑に主導してゆくことができるからである。この思いつきは決して唐突なものではない。なぜなら遊牧騎馬民族が、太陽神信仰と並んで、もともと祖先を崇拝する側面をも兼ね持っていたことは先にも見たとおりだからである。ただ、太陽神・日神から生まれた天照大御神が祖神と仰がれることによって、この大神に人格的な要因が付加された点だけは、留意しておかねばならないだろう。
　ともあれ、このようにして天孫族（＝天皇家）は、天照大御神を自らの祖先神、つまり皇祖神として崇敬することになるのであるが、その際この大神と人間との間のつながりをより自然なものたらしめるために、両者の間にその仲介

的存在として、人格神ニニギノミコトを設定したのであった。これにより皇祖神の霊威は、皇孫ニニギノミコトを介してスムーズに、天孫族の長たる天皇へとそのまま垂直的に受け継がれてゆくこととなる。そしてそのことによって同時にまた天皇も、ニニギノミコトと同じ人格神となることを得るのである。これを時間の流れの観点から言い直せば、皇祖神の霊威は、ニニギノミコトを貫き、万世一系の代々の天皇を貫いて、まさに直線的な流れとして、今上天皇にまで受け継がれることとなる。この流れは、騎馬民族にあっては同時にまた血統の流れでもあるので、今上天皇も皇祖天照大御神の霊威を体して、同じく「日の御子」「日継の御子」となることを得るわけである。そしてこの「日継の御子」となる儀式、すなわち、天皇が初めて皇祖の霊威を体して天皇としての霊質を得る儀式が、即位初の新嘗祭たる大嘗祭なのである。

　ちなみに、この大嘗祭が天孫降臨神話の再現ではないかと端的に指摘したのは、折口信夫とのことであるが、この神話を時間観の側面から見るならば、それが高天原→山の神→田の神という直線的時間観において成り立つものだということに関しては、先に指摘しておいたところである。他方、新嘗祭なるものが、もともと農耕民にとっての秋の収穫祭であって、それが稲作農業に特徴的な循環的時間観に依拠する祭りであることは、言うを待たない。そうしてみると要するに大嘗祭とは、土着の農耕民の収穫儀礼である新嘗祭と、渡来の天孫族に特有の即位儀礼とが結び合わさったものということになる。しかしながら、それぞれの背後にある循環的時間観と直線的時間観とは時間観の特性からして決して１つのものとして統合され得ないがゆえに、大嘗祭には結局のところこれら２つの時間観が同時並存的に内包されざるを得なくなる。つまり、この大祭は、表向きは循環的時間にのっとって年々繰り返される新嘗祭の１つでありながら、その内実は、騎馬民族に固有の直線的時間観に裏打ちされた「天孫降臨神話の再現」といった重層構造を持つことになるのである。
　このように大嘗祭の構造は重層的になっているのではあるが、それでも表向きはあくまでも新嘗祭の１つとして、その年の新穀を天皇が聞シ食スことがこの祭儀の中心となる。すなわち、大嘗祭の「目的はあくまで、天皇が大嘗聞食

すにあり、皇祖の霊威の籠った新穀、すなわち「斎庭の穂」を身に体されることによって、皇祖の大御神の霊威を亨けられ、「伊勢神宮入れ替らせ給える御方」（『源平盛衰記』）になられる御儀」[27]なのである。ここで「伊勢神宮」とあるのは、言うまでもなく皇祖天照大御神のことであるが、その皇祖の霊威の籠った新穀を聞食すことにより、天皇は皇祖の霊威を亨けられて、自らがまた皇祖に直結する人格神となるのである。そしてこのことは同時にまた天皇が、穀霊そのものを体現せる存在となることをも意味するものに他ならない。

　このように見てくると、大嘗祭がその内実において騎馬民族に固有の即位儀礼を含むものでありながらも、あくまで稲米の収穫儀礼を前面に打ち出そうとする祭儀であったことを知る。そしてそれは結局のところ、弥生時代以来日本列島の風土に根づき普及していた水稲農耕を基盤にすえてこそ、樹立した騎馬民族的な国家体制も初めて確固たるものとなり得るのであり、かつまた稲米を命の糧としていた圧倒的多数者としての土着の民に対する支配・主導もよりスムーズに遂行し得るものと、支配者側つまり天孫族が判断したからに他なるまい。別言すれば、当初の征服・支配はこれを軍事的・政治的になし得たとしても、その支配体制をより確実で持続的なものたらしめるには、あくまでもその風土と、その風土に依拠して生きる民（ないしその民が命の糧とするもの）とに根ざしていかねばならない、と見定めたがために違いない。

　当然といえばあまりに当然のことながら、それぞれの国の風土とはそれほどに大きな、否、決定的な影響力を持つものなのである。そしてそれゆえにまた、騎馬民族固有の太陽神と、倭人にとっての農業神としての日神が結び合わさって生まれた天照大御神が、日本の風土と、その風土に即応した水稲農業との影響下にあって、やがて次第に、太陽神的性格はむしろ稀薄な、穀霊の祖神としての人格神的存在になっていったのもこれまたごく自然な成りゆきであったと言えようか。

　以上のように、時間観を中心に日本の「神道」の成立のいきさつを見てきたのであるが、視点をかえて言い直せば、それは征服王朝国家を樹立した天孫・天神族の騎馬民族が、日本の農耕風土に即応するためにとったいわば一種の日本化の過程でもあった、と言ってもよいかもしれない。そしてこうした日本化

は、次に見る日本への伝来仏教についても言い得るところである。

(8) 仏教の受容と仏教的時間観

　仏教の公的伝来は、欽明天皇の7年（538）と見なすのが一般的である。そしてこの仏教の伝来にあたっては大氏族間の反目を背景に、仏像礼拝を勧めた蘇我氏とこれに反対した物部・中臣氏の間に、きわめて厳しい対立のあったことは周知のとおりである。この時、排仏派の物部尾輿、中臣鎌子はその排仏の理由を「我が国家の天下に王とましますは、恒に天地社稷百八十神を、春夏秋冬に祭拝むことを事と為したまふ。方今改めて、蕃神を拝まば、恐らくは、国神の怒を致しまつらむ」（『日本書紀』）と欽明天皇に奉上している。この奉上文からも明らかなように排仏派は、原始神道、古神道以来のわが国固有の神々を、春夏秋冬という季節の循りにしたがって祭り拝んでいたいわば保守派氏族である。彼らからすれば、わが国にはすでに百八十神もの国神がおられるのだから、そこへいまま、わざわざよその国から仏などというものを持ちこむ必要などさらさらない、否、そのようなものを迎え入れたりすれば国神の怒りを招くことにもなりかねない、というのである。

　そのように仏教導入につよく反対するのではあるが、しかしそうした際にも、仏を「蕃神」と呼んでいる点は注目してよい。なぜなら、「蕃神」というのは隣国の神といった意味だからである。つまり、仏を"蕃神（となりぐにのかみ）"と見ているからである。「神道」は多神教であるが、その立場・観点からすれば、仏もまたそうした多神のうちの一神だと見なされたともいえよう。あるいはまた、仏教は見方によっては汎神教とも受け取れなくはない側面を持っているので、諸仏のうちに多神との共通性を見たともいえる。いずれにせよ、仏教導入に反対しながらも、仏を"蕃神（となりぐにのかみ）"と呼んでいるところからして、「神道」の神々と全く異質な存在とは見なしていなかったことが察せられるのである。

　このことはまた時間観の点についても言えるだろう。仏教が導入された頃の「神道」の時間観は、先にも見たように、騎馬民族によってもたらされた直線的な時間観と、稲作農耕によってより確固としたものになっていた土着の循環的時間観との2つを内包するものではあったが、圧倒的多数を占める土着の農

耕民（したがって保守派氏族）にとっては、時間とは——基本的には１年をサイクルとして——円環的に循るものであった。そして仏教における時間観にあっても基本的には——宇宙的とも言えるそのサイクルの壮大さの点では異なるとはいえ——輪廻転生という言葉が端的に示すように、時間とは、輪が回るようにぐるぐると円環的に巡るものだと捉えられている。仏教の教説としては、こうした存在の反復という鉄の輪、輪廻の輪、時間の輪（流れ）からの離脱・脱却をこそ、最も重要な思想的かつ実践的な修行課題とするのではあるが、それでもともかく、時間の流れを円環的・循環的に捉える点で、仏教と「神道」とは基本的かつ部分的に共通性を持っていたのである。

　それでいながら仏教の時間観には、このように単に円環的・循環的なものだとのみ一律に規定してしまうことのできない側面がある。というのも仏教の時間観は、それを受け止める側の人間の立場なり観方によって、違ったふうに解し得る側面を持っているからである。確かに仏教の世界観ないし思想にあっては、一切を生滅の過程において捉える見方が中心をなしているし、また今も述べた輪廻思想なるものがある。そしてこの生滅観とか輪廻思想を壮大な宇宙的規模において捉えるときには、それは巨大なまるい輪のような、つまり円環的な、時間の循りとなる。しかしその壮大な時間サイクルの一部を、いま仮に人間世界を基準に現世尺度の長さで切り取ったとしたなら、その時間は直線的なものに見えることだろう。それはちょうど、巨大な曲線の一部が直線のごとき相を呈するのにも似ている。ところが、この直線的にみえる人間尺度・現世尺度の時間の流れに、今また新たに短い時間サイクルの生滅観を当てはめたとする。そうするとそのときには、人生とは絶えず生滅を繰り返す無常で定めないものとの見方と同時に、"因果は巡る"式の循環的な見方もまた出てくることになる。

　このように仏教の時間観にあっては、円環的・循環的な側面を基本にしながらも、同時にまた直線的・直進的とも見なせる側面をも共々に内包していて、そのいずれかの側面が、受け止める側の見方なり立場によって、あるいはまた時代状況なり社会状況（ときには国家状況）によって、より強く意識されたり前面に押し出てきたりするのである。ともかく仏教の時間観はこのように、循環的時間観と直線的時間観の両者にまたがり得るような融通無碍で伸縮自在な

特性を持つものであって、これを以降「仏教的時間観」と呼ぶこととする。

　さてところで一方の崇仏派は、騎馬民族＝天神・天孫族＝皇室寄りの立場にたって、律令制国家をめざす当時の進歩派であった。時間観の面で言えば、時間を計測的な直進イメージにおいて捉えようとするのが、この進歩派の時間意識だった。つまり、保守派・排仏派の円環的・循環的な時間意識に対して、崇仏派のそれは直線的なものであった。それゆえに仏教の時間観をも、自分たちの時間意識に引きあてて解釈しようとする。すなわち、仏教の壮大な時間サイクルからその一部を、自分たちの生きる現世尺度で切り取ることにより、仏教の時間を円環的というよりはむしろ、ほぼ直線に近い流れとして捉えたのだった。自分たちの直線的な時間観に相通じる、直進的・直線的時間イメージにおいて理解しようとしたのである。先に「神道」の時間観として図示したあの図を借りていえば、上位に立つ直線的時間とほぼ同質のものとして、仏教の時間観をそれに引き当て重ね合わせて解そうとしたのだった。いや、もっとより正確にいえば、あの図における直線的時間と円環的時間との間に、これら両時間をより密接に結びつけるいわば一種の接着剤的な機能を持つものとして、仏教の時間を割りこまそうとしたのである。

　なぜなら、それによって両時間の結びつきをより密にすると同時に、仏教のゆるやかな弧線の時間でもって一連の円環的時間を包みこむことにより、これを直線的時間の傘下に置き得ると考えたがためである。そして仏教の時間観に対するこのような捉え方、ひいてはさらに敷衍して仏教全般に対するこのような見方・捉え方は、その後の崇仏派の勝利［蘇我馬子が587年に物部氏を壊滅させる］により仏教の受容が本格化してゆくに伴って、次第に国家規模的なものへと展開してゆくこととなる。……ともかくもこのようにして日本人にあっては、この段階ですでに、稲作農耕に伴う円環的・循環的時間観と、騎馬民族によってもたらされた直線的・直進的時間観、そしてそれら両時間観にまたがる仏教的時間観という3つの時間観が同時並存することとなったのである。これを言い直すと、この時点ですでに日本人は、多様で多元な時間観の民族になった、ないしは少なくともその基盤は出来上がったといってよいのではあるまいか。

(9) 古代国家における時間観の並存

　仏教の興隆に重要な役割を果たしたのは、崇仏派の勝利の後を受けた推古天皇（594年に「三宝興隆の詔」を発布）、とりわけ推古天皇の摂政として活躍した聖徳太子（574〜622）である。太子は、推古天皇12年（604）に『十七条憲法』を制定し、その第2条において「篤く三宝を敬へ、三宝とは仏法僧なり」と、崇仏の大事をことのほか強調したのであった。ここにおいて仏教は、鎮護国家の宗教として保護されることになるのだが、しかし太子にあっては、決して「神道」がないがしろにされたわけではない。仏教を国家宗教としながらも、両者は実質的には対等のものとして並び行われていたのである。そしてそのことをいま時間観の観点からいうとするなら、太子にあっては、循環的・螺旋的時間観と直線的・直進的時間観とが対等のものとして並び行われたということになる。すなわち、604年に聖徳太子が制定した『十七条憲法』の第16条では次のように言われる。「十六に曰く、民を使うに時をもってするは、古の良き典(のり)なり。ゆえに、冬の月に間(いとま)あらば、もって民を使うべし。春より秋に至るまでは、農桑(のうそう)の節なり。民を使うべからず。それ農(なりわい)せずば、何をか食らわん。桑(くわ)とらずば何をか服(き)ん。」春から秋に至る時間の巡りは農桑の季節だから、もし民を使うとしたらその季節をはずして農閑期の冬場にせよと言っているということは、一般庶民（農民）にとっての時間が円環的・循環的なものであることを、然るべき立場にある者らもまたしっかり意識しておくようにと、諭しているわけである。

　ところが、そのように一般庶民の農(なりわい)の時間が循環的なものだとの認識に立つ一方で、その8条では「群卿百寮早く朝(まい)りて晏(おそ)く退(まか)でよ。」と述べて、官職にある者たち自身にあっては、計時的な直線的時間において職務に励むようにと求めている。ということはつまり、古代国家成立のほぼ当初から、騎馬民族によって導入された直線的時間観と、土着の一般庶民にとって自然なものであった循環的時間観とが、同時並行的に存在していて、然るべく使い分けられていたということなのである。

　このことをよりはっきりさせてくれるのが、いわゆる"飛鳥の水時計"（に関わる吉田孝氏の次の記述）である。少し長くなるが引用しよう。……

「『日本書紀』斉明6年（660）6月の条には《皇太子（中大兄皇子）、はじめて漏刻（水時計）を造る。民をして時を知らしむ。》とあるが、この（水落遺跡の）遺構こそ、中大兄皇子がつくった、水時計の施設であった。……時間の制度は、日本ではまず朝廷から始まった。有名な『十七条憲法』に《群卿百寮、早く朝りて晏く退でよ。》とあるが、具体的な時間を定めようとしたのは、中大兄皇子の父、欽明天皇の時代である。……中大兄はそれをさらに厳格に施行するために、立派な水時計の施設をつくり、《民をして時を知らし》めようとしたのである。時間を管理するのは、古代の王権の重要な役割であった。……天に則って時間を支配するものが、天下を支配したのである。……［ところで］古代の人びとにとって、時間とはまず何よりも「ひ」（太陽）が東の空に昇り、西の山に没すること、……また「つき」（月）の満ち欠け……そして「とし」という言葉が「稲のみのり」を意味したように、農耕のサイクルが同時に四季の循環でもあった。……このような自然の時間が生きていた世界に、水時計は、固くて一律な時間が支配する空間を生み出した。この時期の計時法が、定時法（日の出・日没の時間に左右されない計時法）であったか、不定時法（日の出・日没の間隔によって一刻の長さを変える計時法）であったかは明らかでないが、のちの律令制の計時法は、意外なことに、定時法であった。日本の中世〜近世の計時法が、人々の生活に密着した、四季によって変化する不定時法であったのに、律令国家が定時法によったのは、四方のクニグニ、さまざまな空間と時間を、画一的基準で支配しようとした古代国家の特質をよく示している。しかしそのような時間が実際に支配したのは、［飛鳥の］京という限られた空間のなかだけであった。のちの平城京や平安京の東西の市の門は、朝廷の水時計の時刻に従って開閉された。古代の京は、日本列島のなかにつくられた、特殊な空間であった。」[28]

この引用文からも明らかなように、圧倒的多数をしめる土着の農耕民としては、夜の後には朝が生まれてくるとか、月の満ち欠けによってひと月の巡りがあるとか、あるいは冬の後には春がくるとか、そういった自然の循環とか復活とかいう、いわば生命的な時間の世界のうちに生きていたのであり、そして古代国家の支配者層も、それはそれとして認めていたのだった。しかしそれでい

て、彼らにとっての本来固有の時間イメージはあくまでも直進的・直線的なものであったので、そのためせめて自らが支配の場とする朝廷ないし「飛鳥の京」（のちには平城京や平安京）においては、水時計による「固く一律な時間が支配する空間を生みだ」そうとしたのである。（吉田孝氏も、「水時計の時刻が鐘か太鼓の音で知らされたのは、飛鳥の京あたりだけだった」と指摘している。）

　そして、この水時計によるこの時期の計時法は、——定時法であったか不定時法であったかは明らかでないと吉田氏は言っているが、しかし何よりも支配者層が時間の流れを直線において捉える騎馬民族の出自であることからして、また彼らの支配が制度としてととのえられていったその律令制の計時法が定時法であることからして——まず間違いなく定時法であったものと思われる。[なお念のために言いそえておくと、漏刻に代表される定時法は、古代中国の律令体制＝支配体制を学習・移入したことによるとされる。がたとえそうであったとしても、そうした移入が実現したのも、実は大和朝廷側にすでにその下地ができていたからに他ならない、ということである。]いずれにせよ、絶対多数者としての古代の一般庶民（農民）が、自然の運行に基礎を置くところの農耕民族に特徴的な円環的・循環的時間イメージのうちに生きていた日本列島にあって、たとえその中につくられた「特殊な空間」としてであれ、古代国家の支配者層とそれにつらなる人びとは、直線的・直進的な時間イメージにおいて時間（＝天下）を支配していたのである。

　このように、直線的時間意識・時間観は当初は、支配者層のいる「京」という比較的狭い地域に限られていたのだが、その支配が拡充され確固たるものになってゆくに伴って、支配者層と何らかの形で直接・間接に関連を持つことになる者たちを通して、次第に広がりかつ浸透してゆくこととなる。そうしてこのことと連動しながら、直線的時間観に依拠してこそ初めて成り立ち得るところの6時制体系を持つ、かの古代日本語もまた、大和朝廷の支配力の拡充に伴って、次第に日本列島全体へと広まり浸透していったものと考えられる。

　ところで、すでに古代国家の時代から同時並存していた循環的時間観と直線的時間観の2つの時間観が、それぞれ別々の生活圏において自らに与えられた

役割を独自に演じている限りにおいては、さしたる問題はない。ところが例えばすでに7世紀の柿本人麻呂に見られるように、自然の運行にのっとった循環的な時間の持つ意味合いを知りながらも、他方、宮廷歌人として朝廷に出仕し、そこにおいて、刻々に流れ去ってゆく直線的時間のもつどうしようもない支配力をも感ぜずにはおれぬようになってくる場合には、「自然の時間」を凌駕し始める「人間の時間」(四季の巡りによる水稲農耕の風土にあっては、直線的時間はある意味で人為的な時間、人間の運命に関わる時間となる)を痛感させられることとなる。こうしたことに関して吉田孝氏は、「やまと歌の表現技法の背後には、時間意識や自然観の変質があったといわれる。」[29]（傍点筆者）とした上で、次のように述べている。……「記紀歌謡や略体歌にうたわれた時間は、明るく肯定的な望ましい時間であった。しかし人麻呂の作歌には、とり返すすべもない過去が、嘆きとともに歌われるようになる。時間は循環するものではなく刻々と流れ去ってゆくものとなった。

　児らが手を巻向山(まきむくやま)は常にあれど過ぎにし人に行き巻かめやも

巻向山は少しも変わらないのに、愛する人の手を枕にすることはもう永遠にできない。同じような嘆きは、

　楽波(さざなみ)の志賀の大わだ淀むとも昔の人にまたも逢はめやも

にもうたわれている。人間の運命が自然と乖離(かいり)し始めたのである。」[29] 循環しながらも常に変わることのない自然の（運行の）時間と、直線的に流れすぎていっては二度と戻らぬ運命的な時間とが乖離し始めたということは、それはとりもなおさず、自然の時間が生きていた世界において、かの水時計によって持ちこまれた固く一律な、いわば人為的な時間が、次第々々に勢力を持つものに、優勢なものに、そう、支配的なものになり始めた、ということを意味するものに他なるまい。

　ただここで筆者として特に注意を促しておきたいのは、「時間は循環するものではなく刻々と流れ去ってゆくものとなった」ということを、文字どおりにとって、円環的・循環的時間意識から直進的・直線的時間意識ないし歴史的時

間意識への「時間意識の変質」、時間観そのものの変質と解してはならないということである。そうではなくて、もともと同時並行的に存在していたこれら両時間意識のうち、時代状況に応じてそのうちの一方がより優勢になってきたがために、他方がそれに応じて背後に退いたまでにすぎない、ということなのだ。繰り返していえば、一方が変質しながら他方に融合・併合ないし同化吸収されていってしまうのではなく、たとえ背後に退きながらも、あくまで自らの独自性を守りながら生き続けて、いつかまた自らの出番が来るのを待つということなのである。それが、ひとたび形成され確立・定着した時間観の持つ特性だからである。

(10) 国家宗教としての仏教とその時間観

　さて、仏教を国家宗教とする基本線は次の天武朝にあっても発展的に継承される。大化改新 (645) の後を受けて、天皇主権による律令国家体制を事実上完成した天武天皇 (622～686) は、仏教をこの新体制のもとに組みこむことを意図し、それによって「古い豪族たちの個別的信仰対象としての仏教はなお温存されながらも、それらは国家的仏教の枠組みのなかに包摂せられ、統一国家としての仏教が次第に形を整えてくる。……天武治世下の仏教は、少なくとも記録の示すかぎり、強力な帝王権のもとでの忠実な奉仕者であった。……天武の最も尊重したものは『仁王護国般若波羅密多経』と『金光明 (最勝王) 経』とであった。彼はこれらを諸国に頒布するとともに、諸国の家ごとに仏舎を造り、仏像および経を置いて礼拝供養することを命じ、また氏ごとに出家一人を許して、仏教信仰の普及をはかるとともに、他面、寺院の国家管理を強化し、僧綱 (僧正、僧都、律師) の制度を整備し、寺院の僧尼を神社の祝部とひとしい待遇をし、神社祭祀とならんで国家儀礼の重要な担い手とした。」[30] ……このように天武朝にあっては、仏教が次第に国家宗教化してゆきながらも、一方神祇崇敬の古来の風儀も決して衰えず、神祇の祭祀は厳然と行われていたのだった。つまり、7世紀では、神道と仏教とはいまなお同等・対等のものとして、相並行して奉ぜられていたのであって、いまだ両者の間に深い思想的交渉は見られなかった、と言い直してもよい。

奈良期になると、仏教を国教の基盤にすえるこの基本方針はさらに徹底して、仏教は国家宗教となる。つまり、仏教は鎮護国家の宗教として発展してゆくのだが、その国家の基(もとい)は何といっても五穀豊穣にあった。それゆえに聖武天皇は、例えば天平12年（741）の詔において五穀豊穣を仏教によってもたらされたものとして感謝しているのである。そしてそのことは仏教が一方で、農耕の円環的な時間サイクルを、限りなく大きく包みこむ底(てい)の、壮大な円環的時間サイクルを持つものとして理解されていたことを意味する。が他方、またこの奈良時代は、いまなお勢力の強かった氏族・豪族たちを、仏教という国家宗教をもって包みこむ形で、律令制国家の体制下に置こうとしていた時代だった。ということはつまりは、支配者的な立場に立つ直線的時間が、いまだ強い勢力を持つ円環的時間をその支配下に置こうとしていたことを意味する。そのため仏教に対する時間把握としても、宇宙規模の壮大な時間サイクルからその一部を、現世単位程度の長さで——なぜなら奈良朝の仏教は現世利益という側面から捉えられていたがゆえに——切り取ったとした際の、そのゆるやかな弧の線形的時間でもって、他の諸々の円環的時間をおのが傘下に置こうとするようなものであった、と解せる。以上のようなことから要するに、奈良朝の仏教においても、円環的時間観・直線的時間観のいずれにもまたがり得る仏教的時間観の特徴が、はっきりと見てとれるのである。

　そして仏教的時間観におけるこうした時間把握をいわばより具体的な形あるものとして示してみせたのが、奈良・東大寺の大仏造営だとも言えるのではあるまいか。……「それ天下の富を有(たも)つ者は朕(ちん)なり、天下の勢を有つ者も朕なり。此の富勢を以て此の尊像を造る」と詔して天平15年（743）起工に踏みきった聖武天皇は、大仏の鋳造の完成を目前にした天平21年4月1日、東大寺に行幸し、鍍金(ときん)用の黄金が陸奥国から出たことに感謝する宣命(せんみょう)において、自らを「三宝の奴(やっこ)」と称し、かつ盧舎那(るしゃな)仏像に「北面」してその前にひれふしたと伝えられる。「北面」とは、南面する絶対者に服従する状態を示す。また「三法（仏法僧）の奴」であると宣言することは、いわば仏という絶対者を後ろ盾として、天皇自らがまた絶対化する方向へと進むことを意味している。これに先だって記紀神話の神統譜において、天照大御神を皇祖と仰ぐことにより天皇の

王権の正統性が裏づけられていたのだが、いままた新たに絶対者としての仏をおしいただくことで、王権の正統性がさらに絶対的に権威づけられることとなったのである。

ちなみに盧舎那仏とは、華厳宗において、宇宙全体を象徴する仏である。この宗の教理にあっては、すべて物と物とが1つに融合していること（一即一切、重々無尽）が説かれる。常識的に見るとあらゆるものはひとつひとつ別のものであるように見えるが、実はすべての仏は互いにその姿を無限に映し合っていて、1つの仏の中には宇宙の中のすべての仏の働きが無限に反映し、含められており、こうしてすべてのものは無限に重なり合い、区別がありながら1つに融合していると説かれるのである。そのようにして融合して1つになっている宇宙全体が盧舎那仏なのである。為政者としては、このような教理に基づく仏像の造営において、天皇を中心に諸氏族・諸豪族またすべての民がひとつながりのものとなった、盧舎那仏的な世界の実現を願ったのである。盧舎那仏の光明に包みこまれながら、万物・万民がひとつながりのものとなった平和で豊かな社会の実現を願ったのである。

その光明に浴し、その光明に包まれつつ、万物・万民が豊かに平和に生きることを得るこの盧舎那仏のイメージにはしかしながら、どこかしら日の神のそれを、太陽神のそれを連想せしめるものがありはしないだろうか。いや実際、この盧舎那仏は、後の真言密教で大日如来と呼ばれることからしても、いわば仏教的太陽神のイメージにおいて捉えられていたと見なしてよいのではないか。そしてそのことのうちに同時にまた、為政者側にある種の意図が働いていたとも見なし得るのである。なぜなら、奈良朝時代には仏教がなるほど国家宗教化していったのではあったが、そもそも天皇という地位は政治の中心者であるばかりでなく神々をまつる最高位の存在であったからである。そしてそれら神々の統合的主宰神が天照大御神（日の神と太陽神の合わさったもの）であり、かつこの百神の冠首が皇祖神であってみれば、いくら仏教が国教の地位を獲得していったからといって、天皇として天照大御神をないがしろにしてよいはずがない。少なくともこの大神と盧舎那仏とは同等でなければならないのだ。そのため、まずはこの仏に仏教的太陽神のイメージが投影されて、そのことを介

して、そこへさらに天照大御神をダブらせ重ね合わせることを思いついたのではあるまいか。
　つまりは、そのようにして天照大御神と仏教的太陽神とのある種の同一視を意図したと見なし得るのではないだろうか。そのことによって為政者としては、盧舎那仏の前にぬかづきながらも、それが同時にまた天照大御神を拝することにも通底しているのだと、つまり神仏をともどもに敬っているのだと、自慰的に思い得たということではあるまいか。
　いずれにせよ、このようにして絶対者としての神仏を後ろ盾としながら、天皇の王権が絶対的権威あるものとなってゆくとき、他ならぬ時間観の点でも、天皇家（天神・天孫族＝騎馬民族）によってもたらされた時間観が、つまり直進的・直線的時間観が、権威あるものとして当時の社会一般に支配的なものとなっていったのは、むしろ当然の成り行きと言えよう。古代日本語に見られる時制体系がまさしく、そうした直線的時間観に依拠してこそ初めて成り立ち得る6時制体系となったのも、そのために他ならない。

(11) 奈良朝における時間観の並存
　以上のようにして大和王朝樹立から律令制国家の成立を経て奈良朝になる頃には、直線的・直進的時間観は、宮廷など少なくとも公的な場、表立った場において一般的となっていった。そしてそのことからまた歴史的な時間意識も浸透してゆき、それによって『古事記』(712)『日本書紀』(720)、そして後に『続日本記』(797)といった歴史書が編まれることにもなったのである。つまりこの頃になると、時間とは不可逆的に移ろい流れゆくものであって、この時間の流れのうちに一回起性の歴史的事件が生起するのだとの意識が、広まり始めてきたということなのである。しかしながら、こうした不可逆的で直進的な時間意識とともに、周期性を持った時間、回帰性を持った輪のような時間もまた、同時並行的になお強力に存在していたのであって、そのことは記紀歌謡においてはもちろんのこと、『万葉集』(759)にいたってもなお明瞭に見てとれるところである。
　記紀歌謡にあっては季節の巡りは、例えば桜が咲くから春になったのだとい

うふうに、自然の具体的な個物の移ろいとか変化によって察知されるものであった。それが万葉集になると、春には桜が咲くというふうに、季節という時間意識の方が先行する傾向が出てくるといった相違が存在するものの、それでも時間を周期的で回帰的なものとして捉える点では両者とも共通しており、かつ万葉集全体では、そうした循環的な時間意識の方が直進的な歴史的時間よりもむしろ優勢だと思えるくらいである。

　冬ごもり　春さりくれば　鳴かざりし　鳥も来鳴きぬ　咲かざりし　花も咲けども　（万葉集一六）

　上は額田王の長歌の初めの部分だが、ここでは「春さりくれば」すなわち春がやって（＝巡って）来ると、鳴かなかった鳥が鳴き、咲かなかった花も咲く、と歌われていて、春という時間意識が先にあるものの、その季節の移ろいは、冬から春へ、春から夏・秋をへて再び冬へと、円い環をなして巡ってゆくものとして捉えられている。ただこの歌にあっても注目すべきは、目に見えない季節（＝時間）がいわば対象化され、客観化されているという点である。もともと円環的な時間意識なるものは、水稲耕作という農耕生活（をする者たちのあいだ）から生じてきたものであって、この「土地に縛られた固定的な集団の中をめぐっている円い輪のような時間意識は、……時間的な世界像を自分たちの外部につくることはなかったのである。」[31] つまり、円環的な時間意識にあっては本来、自己の外側に時間を置いて、それを対象化ないし客観化して眺める、といったようなことはしなかったのだ。

　ところが額田王の歌にあっては、季節＝円環的時間が対象化され、歌の素材となっている。こういうことが可能になったのは、中国の文学からの影響が大きいとのことだが、筆者としてはむしろ、本来的に自分の外側を流れ進んでゆくものと見なされる直線的時間観からの影響を考えたいし、その他にもなお彼女が、実生活のなかで季節の巡りや移ろいを敏感に感じとってゆかねばならない階層の人ではなくて、季節をいわば美的対象として距離を置いて眺め得る宮廷貴族の１人だったことをも考慮に入れたい。

あらたまの年かへるまで相見ねば心もしのに思ほゆるかも（万葉集3979）
あらたまの年行き還り春立たばまづわが屋戸に鶯は鳴け（同、4490）

これら2首はともに大伴家持（716〜785）の歌であるが、これに関して平野氏は、「〈年かへる〉とか〈年行き還り〉とかと表現されているところに、年には終りがあり、そこで年は反転してはじめにかえる、という考えがよくあらわれている。奈良朝の宮廷貴族である大伴家持の心には、稲の栽培の時間意識があざやかに生きているのであった。」[32]と述べている。大伴家持は『万葉集』の最後の時期の歌風を代表する歌人であり、時代的には額田王よりも後の人になるのだが、その家持においてもなお循環的時間意識が生きているのである。そればかりでなく家持は、変化を超えた神話的時間のうちに生き、あるいは生きようと努めたとも指摘される。それは言ってみれば、「変化してゆく時間が激しく流れている時代」のなかで、「いづこへとも知れず流れる時間にむなしく漂う自己を意識しなければならなかった」[33]ことに対する、回想の世界への一種の逃避とも考えられなくはない。が、たとえそのように神話的・循環的な時間と不可逆的に流れゆく時間との間に迷う存在であったとしても、それでも家持は最終的には前者の時間意識のうちに生き得たのである。

　それに対して柿本人麻呂の場合には、流れゆく歴史的な時間に対する意識の方が強くなっていた、ということについては先に触れた。人麻呂にあっては、流れ去り過ぎ去りゆく時間のただ中にいる自己を痛感していた。そうした不可逆的な時間の流れのただ中に身を置くとき、それは歴史的な時間の目覚めとなると同時に、自らの立脚時点たる「今」の発見ともなる、とは永藤靖氏の指摘するところである。水稲農耕に伴う円い環のような時間にあっては、「今」という歴史的な時間意識はおよそ稀薄である。したがって逆にまた、人麻呂に見られるそうした「今」の発見は、すでにその当時直線的・直進的な時間意識がかなりの程度に浸透していたことを物語るものだと解し得るということであった。

　以上で、奈良朝までは、宮廷という公的な場にあってもなお、水稲農耕にと伴う円環的・循環的時間意識と、騎馬民族に由来する直線的・直進的時間意識

とがほぼ互角に同時並行的に存在してきたことを、そしてさらには仏教的時間観も同時並存してきたことを、概観できたものと思う。それならこれが次の平安期になるとどのようになってゆくのかを、以下に見てゆくことにしよう。

(12) 平安朝における直線的時間意識の優勢化

　まず『古今集』(905) を取り上げてみよう。……この和歌集の巻頭歌は、在原元方の「ふる年に春たちける日によめる」という題詩を持った有名な次の歌である。

　　年の内に春はきにけりひととせを去年とやいはむ今年とやいはむ（古今集、一）

　なんとも理屈っぽい歌であるが、そうした批判めいたことはさておいて、いまここで指摘したいのは、この巻頭歌が『古今集』全体の季節感を代表している、ということである。つまり、季節の到来なり推移なりを自然本来の季節サイクルのうちに見るのではなくて、暦の時間において捉えようとするのが古今集人の季節感の特色だという点である。言い換えるなら、自然の実質的な時間よりも人為的で観念的な暦の時間が優先させられている点をこそ指摘したいのである。こうしたことに関して例えば永藤氏は、「上代の人々は春に花が咲くという発想ではなしに、花が咲いたから春であるというふうに考えたが、古今集の選者たちは春という暦の時間、物理的な計測的な時間において、花を、鳥を、自然現象を並べなおした。ここには明らかに前時代の季節に対する意識に比べれば、百八十度の転回がある。」[36]（傍点筆者）と述べている。古今集に見られる「暦の時間」つまり「物理的な計測的な時間」とは、それはほかでもない、時間を直線概念において捉えてこそ成り立つところの時間である。したがって、古今集の歌人たちが暦の時間において一切の自然現象を見たということは、それはとりもなおさず、彼らにあってはすでにほぼ完全に直線的・直進的な時間意識が支配的なものになっていた、ということを意味するものに他ならない。

　こうした点では平野氏もまた、『万葉集』と『古今集』との季節感の相違を発見するのは困難ではないとして、そうしてそのような季節に対する意識の相

違は、奈良朝と平安朝との生活様式や趣味や美意識における変化の結果だとする従来の考え方を一応は認めながらも、「しかし、わたしはそこにもっと根本的な精神の営みの相違を眺めるのである。すなわち、そのような季節にたいする意識のいちじるしい相違を、時間意識の変化として考えなければならないと思うのである。」[35]（傍点筆者）と指摘している。そしてさらに、『万葉集』における時間意識がどちらかというと円環的・神話的時間意識のほうが優勢であったのに対して、「『古今集』の歌人が意識したものは、流れて止まることのない時間と、その時間とともに変化してやまない世の中とであった」[36]とする。ほんの1、2例を挙げておけば、

　昨日といひけふとくらしてあすかがは流れてはやき月日なりけり（古今集、341）
　世の中はなにかつねなるあすかがはきのふのふちぞけふはせになる（同、933）

などにそれを見ることができよう。もちろん万葉人にしても、先に見た人麻呂のごとくに、流れゆく時間を全く知らなかったわけではないが、それでも全体的にみて『万葉集』の時代には、まだ神話的・循環的時間意識が生きていた、というよりはむしろそれの方が優勢だったのである。ところが『古今集』の示すものは、もはや循環する時間ではなく、すべてが時の移ろいのうちに、流れ去って回帰することのない時間のうちに、つまりは直進的・直線的な時間意識において、眺めやられているのである。

　『万葉集』と『古今集』とのこのような時間意識の相違は、誰しも気づかされるところである。が、ただここで筆者としていま一度注意を促しかつ強調しておきたいのは、「時間意識の変化」なるものを、『万葉集』の時間意識から『古今集』のそれへの文字どおりの変化・変質・移行であるとか、あるいは前者が後者に同化吸収されたのだとかと、見なしてはならないという点である。そうではなくて、ひとたび確立された時間観は決して消え去ることなくその独自性を堅持し続けるものだとの時間観の特性からして、日本人の場合には、水稲農耕に基底をもつ円環的・循環的時間意識と、騎馬民族に由来する直進的・

直線的時間意識とが常に同時並行的に存在していて、そのいずれかが時代とか地域とか階層とか（あるいはまた個々人）によってより優勢になるないしは優先される、ということなのである。

　だからいま問題としている『万葉集』と『古今集』との時間意識の相違に関しても、前者から後者へ時間意識そのものが「変化」をきたしたとか「百八十度の転回」をみたとかと解するのではなくて、奈良朝時代では円環的・循環的な時間意識が全体的にみるとなお強力だったのに対して、平安朝になると直進的・直線的時間意識の方がはるかに優勢になった、と捉えるべきだということなのである。言い直せば、平安時代には循環的時間観が背後に退いて、直線的時間観の方が前面に押し出てきたまでだ、というのにすぎない。つまり、時間意識・時間観にあっては、相互の間でいずれが主導的・支配的な立場に立つかというその主導権の交替が、時代とか社会とかの状況によって生じるまでだということなのである。

　そうすると次には、どうして平安朝では直進的・直線的時間意識の方が優勢になったのか、ということが問題になるが、これは単純化して言えば、次のようになるだろうか。……奈良朝時代にあっては、宮廷貴族といえどもいまなお本貫地との関係は深く、共同体としての性格も強く残っており、意識においても神話に根ざした氏族の伝統が生き続けていた。それゆえに、農耕に基底をもつ円環的・循環的時間意識がなお強力・優勢であった。ところが平安朝の宮廷貴族になると、氏族制度は分解して、もはや荘園という形態を通してしか農耕とつながらなくなった。そしてそれはそのまま、本来的な円環的・循環的時間からの遊離を意味することとなった。そうなると、平安京という限られた空間において、かの水時計によって象徴される「固く一律な時間」、「暦の時間、物理的な計測的な時間」が支配的になってくるのは、とはつまりは、直進的・直線的時間意識が優勢になってくるのは、それこそもはや時間の問題だったのである。そうして、我々が今日みる『古今集』とか『源氏物語』とかいった平安朝の文化は、この直線的時間（意識）が支配的なものとなった平安京という限られた空間を中心に華咲かせた宮廷（サロン）文化に他ならなかったといって

よいものなのである。他方、円環的・循環的時間（意識）は、平安京（の宮廷文化サロンの場）という狭い空間からはほぼ完全に閉め出されて、野に下り、そこで力を蓄えつつ、やがて平安朝の貴族文化（＝直進的・継時的な時間意識が支配した文化）が衰えだすや、在野からの武士の抬頭という形態をとって、再び勢力を盛り返してくるまで、自らの出番を待つことになるのである。

　そうしたことについては後述するとして、平安朝時代に直進的・直線的時間意識が支配的になったもう１つの理由として、いまここで藤原政権の成立という要因を指摘しておかねばならない。すなわち、藤原氏の権力は王権を背景として（とは、皇室の外戚としての関係をつくることによって〈王権の独自性に楔を打ちこみ〉、それを最大限に利用することによって、）発展してきたのであって、それは必然的に藤原氏をして律令制を忠実に守る立場をとらせることになったという点である。その律令制とは、先にも見たように直進的・直線的時間意識に裏打された体制であった。だからその体制を忠実に守護・擁護する立場をとることで藤原氏の政権が確立されたということは、それはとりもなおさず直進的・直線的時間意識が、平安京を波紋の中心点として地方へも及んでゆく形で、支配的なものとして確立されていったことをも意味するものに他ならなかった、ということになるわけである。

　しかしながら他方、そんなふうにして「藤原氏の権力が強大になるにつれて……おおかたの貴族たちは氏族制度に根ざした身分の安定を失って、除目に一喜一憂するきわめて不安定な生き方をしなければならなくなった。」[37) そして、そのような不安定きわまりない生活感覚が、先に見た「流れて止まることのない時間と、その時間とともに変化してやまない世の中」という意識と結びついてゆくときには、この世はいきおい無常な漂う世界となってゆくのであって、そこにまた仏教の世界観・無常観が――いま問題としている事柄に絞って言えば、仏教の時間観が――当時の社会と人びとに影響をおよぼす下地も出来上がってゆくことになるのである。

(13) 仏教の時間観の影響

　さて、平安時代になると、すでに少なくとも平安京にあっては直進的・直線

的時間意識がすっかり支配的なものとなるので、それゆえ仏教の時間観に対する理解もまたそうした側面からなされることになる。たとえば、平安時代の初期に編集された『日本霊異記』(822) は仏教説話集だが、そこでの説話はいずれも因果の理法を説くものとなっている。すなわち、「人間は自己の行為の善悪によって、地獄・餓鬼・畜生・修羅・人間・天上の六道を輪廻しなければならない。この六道輪廻の思想によって、現世はそれ以前の前世へ、それ以後には来世へ、いずれも連続させられて、時間は過去へも未来へも延びてゆくのである。この現世を中心として過去と未来へと延びる時間は、業の集積と不可分の時間として流れているのであり、歴史的時間としての意味をもつであろう。」[38] 六道輪廻の思想は、本来的には円環的な時間意識によるもののはずだが、それが直進的時間意識の支配的となる時代にあっては、その影響を受けてか、いわば輪廻の一部分が人間尺度の長さで切り取られて、ために前世・現世・来世（過去・現在・未来）といった歴史的時間（＝過去→未来型の直進的時間）の意味合いを持つものとして、理解されることになるのである。

　ところが平安時代も『古今集』(905) の頃ともなると、確かに一方では、こうした歴史的時間が肯定的に受けとめられて、例えば、

　　わがきみは千世にやちよにさざれいしのいわおとなりて苔のむすまで（古今集、343)

　　ふしておもひおきてかぞふる万代は神ぞ知るらんわがきみのため（同、354)

といった歌に見られるような、永続する時間が考えられてはいる。がしかし全体的には、藤原政権の確立した時期として、おおかたの貴族にとってこの歴史的時間は、「流れて止ることのない時間と、その時間とともに変化してやまない世の中」を意味するものとなってゆく。この世は、はかないかりそめのものとなり、人間の生もまたこの時間の流れに漂う浮沈定めないものとなる。こうして、この流れ去って回帰することのない時間への意識が、「人間の存在の短いはかなさを痛感させることにもなれば、老いの到ることの早い世を厭わせるのでもあった。時間の迅速な経過を知ることが、現実をはなはだ不確実なものと考えさせることになり、この世は無常な漂う世界となってゆくのである。」[39]

こうしたことのうちにもちろん仏教の無常観の影響を見てとることもできるわけだが、しかし実際にはむしろ逆に、この時期に至って初めて本当に仏教の無常観が、一切は常無き時の流れのうちにあって生滅を繰り展げるとするその時間観が、平安貴族たちの間に広がり根をおろす下地が出来上がってきたのだ、と見なす方が妥当であろう。

　無常観を培うこうした土壌が、時代の推移とともにますます肥沃なものとなっていったところへ出てきたのが、源信の『往生要集』(985)の厭離穢土、欣求浄土の教えであった。曰く、「今此の娑婆世界は、是れ悪業の所感、衆苦の本源なり。生、老、病、死は、輪転して際無く、三界の獄縛は、一として楽しむ可きもの無し、若し此の時に於て、これを厭離せざれば、当に何れの生に於てか、輪廻を離れん耶。」[40]……この娑婆世界つまり現世は、前世の（悪）業を「因」とするところの報いの世界、「果」としての世界である。しかしそのことに気づかず、三界の獄縛を獄縛だと自覚することがなければ、次には現世の生が業因となって来世の果報を招くことになる。このようにして、前世・現世・来世と連綿として業苦の鎖は続いてゆくのだが、それから解き放たれる方途は、ただもう今このときにおいて、この娑婆世界を穢土と決定して厭離し、浄土を欣求する以外にはない、と説く。この教説にみられる仏教の時間意識が、輪廻を強調し、かつ因果論的なニュアンスをおびたものであるにもせよ、直線的な流れの側面から捉えられたものであることは、ほぼ明白である。

　ちなみに『源氏物語』(1008)には「宿世」という言葉が117回も出てくる由だが、仏教思想に由来するこの「宿世」という観念が、『往生要集』の教説と深い関わりを持つものであることは言うを待たない。なぜなら、この宿世観にあっても、現世の行為ないし人生が、すでに過去の業因によってあらかじめ定められているのであり、そしてそのようにして免れようとしても免れ得ない行為ないし生涯の総決算が、今度は因となって、来たるべき後世での果報として現れる、とするからである。つまり、因果の鎖が前世から現世へ、現世から後世へと断ち切れることなく連続してゆくのである。そうして、この「前世・現世・後世という観念を、一つの時間の連続的な流れとして考えたとき、……

時間はここでは過去から現在を経て未来へ向う直線的な流れと方向を持っている。」[41] こうした直線的な、連続的な流れを持った因果論的な時間は、ひとり『物語』の世界にのみ現れてくるということではなくて、王朝時代の貴族たちが全体として、実際にこの「宿世」という時間意識に縛られていたということでもあるのだ。そうしてもし、宿命論ないし決定論とも言えるこの「宿世」（観）から救われようとするならば、道はただ1つ。この娑婆を穢土と決定して捨て去り、浄土を欣求する以外にはないとされたのである。

ところでしかし、平安貴族が全体としては、『往生要集』あるいは『源氏物語』に見られるような、直線的な流れとしての時間意識に浸透されていたとしても、でもだからといってただちに、平安の京ではそうした直線的・直進的な時間のみしか存在していなかったと見なしてはならない。なぜなら、例えば『枕草子』（11世紀初め）の時間意識を論じて永藤靖氏は、そこに「円形の時間」が見られることを指摘しているからである。すなわち、例として3月3日の節句（4段）、4月の葵祭の時節（5段）について語られたくだりを取り上げて、概略次のように述べている。――祭は暦の上で決めらた行事であり、社会的な約束ごとにすぎないはずだが、古今時代のいわば観念的な時間意識とはことなり、そこには清少納言という生身の女性の息づいている豊かな世界がある。生活と季節の一体化が、生活の固定化した、閉鎖的で静止的な王朝女性の生きる世界に、たえまなく繰り返される永遠のリズムを与えることになる。しかしまたこの永遠のリズムを形づくるのは、閉じられた円形の時間でしかない。すなわち毎年繰り返され、反復されていく季節行事は、あたかも閉じられている円環のようにめぐりくる時間であった[42]。――このように見定めたあとで、『枕草子』の冒頭の、「春はあけぼの。……」で始まるあの有名な四季折々の叙述を振り返るとき、それが清少納言の固定化された位置から毎年同じように眺められる、円環的時間としての四季の巡りの風景であることに気づかされる。だがそれでいてこの季節の巡りが、もはや農耕民の自然暦による、実生活に直結したそれでないことは、いまさら言うを待たないであろう。ただしかし『枕草子』に見られるこうした円環的・循環的時間意識が、たとえ農耕に基底を持つところのそれからどれほど変質したものになっているにせよ、それでもなお

第2章　日本語における時制の変容と日本人の時間観の多元化　113

中央の平安京のそのまた宮廷（貴族）にあってさえも、はるかに優勢な直線的時間意識と並んで、円環的時間意識もまた同時に存在したことの、その１つの証左にはなるであろう。

　さてところで、話を『往生要集』に戻すと、もともとは天台宗に発生したこの浄土信仰の教えは、初めのうちは除目に一喜一憂せねばならぬ中流以下の貴族の間に広がっていったのだが、やがて平安中期からは上流の摂関家にまで及ぶことになる。それはおそらく、摂政関白として藤原政権を確立し、藤原文化と呼ばれる華麗な宮廷文化を生み出したそうした摂関家でさえも、つきつめて考えれば、天皇の外戚としての資格を条件としてのみ、自己の権威を保持することができたわけであって、外向きのその権勢・文化が華麗であればあるだけ、それだけいっそうその内奥においては無常観への意識をより強くしていったがためであろう。なぜなら例えば、藤原政権はそもそも律令制を忠実に守る立場をとることによって確立されたもののはずだった。それだのに、そうした前提・本筋にもかかわらず、その律令性的身分秩序と、その封禄制の前提となる律令制的土地制度とを崩壊させていった最大の原因たる荘園制度の発達において、ほかならぬ藤原氏自身がその最大の荘園所有者となっていったのであってみれば、おのが権勢を内側から崩壊せしめるのもまたおのれ自身であるやも知れぬと、予感・感得していたということではあるまいか。ともあれこのようなことから、藤原政権の絶頂期を迎えた藤原道長の、その子頼通によってかの有名な宇治の平等院（1053）も建てられたのであり、その鳳凰堂の中で頼通や彼をとりまく貴族たちは、現実と彼岸の極楽とを重層化して眺めつつ、極楽浄土の気分に浸ろうとしたのだった。

　いずれにせよ、『往生要集』の説く教えに大いに影響されて、平安王朝の支配者層としての貴族たちが、厭離穢土・欣求浄土へと思いを致すときには、平野氏の指摘するように、確かに一面では、「そのとき人間は流れゆく時間に単に浮かび漂う存在ではなく、極楽という彼岸の世界へ向かう時間を主体的に生きる」という「これまでとは全く違った新しい時間意識が発生した」[43]と解することもできよう。しかしそれでも全体的に見たときには、彼らにあっては現

世の世界と死後の世界との間に究極の意味での「死」が介在していないがゆえに、この往生という未来志向型とも言える時間意識がむしろかえって、立脚点たる現在から彼らを浮き上がらせ、そうして彼らの現実生活全般を、否、現実支配そのものを、現実から遊離したものたらしめる結果を招来することとなる。このようにして貴族の政治支配が現実から遊離したものとなってゆくときには、まさしくその現実に、大地に、農耕に根ざしつつ力を蓄えてきた者らが抬頭してきて、やがて貴族にとってかわって、その支配権を掌中におさめることになってゆくのは、そも歴史の必然的な趨勢とも言えようか。

そして、そのような政治的支配権の交替は、とりもなおさず時間観そのものの主導権の交替をも意味する。けだし〈支配〉とは、ある意味で〈時間を支配〉することに他ならないからである。そうしたことについては以下で見てゆくことにするが、ともかく平安時代にあっては、直線的時間観の優勢化に伴って、仏教的時間観もまた主として前世・現世・後世という直線的な流れの側面から捉えられるものとなっていったのだった。しかし他方、そうした状況下にあってもなお「円形の時間」も同時に存在していたのであり、また在野的存在に追いやられていたとはいえ、農耕に伴うかの円環的時間ももちろん厳然として存続し続けていたのだった。つまり、日本民族における多元的な時間観はこの時代にも継承されていったのである。

(14) 武士の抬頭と円環的時間観の優勢化

さて、平安時代も中期から後期になると、全国いたるところに、大勢の農民を使う地主（名主）が出てくるが、さらにはそうした名主をいく人も従える豪族が現れる。豪族たちは、自らの田畑を自衛する必要もあって、自分の手下の農民の中から力の強い者たちを選んで郎党とした。このような豪族やその家来たち（郎党）が武士の起こりである。つまり、武士とはもともと農村（＝農民＝農耕＝円環的時間意識）に基底を持つ存在なのだ。そして、こうしてできた武士のうちでも特に力の強い者が、武士の棟梁として仰がれることになるのだが、特に数多くの棟梁がでて、しかも勢いの強くなったのが、源氏と平氏であった。このように地方において抬頭してきた武士（団）は、初めは都の貴族

たちの要請に応じて活動していたが、そのことを通してやがて自らの実力を自覚するようになってゆく。他方、都では、後三年の役（1083）のあった頃から摂政・関白の勢いが衰えて、白河上皇が院政を行うようになる。院政が始まる（1086）と、上皇の取りたてによって、にわかに勢いの強くなっていったのが平氏である。そうしてやがて、天皇の位をめぐる争いに端を発した保元の乱（1156）、平治の乱（1195）における活躍と勝利を通して、平氏の勢いはますます強大となり、やがて平清盛を中心に、おのが一門によって、すべての政治をほしいままにできるまでになる。

　しかしながら、もともと武士である平氏が、保元の乱後は京都に住み、藤原氏の全盛期に負けぬほどの荘園を全国に持つなどして、それまでの貴族を真似て「平氏の公達(きんだち)」と呼ばれるごとくに貴族化してゆくときには、平氏の政治もかつての藤原政権とさして違いのないものとなってゆく。こうなれば早晩、より強力な武士団勢力によってその権威の座を取って替わられるのは必定である。それが源氏であることは説明を要さぬが、平家一門を滅した後、源頼朝は、支配の本拠地を鎌倉に置くこととした。それにはいくつかの理由があったろうが、ひとつには、平家の二の舞いを踏むことなく、武士はあくまで武士に（＝その根拠地たる農村に）とどまらんとする意図が働いていたものと思われる。いずれにせよ、これによって貴族政治が終わりを告げ、1192年に開かれた鎌倉幕府によって、武家政治の時代へと移ってゆくこととなる。

　さて、守護と地頭、奉行が置かれたことにより、鎌倉幕府の力は全国に広がっていった。かくして武士による武士のための政治、つまり武家政治が始まったのである。他方、京都の朝廷では、後白河法皇―後鳥羽上皇を中心に、公家(げ)による政治が行われていた。いわば朝廷と幕府との2つの政府があったわけである。そうしてやがて、この朝廷方と幕府方との争いである承久の乱（1221）が起きたのだが、これが幕府方の勝利に終わったことから、皇室の勢いは急に衰え、貴族の力もおさえられて、武家政権はいっそう強力なものになっていった。

　この武家政権を支えたのが封建制度である。つまり、将軍や執権と御家人とのあいだの結びつきのみならず、御家人とその家来たちとのあいだも、土地を

なかだちにして結ばれていた。別言すれば、この時代の武士（＝御家人）は、もともと農村の地主であったのだから、むしろ当然のこととして、たいてい農村で生活し、農村をおさめながら、"いざ鎌倉"のときに役立つよう武芸に励んでいたということである。つまりは、武士の根拠地はあくまで農村であり、その領地こそが彼らの生活の土台だったのだ。そうして守護や地頭たちと、領地の農民との間の結びつきもまた、たいそう深いものだった。

　このように土地＝農村に根ざした武士が政権を掌握したということは、時間意識の観点からすれば、何を意味するか。それは他でもない、平安時代に在野的存在になっていた円環的時間（意識）が、再び勢力を盛り返し、支配権を獲得して、それまでの直線的時間（意識）よりもより優勢になってくるということだ。逆に言えば、平安時代に支配の座にあって、はるかに優勢だった直線的時間（意識）の方が、今度は次第に在野的な立場に追いやられてゆくということになるのである。そして、農村（＝農耕＝円環的・循環的時間）に基盤を持つ武家政治が、その後何百年もの長きにわたって続く間に、その支配、とはとりもなおさず円環的時間の支配のもとでの影響を受けて、1つの明瞭かつ具体的な言語事実として、平安時代までのかの細区分された整然たる時制体系（直線的時間に拠ってこそ成立し得た6時制体系）が、円環的時間に依拠してこそ成り立つ現代日本語の2時制体系へと、次第々々に整理統合され、収斂してゆくということが確認されることとなるのである。そして、そうした時制面での言語的変容が実質的にはこの鎌倉時代にこそ始まり、そして室町時代にはそれがほぼ完了するにあたっては諸々の要因が作用したわけで、それについては後述するが、それに先だってまずは、そうした言語事実を確認しておくことにしよう。

Ⅲ．時の助動詞の推移——その消滅過程と整理統合化——

　古代日本語における「時」の助動詞の時代的推移の言語事実に関しては、橋本進吉氏の研究によって概観した後、他の国文法学者の研究成果をもって補足しながらまとめることで十分としたい。……まず、橋本氏の『助詞・助動詞の

研究』(岩波、昭和45年)の中から、いま問題としているテーマに関わる箇所のみを、過去の助動詞〈キ〉〈ケリ〉、完了の助動詞〈ツ〉〈ヌ〉〈タリ〉〈リ〉、未来および推量の助動詞〈ム〉〈ラム〉〈ケム〉の順に、箇条書きふうに書き出してゆくこととする。

〈キ〉
- 「き」は奈良朝以前から多く用いられている。
- 平安朝においても、語形および用法はだいたい奈良朝とかわりない。
- 鎌倉時代まであまり変化がなかったが、室町時代に入ると、口語にはだんだん用いられなくなったものとみえ、抄物の類には、只「し」だけが、終止、連体として用いられている。
- しかし、これらも、室町時代の末には、口語にはもはや用いられなくなったようである。(「た」をその代わりに用いた)

〈ケリ〉
- 「けり」は奈良時代以前からある。
- 平安時代に入ってからは、終止、連体、已然の3つのみとなったが、盛んに用いられた。
- 鎌倉時代には引き続いて用いられた。
- 室町時代においては、次第に用いられなくなり、只「ける」の形のみが見えている。
- 江戸時代になっては、「ける」は全く用いられなくなったようである。

〈ツ〉
- 「つ」は奈良時代以前から見えている。
- 平安朝に入っても、「つ」は盛んに用いられた。
- 院政時代以後「つ」は盛んに用いられたが、鎌倉時代になると、音便形につくものが現れてきた。
- 室町時代に入っても、この助動詞は用いられているが、普通「つる」「つれ」

の形であって、「て」は用いられず、「つ」も特殊の場合の外は用いられなくなった。
- 江戸時代には、多少残っていた「つ」の用法もだんだんとなくなり、ついには今日のごとく全然用いなくなった。

〈ヌ〉
- 「ぬ」は、奈良朝から見えている。
- 平安期に入っても、「ぬ」は盛んに用いられた。
- 院政鎌倉時代においても、「ぬ」は大抵平安朝におけるごとく用いられた。
- 室町時代においては、「ぬ」は次第に用いられなくなり、半ば以降は、めったに見えない。
- 江戸時代に入っては全く用いられなくなったらしい。

〈タリ〉
- 「たり」は奈良朝以後から見えている。
- 平安朝においても、「たり」は盛んに用いられ、この時代には、命令形も見える。
- 院政時代以後も、盛んに用いられた。
- 鎌倉時代の末には、「たる」をただ「た」といったこともあったようである。また終止にも「た」を用いたものがある。
- 室町時代においては、終止連体には、「たる」も用いられたが、「た」の形が優勢になった。……この時代における、「たり」の意味は、存在態を表すもの、完了を表すもの、過去を表すものなどがあるが、この時代には、過去を表す助動詞として「けり」「き」の系統のものは、ほとんど勢力がなくなったので、「た」がそれに代わって用いられるようになった。
- 江戸時代以後においては、終止連体は「た」の形に一定したようである。

〈リ〉
- 「り」は奈良朝以前から盛んに用いられている。意味は、動作の継続または、

動作の結果たる状態の継続（進行態、存在態）を表す。
- 平安時代には、完了を表す場合にも用いられるようになった。
- 院政時代から鎌倉時代にいたると、下二段に「り」をつけた例が見える。またこの時代になると、将然形、已然形、命令形が、だんだん用いられなくなった。
- 室町時代になると、「り」はほとんどすたれて、抄物などに少し見えるのも、文語からきたものらしく、口語にはついに用いられなくなった。（その代わりに「てある」「てゐる」「てをる」などが用いられる。）

〈ム〉
- 「む」は奈良朝以前から用いられている。今の文章語とほぼ意味、用法、つきよう、活用など同じことである。
- 平安朝においても、「む」は盛んに用いられた。またこの時代において「む」は次第に母音を失ってmと発音せられるようになったのであるまいかと思われる。
- 院政時代になると、「む」を「う」と書いたものが現れてくる。
- 室町時代においては、「う」が次第に勢いを得て、中期以後は、口語においては一般的に用いられたようである。
- 江戸時代に入っては、……元禄頃には一段二段の一音節の語には、「よう」という形がつくこととなった。

〈ラム〉
- 「らむ」は奈良朝の時代にも今日の文章語におけると大体同じ。
- 平安朝においても大体同じ。
- 院政鎌倉時代には「らん」と書かれているものがある。
- 鎌倉時代には「らう」となっているものがある。「む」が「う」となったのと近い関係にあるものであろう。
- 室町時代になると、「らん」「らめ」「らんめ」の形がある。しかし、かような形よりも「らう」がよけい用いられるようになった。……この時代の末に

なると、口語では「らう」にほぼ一定したようである。

〈ケム〉
- 奈良時代には「○ ○ けむ けむ けめ」の形があった。
- 平安朝に入っても用法は大体同じ。
- 院政鎌倉時代には「けん」と書いたものがある。
- 室町時代以後には、この形（＝「けむ」）は口語にはなくなったものと見える。文章語には見える。

　以上の概説によっても、「時」の助動詞の推移は十分に分かるのではあるが、それらをいま、過去および完了の助動詞のグループと、未来および推量の助動詞のグループとの2つに分けて、その推移と整理統合化についてまとめてみよう。

　まず過去および完了の助動詞のグループについてであるが、これらの助動詞のほとんどすべてが奈良朝以前から使われていて、そしてそれらのいずれもが平安朝に最も盛んに用いられている。ところが鎌倉時代に入るとはや少しく変化がみられる。つまり、〈タリ〉へ向けての整理統合化が始まりだすのである。ちなみにこの〈タリ〉は、本来、助詞「て」と動詞「あり」との複合したものであるが、そもそもこの助詞「て」が完了の助動詞〈ツ〉（の連用形の「て」）に由来するものであってみれば、〈ツ〉がやがて〈タリ〉へと吸収されてゆくことになったとしても、決して不自然なことではない。事実、鎌倉時代になると、〈ツ〉の用法が次第に固定化していったために、大勢は〈タリ〉を多く使う方向に向かっていったのである。またこのような、用法の固定化の傾向は〈ヌ〉についてもほぼ同様のことが言えるわけで、ために〈ヌ〉もまたやがては、〈タリ〉に吸収される方向へと向かうことになる。

　他方、助詞「て」は、あらゆる動詞の連用形に付き得るので、そのために〈タリ〉が、次第に〈リ〉の領域をもおかして、どんな動詞にでも付くようになった。こうして〈リ〉の使用も次第に衰えていった。それに対し、〈タリ〉は後々まで盛んに使われる。そうしてこの〈タリ〉が、鎌倉末から室町時代に

かけて「た」になってゆくと、それがそのまま現代語の「〜た」へとつながってゆくことになるのである。

　一方、〈キ〉〈ケリ〉は鎌倉時代まではそれほどの変化もなく引き続き使われたとのことだが、室町時代に入ると両者とも次第に用いられなくなる。そして、この時代に〈タリ〉から出てきた「た」が「過去」をも表すようになると、室町時代の末にはこの「た」が〈キ〉〈ケリ〉の代わりを務めることとなる。……このようにして、それまでそれぞれの役割分担を担いつつ、過去あるいは完了を表した6つの時の助動詞が、室町時代には、〈タリ〉から出てきた「た」ひとつへと整理統合化ないし収斂していったのである。

　こうした現象は、もう一方の未来および推量の助動詞のグループについても、ほぼ同様に認められるところであるが、こちらの方に関しては、池上秋彦氏の研究成果（『国文法講座2』、明治書院、昭和62年）の要点を要約することでまとめに代えよう。

①「古文」における推量系列の助動詞全般を眺めた場合、奈良時代に出来上がっていた体系が部分的に多少の変動はありながらもほぼそのまま維持されていったのは鎌倉時代までであった。文献・資料の空白期を挟んで、室町時代末期から江戸時代にかけて、かなり大幅に整理・単純化されて、現代語の状況に急速に近づいてゆく。

②〈ム〉は、三語（む・らむ・けむ）の中でも寿命が最も長く、また各時代を通じて最も広く用いられた。途中で「よう」を分出しながら、現代では「う」となって残っている。しかし、現代の話し言葉では、「う」自らは「意志・勧誘」の助動詞に移り、「推量」の座は「だろう」に譲った感がある。

③「う」と「よう」の分化がほぼ完成の域に達したのは、江戸時代後期のことと見た方がよい。

④〈ラム〉は室町時代の「つろう」などまでで一応文献上からは姿を消したと見てよい。しかし、完全に消滅してしまったわけではなく、現代語の「たろう」がその後身なのであろう。

⑤〈ケム〉はもともと三語の中で最も勢力が弱く、鎌倉時代まで用いられてい

たが、室町時代からは「つろう」、現代に入ってからは「たろう」に吸収されてしまったものと考えられる。

このように、未来および推量の助動詞（〈ム〉・〈ラム〉・〈ケム〉）においても、基本的には室町時代の末期に、〈ム〉から出てきた「う」・「よう」（「だろう」「たろう」の「ろう」も「う」に入れて考える、また上接の動詞の違いによって、「う」・「よう」と区別されるその萌芽をこの時代に見るものとする）への整理・単純化ないし収斂の起きたことが見てとれる。

以上見てきたように、古代日本語から現代日本語への時制面における変容が、底流においてはすでに鎌倉時代から始まりながらも、現代日本語の「以前」・「非以前」という二元組織へと直結する大きな転換期的な変化は、まさしく室町時代において起きた、ということが明らかとなった。そしてこの言語上に見られる変容の事実はとりもなおさず、この室町時代を転期として、その頃までとにもかくにも支配的・主導的な立場にあった直線的・直進的な時間（意識）に替わって、それまで在野的な存在だった円環的・循環的時間（意識）の方がより優勢となり、ついには前者を凌駕して、その支配の座を奪うに至った、ということを意味するものに他ならない。……だとするならば次には、時間意識・時間観における主導権のかかる転換ないし交替は、一体何に起因するのかといったことが問題となってくる。そのようなわけで以下には、時間観に見られる主導権の交替劇の、その背景をなす歴史的要因について検討してゆくことにしよう。

Ⅳ．鎌倉時代以降の日本人の時間観の変遷過程

(1) 日本人の農耕民族化と神道の確立

鎌倉時代を画して武家政治が始まり、それによって円環的時間（意識）の方が優勢となって、時制体系をも変容せしめていったその大きな要因としてまずは、平安時代の終わりごろからの農業技術の非常な発達と、それによる農業の進歩を見落とすわけにはいかない。まず「耕作の仕方」の点では、耕作用の牛馬や、鍬・鋤などの農具の使用はずっと以前から行われていたが、鎌倉時代に

は、こうした農具がだんだん鋭いものとなってきたこと、また、それまで貴族・大社寺・豪族がほとんどひとり占めにしていた農具や牛馬が、次第に、豊かな農民たちにゆきわたるようになったこと、「開墾と干潟」の点では、農業技術をふまえての幕府の指図により、多くの土地が開墾され干潟がなされて、田畑が増えていったこと、「米の作り方」では、それまでの直播から、鎌倉時代にはほとんど苗代が作られるようになったこと、またウルチとモチの区別、早稲(わせ)と晩稲(おくて)の区別は平安時代からあったが、鎌倉時代には中手(なかて)が広く作られるようになったこと、なかでも、二毛作が行われるようになったのは日本の農業史の上で大きな出来事であるが、これも鎌倉時代に始まったといわれること、「水車の使用」は9世紀の中頃に始まるが、鎌倉時代では、水車をつくる技術かかなり高度なものになったこと等々が指摘される[44]。……以上のような農業技術の発達と農業の進歩があったからこそ、農業を生活の基盤とし、農村を根拠地とする武士が力を持ち得たのであり、そしてそれによってこそ武家政治も始まり得たのである。他方また、承久の乱（1221）をへて武家政権がより確固たるものとして確立されていったということは、それはいってみれば、日本人の"農耕民族"としての民族特性が、この鎌倉時代に確固たるものとして確立された、と見なし得ることも意味しよう。

　この日本人の農耕民族化と深く関わるのが、日本人にとって固有の民族宗教となる神道の確立である。……武家が政権を掌握した鎌倉時代にあっては、他ならぬこの武家・武士階級において、敬神の念は、一般的なものとなっていった。そのことは例えば、北条泰時が貞永元年（1232）に編纂させた『御成敗式目（貞永式目）』の第1条が、「神社を修理し、祭祀を専らにすべき事」となっていて、「寺塔を修造し、仏事等を勤行すべき事」というくだりが、あえて第2条に差し回されていることからも、明瞭に読みとれる。武士階級におけるこうした敬神の念は、考えてみればいたって自然かつ当然のことと言える。なぜなら武士の出自がそもそも農村だからである。その農村（＝農民＝農耕）にあっては、弥生時代の水稲農耕に基底をもつ古神道以来、神々こそが崇敬されてきたのだ。そしていま見たように、平安時代の終わりごろからの農業技術の非

常な発達と、それに伴う農業の進展を背景として、鎌倉時代には日本人の農耕民族化が確固たるものとなっていって、そうして、そのような基盤の上に武家が政権・実権を掌握したのであってみれば、太古以来のこの素朴な神信仰が、やがて歴史の表面(おもて)に現われ出てくるのは、むしろ必然的な成り行きとさえ言えるのである。実際、神仏習合の歴史的過程にあっても、鎌倉時代の承久から建武の間あたりを峠(さかい)にして、それまでの仏本神従から、神本仏従へと大きく移ってゆくのである。いや、もっと端的に言えば、「元寇」として知られる2度の蒙古襲来による文永・弘安の役（1274年および1281年）を境にして、それまでの仏教の国教化路線から、「神道」の神々をも国家守護神として尊崇する「神道」の国家宗教化へと、一大転換が図られることになるのである。

　ちなみに神道史において、「元寇」を境にして国家宗教化が図られることになったそれ以前を筆者としては「神道」とし、それ以降現在に至るまでを「　」なしの神道とする。このことは時間観の点では何を意味するか。……先にも述べたように、古神道の後を受けた「神道」は、渡来の騎馬民族がもたらした太陽神信仰と、土着の古神道とがつなぎ合わさって出来上がったものだった。そのためこの「神道」では、直線的時間（観）と円環的時間（観）とが2つながら並存的に内在していたのだが、征服王朝を樹立した騎馬民族の支配力・主導力の強かった間は、両時間（観）のうちでも、当然のことながら騎馬民族によってもたらされた直線的時間（観）の方が、支配的・主導的な立場に立っていた。そのことは先に神統譜において見たとおりである。

　しかし時代の推移に伴い、この支配者層が平安時代には貴族階級化してゆくなどしてかつての強力な主導性を次第に失ってゆく一方で、土着の日本人の農耕民族化が進行し、それがやがて確固不動のものになってくると、その農耕民を基盤に武士階級が抬頭して、ついには実権・政権を握るに至っていた。そうなればいきおい、こうした時代推移に伴って、並存的に内在する2つの時間観の主導権の点でも、推移・交替が起きて、そのため稲作農耕に特徴的な円環的時間（観）の方が主導的なものとなって前面に出てくるようになるのはそも必然の成り行きである。つまりは神道史において、それまでの「神道」の国家宗教化にともなう神道への転換とは、時間観の点ではまさしくこうした円環的時

間（観）の優勢化をこそ伴ったわけである。

確かに、「神道」の「　」が取れたからといって神統譜そのものが変わるわけでもなければ、またそこでの百神の冠首たる天照大御神が、その後も現代に至るまで皇祖神であり続ける点でも、何ら変わりはない。しかしそれでもやはり、それまで主導的だった直線的時間（観）が背後に退き、替わって稲作農業に特徴的な円環的時間（観）が前面に出てくると、例えば天照大御神もそれに伴って、それまでの太陽神的な側面は後方に退き、農耕神的な側面がより強く前面に出てくることになるといった微妙な変化が認められるようになるのである。そしてそのことによってまた、日本人のさらなる農耕民族化と相まって、農耕神としての天照大御神に対する尊崇が日本人一般に（農村を中心として）広まっていったのであり、ひいてはそのことが、この神を祖先神と仰ぐ皇室そのものに対する尊崇へとつながる一因ともなったのである。

(2) 武士の生死観

それからいまひとつ、それまで優勢だった（平安時代の）直進的・直線的時間（意識）を背景に押しやって、武家政治の始まった鎌倉時代ごろから、円環的・循環的時間（意識）の方が優勢かつ支配的なものとして前面に出てくるに至った要因として、やはり武士の生死観（とりわけ"死"に対する意識）を見逃すわけにはいかない。たしかに"死"に対する意識はひとり武士のみに見られるものではなく、平安時代末期の打ち続く内乱や戦さ、あるいはそれらと共々に末法思想を生んでいった飢饉や疫病また強盗・人殺しといったものによって、庶民もまた"死"を目の前につきつけられてはいた。だがしかしそれでも、日常の生活にあって常に死を意識し覚悟しながら生きていたのはやはり武士であり、そしてそうした武士階級が政権を握った以上、彼らの生死観が時代の時間意識に対しても大きく作用するようになるのはきわめて自然な成り行きと言えよう。そのことをいま1例として、鎌倉時代の初期に作られた『平家物語』を取りあげて見てみることにしよう。

『平家物語』の冒頭の、あの人口に膾炙された文章からしてすでに、この物語が無常観つまりは生者必滅の原理（「諸行無常」即「盛者必衰の理(ことわり)」）を主

要テーマとするものであることが分かる。それは大きくは平家一門の滅亡であるが、小さくはそこに登場する平家の武士個々人の死の形をとる。そうした運命的な滅亡なり死なりは一見、無常な時間の流れのうちに生起した避けがたい出来事のように見えるが、しかしそれでもやはり、平安貴族にみられる無常観とか宿世観とは異なるものとなっている。宿世観とはいわば過去（前世）に重心をもった観念であった。そして、過去の因縁によって決定された無常な現実（現世）は穢土として厭離されるべきものなのだから、当然のこととして王朝人は、現実からは浮き足だって、ひたすら極楽浄土を希求することになった。しかし現世を浮草的に生きるということは、それは厳密な意味での「死」が存在しないことを意味し、ために来世もまた——来世＝彼岸は本来、現世とは次元を異にする世界であるはずなのに——単に現世の時間の延長線上に考えられたものになってしまった。このとき、これまた厳密な意味では彼岸も存在せず、時間はただ無常な流れとして、過去から未来へと観念的に直進してゆくものとなったのだった。

　それに対して（平家の）武士の場合には、常に自分の前方に死がある。前方にあるこの死が運命的に自分に迫ってくるのだ。感覚的には時間は、死という形姿をとって未来から現時点へと押し寄せてくるがごときものとなる。宿世観とはちがって、いわば未来の時間に重心が置かれるのである。この未来に重心の置かれた無常な時間の流れ、生者必滅の原理としての時間の奔流を、まさしく「運命」として受け止めてゆくしかないのだ。このとき「運命」とは、未来という時間そのものであるとも言えようか。武士はしかし、こうした死をはらむ未来という時間を、それが迫りくるがままただに受動的に待つのではない。否むしろ、それに向かってまっすぐに突き進んでゆくとさえ言える。そして、未来から奔流として押し寄せてくる時間と、それに向かって直進的に突き進んでゆく時間とがぶつかり合う「今」この瞬間に、まさしくこの「死」の瞬間に、生命は燃焼して限りない光輝を放つ。西海に沈んでいった平家一門のかつ落日が放つにも似た輝き、そして平家の武人たちひとりひとりが雄々しく砕け散っていった、その美しいまでに悲しい輝き。武士たちは常にこの「今」に、自己の全存在を賭して生き、そして死ぬのだ。そしてまさしくこの「死」において、

武士たちの全存在は完結する。

　この厳然たる絶対事実としての「死」、この「今」なる時間において、それまでの直進的な時間は自己完結し、円環的にとじられて終わるのである。時間はもはや決して、現世の時間の延長として、そのまま彼岸へと観念的に流れて行ったりはしない。時間は、此岸において自己完結する。彼岸は、現世とは異次元の世界であり、そこに何らかの時間が存在するとしても、それは現世のそれとは次元を異にするもののはずだ。それは、現世の時間がいったん円環的に自己完結したのちに、新たに始まる異次元の時間なのである。『平家物語』が書かれ語られたのは、そもそもは平家の死者たちの霊魂を鎮めるためだったと言われるが、その場合でも、霊たちはすでに異次元の世界に往って（ないし生まれなおして）いて、現世にある者たちとしてはただもう祈る以外には何の手立てもなかったのである。つまりは、現世の時間は現世の時間として円環的に完結しており、来世は来世として別の時間世界となるのだ。ただ現世の時間の流れの続きで言うならば、「死して名を残す」の「名」が、死後にも生き続けることにはなろうか。そして実際武士たちは、そのことをこそ願ったのである。

　こうしたことは、大地に蒔かれた穀粒が自己完結的に死ぬことによって、そのあと新たな生命として生まれ直し、かくのごとくにして鎖状のつながりにも似た形態をとりながら生き続けてゆくのと必ずしも同じではないにしても、また古代日本人に見られた春耕秋収からくるかの円環的・循環的な時間意識ともはや同質のものではないにしても、それでも平安貴族におけるかの直線的時間意識とはすっかり異なるところの、やはり武士の出自としての円環的時間意識に深く通底するものであることは明らかである。……以上のごとく、武士を主人公とする『平家物語』においてすでに、それまで（＝平安時代に）優勢だった直線的・直進的時間意識に替わって、はや円環的・循環的時間意識の方が主導的なものになっているとの事実が確認されたのであるが、それならば他方、平安朝の貴族文化の伝統的流れをくむ和歌の世界にあってはこの点はどうなってくるのか、同じく鎌倉時代の初期に成立した『新古今和歌集』において見てみることにしよう。

(3) 歌人の世界にみる時間意識

　『新古今和歌集』は、自らも優れた歌人であった後鳥羽上皇のお声がかりで、1205年、藤原定家らによって撰進されたものである。この歌集の成立する以前の半世紀は、まさに天変や地異や戦乱の打ち続いた時期だった。だから「新古今の歌人は多かれ少なかれ、古代から中世への転換期のはげしい動揺を経験して生きたのである。されば、新古今の歌人は古今の歌人にまして、流れ去ってゆく時間についてはげしい嗟嘆をうたっているであろう、と予想するのは当然である。だが、そのような期待を抱いて『新古今集』を読むと、案外に流れ去る時間を鋭くうたった歌が少ないのに驚くにちがいない。」[45] 結論的にいうと、『新古今集』にあっては、それまでの流れ去っていた時間が止まるのである。「俊成にせよ、定家にせよ、歌の世界が目的であり、そこから先へ行くことはなく、そこに時間は停止する。」[46] 新古今の歌人にとっては、歌の世界そのものが自らの魂の生きる場所だった。言い換えれば、自らの魂を安住させる世界として、歌という美の世界をつくり出そうと努めたのである。「無常を痛感しなければならない世にあって、永遠に対する憧憬は切実であったが、新古今の歌人はそれを来世の極楽に向けることなく、現世における美の世界の実現に向けるのである。それは現世へ反映した極楽浄土の美の実現である。」[47]

　新古今の歌人といえども、すでに死が日常となった現実を経験してきたからには、もはや平安の王朝人のごとくに、現世の時間の延長線上に「来世の極楽」を思い描くことはできなくなっていた。彼岸が異次元の世界であることを感得せぬわけにはいかなかったのだ。そのため彼らにとっても、時間は現世から来世へと直進的に流れ去ってゆくことを止めて、いわばそのいったん止まった時間が次には方向を変えて、現世（歌人にとっては「歌の世界」）に閉じこめられる形でぐるりとその内壁ぞいに回りだしたとでも言おうか。そして同じところをめぐる時間を傍から見やったとすれば、あたかもそこで「時間は停止」しているかに映るということなのでもあろう。

　以上は、『新古今集』における時間意識を論じた平野氏の見解をふまえての解釈であるが、同じテーマを取り扱った永藤氏も、ほぼ同様の見解に立って、次のように述べている。「観念的、静止的、絵画的と、さまざまに新古今の性

格を述べることはできる。しかしその性格は、閉じ込められた時間が果たす役割からもたらされたものである。閉じこめられ、切り取られた時間は決して流れることはない。流れることのない時間とは、言い直せば1つの空間的な世界であるとも言える。新古今の叙景的性格は、この時間性が、空間性へと移換された現象であった。」[48)] 時間が空間性を帯びてきたということは、言い直せば、時間の空間化の現象が起きてきて、時間が場的なものになりだしたということである。さきに筆者は第1章において、現代日本語の時制体系の背景をなす日本人の時間観が「場的な時間観」であり、「時間の空間化」が見られることを指摘しておいた。まさにこうした現在の日本人の時間観へと直結してくる時間意識が、平安朝の伝統文化の流れをくむ『新古今集』の世界にあってさえ見られだしたということだ。

　こうなってくれば、直線的時間（意識）に依拠して成り立ったこれまでの古代日本語の6時制体系がまた、この鎌倉時代を転期として、いずれ場的（＝円環的）な時間（意識）に拠る現代日本語の2時制体系へと収斂されてゆくことになるのは、それこそもはや時間の問題となる。そして先に確認したように、事実これより200～300年後の室町時代にはもうすでにその変容をほぼ完了するに至ったのであった。

　以上、鎌倉時代初期の『平家物語』、『新古今和歌集』いずれにあっても、それまでの直線的時間（意識）に取って替わって、円環的時間（意識）ないし「時間の空間化」とも言える場的時間（意識）が優勢になってきていることを確認した。したがって後は、こうした時間意識が一般庶民の間に広がり浸透してゆくのを待つだけである。いや、そういうのは適切ではない。なぜなら、その当時の一般庶民とは圧倒的多数を占める農民であり、彼らはもとから円環的ないし場的な時間意識において生きていたからである。そもそも彼らの生活の基盤たる田畑（＝大地）は「場」以外の何物でもなく、そしてその「場」に足ふまえて、円環的ないし循環的な春耕秋収の生活を営んでいたからである。したがって、農村を根拠地として抬頭してきた武士による政権が、鎌倉幕府成立の後、より確固たるものになってゆきさえすれば、それに伴って円環的・場的な時間（意識）の優勢な立場も自ずと確固たるものになってゆくはずである。

そして歴史の流れはその後実際に、700年の武家政治の確立へと進んでいったのだった。すなわち、鎌倉幕府は、文永の役（1274）、弘安の役（1281）という2度にわたる蒙古の来襲がきっかけとなって次第に衰えてゆき、ために1333年、後醍醐天皇らを中心とする勢力によって亡ぼされはした。しかしこの「建武の新政」はほんの2年しか続かず、いわば"雨降って地固まる"式に、この後を受けた室町幕府は、公家（天皇や貴族）をもその支配のもとにおく形で、政治を武家政治1本にまとめていったのだった。その後足利将軍の貴族化に伴って応仁の乱（1467）が起き、続いて世は戦国時代を迎えることになるが、やがてそこから信長・秀吉による全国統一がなされ、それを引き継ぐ形で徳川幕府が成立すると、武士支配は確固不動のものとなったのであった。………ともあれこのように、鎌倉幕府による武家政治の始まりによって、時間意識の点でも、円環的時間のほうが優勢かつ支配的なものになるという交替がみられ、これ以降直線的時間意識はむしろ在野的な存在として、いわば底流をなす形で日本人の間にそれなりに浸透してゆきながら、明治維新まで自らの出番のくるのを待つことになるのである。

(4) 鎌倉仏教にみられる時間観

　時間観の形成にとって大きな作用を及ぼすもののひとつに宗教があるが、武士が政権をとった鎌倉時代、宗教とりわけ仏教と武士階級、仏教と一般庶民との関わりはどのようになっていったろうか。そうした問題をここでは仏教における時間観の側面から、簡単に見ておくことにしよう。

　鎌倉時代に興ったいくつかの新仏教はそれぞれに、武士とか一般庶民とかに迎えられたものであった。そのうち法然上人の浄土宗、親鸞聖人の浄土真宗、一遍上人の時宗は、基本的には平安時代の浄土信仰の流れをくむものではあっても、それでもやはりそこにかなりの変容が見られる。というのも、平安貴族が天台系の浄土信仰に生きたことは先に見たとおりだが、平安末期ともなると、末法思想の広まる中で、生きるためには殺生をはじめさまざまな罪を犯さねばならない庶民にとっては、地獄は一定と思うほかはなく、ために地蔵信仰が発達してくる一方で、それだけにまた庶民の浄土に対する願いも切実なものとな

っていかざるをえなかったからである。そしてそれに応えて出てきたのが、まず法然の浄土宗である。その説くところは——阿弥陀如来の慈悲を信じて一心に「南無阿弥陀仏」とその御名を唱えれば往生は疑いなし、なぜならそれがすべての人を救おうという阿弥陀如来の願い（47願中の第18願）だから、というのだった。

　この教説をさらに一歩推し進めたのが、親鸞だった。つまり、阿弥陀仏の救いを信じる心が起きたときに救いが決まるという絶対他力の信心を説いたのであり、そこから「善人なおもて往生をとぐ、いはんや悪人をや」に端的に表される徹底した他力信仰を主張することとなる。この浄土真宗より50年ほど後の1275年に開宗なった一遍の時宗は、同じく浄土教の一派ではあるが、この宗派では——信・不信を問わず、浄・不浄を問わず、ひたすら南無阿弥陀仏の名号を唱えれば、阿弥陀如来と衆生と名号とは渾然一体となって救いの世界が生まれる、と説かれた。この時宗は、鎌倉時代の終わりごろから室町時代にかけて、浄土教の諸宗派の中では最も勢力があったとのことである。

　これら3つの宗派に共通しているのはもちろん阿弥陀信仰であり、また鎌倉時代に作られた諸々の仏像のなかで最も多いのが阿弥陀如来像だとすれば、日常的に死と直面させられていた中世の人びとにとって、浄土に往生したいという願いがいかに強かったかを知ることができる。ただここで注意したいのは、鎌倉時代の諸々の仏像に刻まれた銘文が共通して、「現世安穏、後世善処」を祈願している点である。すなわち、平安貴族にとっての極楽浄土が現世の時間の延長線上に想定されていたのに対して、鎌倉庶民における浄土観では、現世での生をなんとか安穏に全うし終えた後、阿弥陀仏の側からの願いによって死後に生まれ変わるべき善き処、それが浄土だと観想されているということである。つまりここでも、日常化した「死」の体験を通して、現世の時間がそのまま来世へと直進してゆくことを止めているのだ。かつまた、善処＝浄土も人間の側から至り得る処ではなくて、仏の側から来たり迎えて救い上げてくれる異次元の世界となっている。ともかく、阿弥陀仏の誓願により衆生は救われて西方十万億土の極楽浄土に往生する、との信仰を根本とするのが浄土教諸宗派の教えである。そしてこのことをそのまま文字どおりに受けとれば、そこでの仏

教の時空意識はまさに宇宙規模的なスケールのものである。

ところが、それでいながらこの浄土教の宗派においては、往生した霊（祖霊）が、お盆とか春秋の彼岸会とか命日など１年のうちのある定まった日には、ちゃんとまたこの世にご帰還されるとするのである。しかるにこの祖霊（祖先霊）なるものは、もともと仏教の教理中には存在しないのだから、これが神道（正確には古神道）に由来するものであることは明らかである。さらにはこの祖霊が１年のある定まった日に彼岸と此岸を往き来するというような教説は、まさしく神道の（あるいは水稲農耕に特徴的な）１年サイクルの円環的時間観をふまえたもの以外の何ものでもない。すなわち、この時期からの仏教の時間観は、なお一方で宇宙的なスケールのものであり続けながらも、他方ではすでに神道の時間サイクルと近似のもの、いや同等・同質のものにさえなっていると言っても過言ではない。つまり時間観の点でもはっきりと、仏教の日本化が見られるわけである。

しかし鎌倉仏教としてのこれら浄土教の諸宗派は、基本的にはそれまでの浄土信仰の流れをくむものであって、鎌倉時代に初めて出てきた教えとは言いがたい。それに対して禅宗は、鎌倉時代を特色づける新宗教であるばかりか、それ以降の日本文化ならびに日本人の精神に及ぼした影響の大きさの点でも、特筆すべきものである。この、新しく宋から伝えられた禅宗には、栄西禅師の臨済宗と、道元禅師の曹洞宗の２派があるが、その教えや厳しい修行が、常に死と向かいあっていた武士の感覚によく合ったために、まずは主に武士たちの間に広まっていった。とりわけ臨済宗は、鎌倉幕府の鎮護（「護国」）の宗教となったこともあって、上流武士の間にまで広がっていった。それに対して曹洞宗は、おもに地方の豪族に迎えられた。（のちには、「曹洞土民」と言われるように、農民の間にも広まっていった。）

ところで、鎌倉武士の時間意識も基本的には、先に『平家物語』において見た武人のそれと変わりない。だからこそ、来世の救いなどよりも現世の生をこそ問題とし、常に今この瞬間に自己本来の面目を発揚して生きることをこそ最重要視する禅宗の教え（時間観）が、彼らの受け入れるところとなったの

である。ここにあっても時間は、「今」において自己完結しているのだ。時間は、言ってみれば、そのように前後截断して自己完結した今・今・今のつながりであって、いわば非連続の連続とでもいえようか。いずれにせよ、禅宗はまず武士の間に広まっていったのだが、その武士の出自がもともと農村であってみれば、この教えがやがて農民のあいだにも広まってゆくことになるのは、ごく自然な成り行きといえる。……繰り返しになるが、農（耕）民にとっての時間意識とは、夜の後には朝が生まれてくるとか、あるいは冬のあとには春が巡りくるとか、そういった自然の循環とか復活とかいう、いわば生命的な現象に基礎をおくところの円環的・循環的ないしは螺旋的な時間観に基づくものである。言い換えれば、世界の存在・諸現象というものが、いわば──キリスト教の神の観念からすれば──無神論的に、それ自体として時間的に自己展開するものだとするのが、農（耕）民（族）に特徴的な時間意識なのである。そうだとすると、時間とは而今において時々に出来しながらつらなりゆくもの（「つらなりながら時々なり」）とする道元禅師の時間観もまた、一面においてはこうした圧倒的多数を占める農耕民の螺旋的時間観ないしは生命的時間意識をふまえたところに由来しているものではあるまいか、と思ってみたりもする。

　ともあれ以上のことから、禅宗の時間観が、武士の時間意識に、そしてまた武士を支えるものとしての農民のそれに、通底し合うものであることが明らかとなった。だとすると、鎌倉幕府の武家政治の始まりに伴って、農耕に特徴的な円環的・循環的ないし螺旋的時間観が優勢かつ支配的なものになってゆくのもまた自然な成り行きとして納得されるし、他面また禅が、その後の日本文化のみならず日本人の精神に、いや生活万般に、大きく影響してゆくのも納得されるわけである。かくして、（それ以降現在におよぶ）日本人のメンタリティ形成にあたっては、鎌倉時代に確定的となった日本人の農耕民族化と、それと裏腹の関係にある民族宗教としての神道の確立、また鎌倉以後700年続く武家支配（＝封建制度）と、そして禅（仏教・文化）といったものが、とりわけ重要な柱として決定的な作用を及ぼすこととなるのである。

(5) 室町時代の連歌の流行と円環的時間観

　これまで見てきたように、鎌倉時代を転期として、それまで支配的な座にあった直進的・直線的時間意識と交替する形で、円環的・循環的ないし螺旋的時間意識の方が優勢かつ支配的になっていったのであるが、いまここで念のために、そうした後者の時間意識が、その後さらに一般化していった具体的な事例のひとつとして、連歌の流行を取り上げておこう。

　連歌は、鎌倉時代に和歌の会の遊びとして起こったもので、和歌——貴族の力が衰えるのに伴って次第に衰えてゆく——に対する遊戯性、座興性を１つの特色として持つことで、急激な流行を見るようになっていった。そしてそれは「堂上の者から地下に到るまで、身分や階級を超えて実に幅広い階層において行われるようになった。」[49] 鎌倉末期には専門の連歌師が生まれるまでになり、さらに南北朝時代、北朝の関白でもあった二条良基によって、連歌は保護され、革新されて、完成された文芸となっていった。そうして室町時代には、飯尾宗祇など連歌の名人が輩出して、おおいに栄えた。

　さて連歌は、言うまでもないことだが、普通、複数の人間によって詠まれる。つまり、ひとりが５・７・５とつくると、他の者がその後を継いで、７・７とよむ。するとまた次の者がその後を継いで、５・７・５とよむ、というふうに繰り返されていって50句、100句を鎖のように接続して完成する。すなわち、「作主が出した１句は、その場で検討され、受容され、新たな発端となって、新しい世界を生み出してゆく。まさにその運動そのもの、その力学そのものが、連歌の本体である。二条良基が『筑波問答』で、《つらつらこれを案ずるに、連歌は前念後念をつがず。また盛衰憂喜、境をならべて、移りもて行くさま、浮世の有様にことならず。……》と述べているように、その運動は偶然性を介在させながら滞りなく流れていく。個から個へと渡される非連続な間は、危うく偶然において連続するのである。……とどまることも、遡行することも許されない、非連続の連続としての時間が、連歌芸術の根底にある時間意識である。……おそらくこのような時間意識を支えている座の緊張、気合は、中世的な精神、たとえば禅的な精神によるものであった。」[50]

　「作主の出した句」は「前念後念をつがず」、それ自体として一応完結して

いる。(のちの俳句は、5・7・5の発句を完結体として独立させたもの。) がしかしその1句は同時に、次へとつらなる新たな発端となって、新しい1句を生みだしてゆく。このような1句1句が「境をならべて、移りもて行く」わけで、それはまさに個から個へと渡される非連続の連続である。そしてこうした非連続の連続としてある時間こそが、連歌の根底にある時間意識なのである。——以上のことは連歌における時間意識について述べられたものだが、これをいま仮に図示したとすれば、それは先に筆者が現代日本語の時制体系の背後にある日本人の時間観として図示した、あの螺旋的な時間の流れの図2のイメージと、なんと似通っていることだろうか。このように連歌という表現形式において、こうした螺旋的な時間意識が明瞭に見られるということは、それはとりもなおさず「堂上から地下に到るまで、身分や階級を超えて実に幅広い階層」の当時の人びとに、そうした時間意識が浸透し一般化していたことを意味するものに他ならない。そしてそのことはまた、他ならぬそれまでの古代日本語の6時制体系が、連歌の栄えたこの室町時代にはすでに、(円環的ないし螺旋的時間意識に依拠してこそ成り立つ) 現代日本語の二元組織的時制体系へと収斂してしまっていたこととも、うまく符合するのである。要するに、現代日本語の時制体系の背後にあるところの、日本人の時間観へと直結する時間意識が、すでに室町時代にはすっかり一般化して、あらゆる階層の人びとに浸透していた、と見なして間違いないということなのである。

(6) 江戸時代の場的時間観にむけて

　室町時代の後半100年余りはいわゆる戦国時代であるが、この戦乱に明け暮れた時期をへて、信長・秀吉による全国統一がなされた。この安土・桃山時代は——鎌倉・室町時代にすでに政治の実権は武士の掌中にあったが、それでもまだ天皇や公家にも政治上の力は残っていた——まさに全国規模で、武士のみが政治を動かす封建制の確立した時期である。そうしてこの封建制の世の中において、最も重要なのが土地政策ないし農民支配なのだ。そのことを最も端的に物語っているのが、秀吉の「太閤検地」であり「刀狩」である。そもそも農民にとっての生活の基盤は、田畑という「場」である。そしてそれらの集合と

しての 1 つの「場」が農村である。したがって、封建制における支配とは、そのようにして順次拡大されてゆく「場の支配」に他ならなかったのだ。その農村では、「場」の中に年貢などの物資を集散する 1 つの中心点を必要とするように、封建制による農耕民（族）の支配形態もまた、あまたの「場」を内包するところのより大きな「場」の中に、1 つの中心点を設けるといった中央集権的なものとなる。

　この中央集権を全国規模で成し遂げた秀吉としては、「検地」と「刀狩」によって、農民を「場」に縛りつけ、かつまた農に限定することで、「場の支配」を確固たるものたらしめようとした。それこそがまさに支配の確立を意味したからだ。なぜなら、先にも見たとおり、農耕民（族）にあっては、「時間の空間化」現象が見られ、時間意識そのものが場的なものになっているのであってみれば、「場の支配」こそは、単に空間的な意味合いにとどまらず、そのまま時間支配に直結するものともなったからである。そしてまさしく「時間を支配する」ものこそが、天下を支配し得たのである。

　このようにして秀吉による「場の支配」が確立していった時期と相前後して、16 世紀の中頃から、貿易を求めるヨーロッパ人が日本にもやってくることになり、それに伴ってキリスト教が日本人の間にも広まりだす。が秀吉としては、キリスト教の勢力の盛んになりゆく有様をみて危険を感じた。なぜなら、その教義や慣習が、封建制をととのえてゆくうえで妨げとなることに気づいたからである。例えば、封建制では主従の関係が最重要視されたが、キリスト教ではそれよりも神への尊崇（信仰）の方が重視されたからである。それにまた時間意識の点でも、農耕民族の場的時間観に対して、キリスト教の（直）線的時間観はやはり異和・異質なものだったことが考えられなくもない。ともあれ 1587 年、秀吉は突然キリスト教禁止の命令を出した。ただしかし、ヨーロッパ人との貿易は続けてゆきたかったものだから、この禁令はそれほど徹底したものとはならなかった。

　そのようなわけでキリスト教は、安土・桃山時代をへて江戸時代に入っても、ますます広まり、信者は増えていった。家康も初めは、貿易を重視したため、キリスト教の広まりを大目に見ていたからである。がしかし、その勢力があま

りに強くなるに及んで、このままでは江戸幕府の政治の土台が揺らぎかねないと恐れ、ついに1612年、キリスト教禁止令を出した。その後キリスト教（信者）への取り締まりもますます厳しくなり、そのため表向きには信者はいなくなった。つまり信者は、秘かに「隠れキリシタン」として生き続けることになるのである。他方、こうしたキリスト教勢力への対抗の意味もあって、「檀家の制度」がつくられ、寺と民衆とが緊密に結びつけられた。それは直接的には、空間的な意味での「場の支配」の強化であるが、しかしそれは同時にまた、一般庶民（＝農民）の場的な時間意識を、仏教の壮大な円環的・循環的（＝場的）な時間観でもって包摂することにより、時間支配をも強化せんとしたものとも見なし得る。

ともかくもこれによって時間空間両様の意味で、「場の支配」が確固不動のものになっていったわけだが、ただしかしこのために仏教それ自体としては、葬式仏教へと堕落する結果をきたした、とは大方の認めるところである。

なおついでながら、武家支配の時代に入った鎌倉時代以降は、それまで優勢かつ支配的だった騎馬民族由来の直進的・直線的時間観の方が在野的存在となってひそかに生き続けてゆかねばならぬ状況下に置かれていたことについては先に述べたところだが、まさしく武家支配の徹底したこの江戸時代に、その出自をまったく異にするとはいえ、ほかならぬ直線的時間観によって成り立つ宗教（キリスト教）を信ずる者が、「隠れキリシタン」となって秘かに生き続けてゆくしかなかったことは、そうした状況下に置かれた時間観の、いわば具体的な1つの事例というふうには、見なせないであろうか。

いずれにせよ、島原の乱（1637）が起きたりしたこともあって、2年後の1639年には、徳川幕府は鎖国にふみきる。そして200年後に、開国を迫る形で再び西欧文明が押し寄せてくるまで、農耕的時間＝場的時間の支配に委ね続けることとなる。そのため江戸時代にあっても、——すでに安土・桃山時代にはヨーロッパ人によって機械時計がもたらされていたにもかかわらず——民間で行われた時刻法は、太陽が出没するときを境にして、昼と夜とを6等分するといった、季節によって変動するところの不定時法だったのである。その方が、農耕にはむしろ自然な時刻法だったからであろう。先に引用紹介した文中にも、

「日本の中世～近世の計時法が、人びとの生活に密着した、四季によって変化する不定時法であった」と明記されていたとおりである。そしてまた角山栄氏が、「ヨーロッパの都市は機械時計とともに定時法の時間へ移り、急速にブルジョワ的発展の道をたどるのに対し、近世日本の都市は、不定時法の時間秩序のもとでの共同体的時間にとどまった。」[51] と述べているのも、同様の指摘と解し得る。

(7) 江戸時代の儒教および神道にみられる時間観

江戸時代に入って徳川幕府による近世封建体制が確立すると、儒教（とりわけ朱子学）がその体制教学の地位を占めるに至る。儒教とは、言うまでもなく孔子を祖とする教学であって、この教えの出てきた背景は周の封建体制である。したがって徳川幕府が、時代と国を異にするとはいえ、封建体制という相通ずる土壌から生まれた儒教をもって、自らの体制の強化・維持を図らんとしたのは、ごく自然なことであった。しかしながらそのために、神道史の観点からいうと、室町時代の吉田神道に見られたような神儒仏の三教による習合のうちから、儒学者たちが批判的立場をとった仏教が締め出されて、結果的には神道と儒教との習合が図られ、ここにいわゆる「儒家神道」が栄えることとなったのである。教学面でいうと、儒教が世界の絶対的実在と見なした根源神としての「天」の思想が、日本の神道の「天つ神（あま）」の理念と相関的に解釈されることによって、いや、もっと端的にいえば、儒意の「天」（朱子学では太極）が神道の「天つ神」（国常立神（くにのとこたちのかみ））と同一視されることによって、習合が図られたのであった。こうしたことをいまあえて時間観に引きあてて解釈したならば、どういうふうに見なせるだろうか。

まず江戸時代の封建体制なるものが、農を基盤とするものであることは言うを待たない。そしてその農とはもちろん稲作農業であり、それに伴う時間意識が、1年周期の円環的・循環的なものであることもまた改めて繰り返すまでもない。現象として展開する時間がこのように円環的・循環的なものであるためには、それが由って来たるそのおおもとにあっても、時間とは1年を周期として循環するものだ、というふうに捉えられていなくてはならない。その点、お

おもととしての国常立神に関わる時間が、円環的・循環的なものであったことは、先に見たとおりである。

　他方、儒教における時間観だが、儒教が周封建体制を背景に、とはつまり農（当時の中国ですでに一般化していた稲作農業）を基盤とする社会を背景に出てきた教えであってみれば、その時間観が農（とりわけ稲作農業）に特徴的な1年周期の円環的・循環的なそれであることは、まずもって疑うべくもない。そしてそのことから、そのおおもとたる究極の根元的実在（朱子学では太極）に関わる時間もまた、円環的・循環的なものとして捉えられていたと解してよいのではあるまいか。少なくとも、国常立神と同一視される限りでの太極に関わる時間は、円環的・循環的でなければならないからである。そして、儒教の時間観がこのように農に特徴的な1年周期の循環的なものであったればこそ、時間観の点でも儒教が、従来からの仏教にとってかわって、神道との習合をあざやかに演じおおせたのだと思われる。ともかくもこのようにして神道は、仏教からの離脱ないし自立の道を歩み始めたのであって、儒家神道に続く次の復古神道もそうした歩みの延長線上に出てきたものと言えよう。

　江戸時代も元禄期に入ると"太平の世"の時代背景のもと、学問における自由討究の気運が増大した。国学はそうした学問運動のひとつであるが、この国学にあって特に神道の研究と実践に関わる分野を復古神道という。契沖（けいちゅう）――荷田春満（かだのあずままろ）――賀茂真淵（かものまぶち）とつづいた国学の学統は、江戸時代後期の本居宣長（もとおりのりなが）によって大成された。「宣長は儒仏思想と習合したそれまでの諸神道説を批判し、古典の克明な研究を通じて理解される古神道［註、筆者の区分では「神道」に相当する］の精神に回帰すべきことを主張した。多神教的な神観念は、あるがままに肯定された。古代から信仰としては維持されながら、その名が忘却されていた"産霊（むすひ）"（神の恵みや働きとしての神秘的生命力・生産力）を、神学の場に登場させたのは彼であった。中世以来の諸神道説に一貫して重視され続けた天照大神は、日本神話の中核をなす皇室の祖先神として、本来の意味づけを得た。」[52)]

　古典の克明な研究を通して日本の古代文明を実証的に把握し、そこに淵源す

る民族文化の主体性を追究せんとした国学(あるいは本居宣長)にとっては、儒仏思想はあくまでも外来思想と映る。そうした非本来的な思想と習合した諸神道(説)はしたがって、習合以前の本来的な「神道」に回帰させねばならない。例えば天照大神にしても、本体としての大日如来が日本に垂迹したものだとする本地垂迹説とか、さらには大物主神(おおものぬしのかみ)(大国主神)と結合させてしまう同体説などから、「日本神話の中核をなす皇室の祖先神」としての本来の姿に立ち帰らねばならない。また他の神々についても、「神々を含む宇宙万物はことごとく大日如来の現れ」だとする真言哲学とか、神のことごとくについて何々の神の本地は何々の仏という対応関係を説く本地垂迹説などから脱却して、多神は多神として神統譜のなかに位置づけられた、その本来あるがままの姿において肯定されねばならないとする。……こうした主張をさらに押しすすめてゆけば、当然のこととして、「神道」の基盤としての古神道へと遡ってゆき、そこにおいて(とりわけ水稲農耕にとって)重要な意味を持つ"産霊"に想到して、これを神学の場に登場させることになるのはむしろ必然的な成り行きでさえあった。

　ところで、こうした国学ないし復古神道の主張をいままた敢えて時間観に即して言うとすればどうなるか。……「神道」にあっては、騎馬民族(その中心は天皇家)によってもたらされた直線的・直進的な時間観と、それまでの土着の住人の(水稲農耕にともなう)円環的・循環的な時間観とが、ともどもに並存していた。もちろんこれら両時間観の並存関係は、拮抗状態のこともあれば、あるいは時代状況により一方が主導的立場に立って前面に出てきて、他方はそのため後方に退くといったことはある。しかしながら時間観の特性からして、並存関係そのものはあくまでも保持され続けるのである。こうした直線・円環両時間観を内包する「神道」に、後その歴史的過程において、神仏習合という形で、また儒家神道という形態で、仏教のかの壮大な循環的・円環的時間観が付会されると、神道における時間観の全体としてはいきおい、円環的時間観に比重のかかったものとなってこざるを得なかった。そしてこの推移は同時にまた、日本民族がいちだんと農耕民族化していったことによって、それと表裏一体の関係にある円環的時間観の方がよりいっそう主導的な役割を果たすように

なっていった推移とも、軌を一にしていたのである。しかし、他方、神道の立場からすればこの推移は、それまで外来の思想（仏教・儒教）の助けを借りて自らを説明していた神道が、やがてはそれから離脱し自立して、自らの信仰なり宗教なりを主体的に考究・追求せんとするに至る過程でもあったのだ。復古神道はまさにそうした主体性の追求としての学問運動に他ならなかったと言えようか。

　ともかくも、仏教・儒教から離脱・脱却し得た神道は、時間観の点でも、それまでの二重三重に覆いかぶさっていた円環的時間（観）から開放されて、「神道」本来の直線・円環両時間観の並存という関係に立ち戻る。ただ立ち戻り得たとはいっても江戸時代後期は、まさに農業こそが一切の基盤となる近世封建制のただ中にあって、時間観の面ではもちろん直線的時間観よりは円環的・循環的時間観のほうが優勢かつ主導的な立場に立っていた。しかしそれでも、これまでの手枷足枷としての二重三重の円環的時間の環が取りはずされたいま、そこにもし何らかの要因が強力に作用する事態が起きたならば、これまで長く背後に押しやられていた直線的時間観が、歴史の表面に現れ出てくるのがはるかに容易な状況にはなっていたのだ。そうしてこの要因となったものが、他でもない、黒船に象徴される西欧の機械文明の来襲という外圧・外患であった。

(8) 近代日本における時間観の同時並存

　鎖国日本の開国と通商をせまって押し寄せてきたこの外圧としての西欧の機械文明は、言うまでもなく直線的時間観のうえに構築されたものであった。そしてそれが極東の日本に至りつく時点までに、すでにアフリカから中近東、インドから東南アジアの諸国そして中国をと、次々に植民地化してきていたのである。このままでは日本も西欧の植民地になりかねない。それを免れる道はただひとつ、早急に西欧の機械文明をわがものとし、自らもまた近代文明化する以外にはない。そしてその機械文明なるものがそもそも直線的時間観のうえに構築されたものであるならば、それなら日本もまた内なる直線的時間の諸力を結集することをもって、この国家存亡の危難を乗り切ってゆかねばならぬ。そ

のためには、場的時間意識の徳川幕府ではだめだ。この際、もともと日本に直線的時間観を持ちこんだ天皇家を盛り立て、それを核として、これまで長く在野的存在としてひそやかに生き続けてきた直線的時間意識をそこに結集し、よってもって国の一大事に当たってゆくにしくはない。かつまたこの時に当たり、日本の歴史を振り返りみて、直線的時間が円環的時間よりも優位かつ支配的な立場に立っていたのは他ならぬ「神道」成立の時代、すなわち律令制国家の時代であることにも想到したのである。かくして明治の維新は、律令制国家の祭政一致への復古、つまり王政復古の形をとりながら、かつ神道の国教化を図りながら、近代文明を、西欧式の機械文明を押し進めることとなったのである。

　こうして天皇に強大な権力・権威を認める明治政府が出来上がり、この新政府を中心にして西欧の近代機械文明の摂取に全力をあげていったのである。その際明治政府が、西欧の機械文明を摂取するための拠点のひとつとして作ったのが帝国大学であった。その西欧の機械文明とはそもそも機械時計（的時間）のうえに構築されたものであったのだから、西欧文明移入はそのまま同時に、機械時計的な（計測的）時間観の移入でもあった。そのことを端的に示しているのが大学のシンボルとしての時計塔である。つまり、西欧文明の移入・摂取に努める役割を担った大学は、機械時計の計測的・直線的時間観を主軸にすえる学問殿堂であることを、その時計塔によって明示しようとしたのである。西欧では、（後に見るように）その歴史的いきさつから、時計は市塔（市庁舎の塔）に設置されたのに対して、日本では市庁舎ではなく大学の時計塔として設置されることになったのは、こうした事情のためである。

　ともかくもこのようにして、近代機械文明を背後から支えている機械時計（的時間観）が導入され一般化してゆく。そして農耕生活者にあってもそれまでの不定時法に代わって定時法が採用されることで、計測的な直線的時間観がそれなりに日本人の間に徐々に浸透・普及してゆくこととなった。しかしながら他方、外圧という外部からの要因によって突如支配の座を追われたからといって、長きにわたって日本民族の血肉ともなってきたかの場的・円環的時間意識の勢力が、これで急に衰えてしまったわけでは決してない。なるほど、西欧の近代文明・文化のごとく外部から入ってくるもの、あるいは西欧人など外か

らの人間と相対するようなときには、ないしそれに類した公的な場においては、直線的時間意識をもって事に臨むというのでよかろう。だがそれ以外の事柄とか場にあっては、やはり場的・円環的時間意識の勢力は依然としてはるかに強力かつ優勢であり、それにまた当時の人びととしても場的・円環的時間のうちに身をおくほうがずっとしっくりきたはずである。

かくして日本人は——さきに聖徳太子の十七条憲法において見られたように古くから、公的な場あるいは晴れの場には外来の直線的時間が、一方普段の場では農耕民族に特徴的な場的・円環的時間が用いられるというふうに、両者が時と場に応じて並存的にあるいは重層的に使いわけられていたのであったが、とりわけ——明治時代以降は、外部からのものと相対するときには直線的時間をもって、一方自分たち内部のものとの場合には場的時間をもって、というふうに両者を適宜使い分けるやり方を採るようになったのである。

ところで先にも引用紹介したエドワード・T・ホールは、時間観ないし時間体系の観点から見て世界の諸民族は、モノクロニック・タイム（単一的時間）の民族とポリクロニック・タイム（多元的時間）の民族とに大別される、とする。モノクロニックな時間とポリクロニックな時間——この2つの時間体系は水と油のごとく相互に相容れない時間体系である。モノクロニックな時間体系は線形的であって、その単一の線形的時間（観）以外はことごとくこれを排除しようとする。そしてその線形を区分してそれぞれの役割を決めることにより、一時に1つのことしかしない。つまり、スケジュールがはっきりと決められるという特性をもつ。一方ポリクロニックな時間体系は場的であって、自らのその「場」のうちに他の諸々の多元な時間（観）をも受け容れることができる。そのためポリクロニックな時間体系では、スケジュールがあるのかないのか分らないくらいに、一度に多くのことを行い得るとの特性を持つ。モノクロニックな時間体系は欧米世界に多い時間体系である。しかし同じヨーロッパでもゲルマン系の諸民族がモノクロニックの時間体系であるのに対して、地中海沿岸のラテン系諸民族はポリクロニックな時間体系の民族だという違いがある、とする。

さてそれでいま、エドワード・T・ホールのこうした指摘をふまえて言い直せば、直線的時間がモノクロニック・タイム（単一的時間）に、そして場的・円環的時間がポリクロニック・タイム（多元的時間）にほぼ相当するものと思われるのだが、彼は日本人の上述のごとき両時間の使い分けに関して、次のように述べている。「日本人は、内側に向かっては、つまり彼ら自身のお互いを見る目や仕事の仕方は、ポリクロニックであり、一方、外の世界と対処するばあいは、日本人はその世界独自の時間体系を採用してきた。つまり、モノクロニックな態度に切り替えるわけだが、これは本質的には技術上の問題なので、日本人は我々以上に徹底的にやる。」[53]「日本人には2つの様式（モード）がある、というのが手がかりである。科学技術と外国人に使われるモノクロニック様式と、それ以外の全てに適用されるポリクロニック様式の2つである。」[54] ……つまり日本人のうちには、「油と水のように決して混じり合わない」とされる、これら場的時間（ポリクロニック・タイム）と直線的時間（モノクロニック・タイム）の2つが同時並行的に存在していて、その両者を日本人は、それこそ時と場に応じて、使い分けているということなのだ。言い直せば、場的時間と線的時間とが、古く古墳時代から現代に至るまで、時代や状況によってどちらか一方がより優勢になったり支配的になったりしつつも、常に両者が並存し続けてきて、そして時代や状況に応じてそれぞれに自らの役割を演じてきた、ということなのである。そうして、他のほとんどすべての農耕民族が西欧の近代的機械文明の力の前に植民地化していった中にあって、諸々の歴史的要因が作用したにせよ、日本のみが唯一植民地化を免れたのも、世界的な時代状況の中で、両の時間意識がそれぞれ必要に応じて、自らの役割を演じおおせたからだと言ってもよいであろう。

　ここで総括的にあえて繰り返すならば、日本人にあっては、水稲農耕に基底をもつ円環的・循環的時間観つまり場的時間観が定着したところへ、騎馬民族に由来する直進的・直線的時間観が受容されて、そうしてそこからそれら両時間観を内包する「神道」の生命的な時間観が生まれる一方で、さらにまたそれら両時間観にまたがり得る仏教的時間観が導入され定着するなどしながら、多様・多元な時間観を同時並存的に持つという意味でのポリクロニック・タイム

の民族になっていったということなのである。だからエドワード・T・ホールも、日本人の時間体系を基本的にはポリクロニック・タイムだとし、日本人をポリクロニックな民族だとしているわけである。たしかにそれで一応間違いはないのだが、ただその際筆者としては、モノクロニックな時間意識を常に内に並存せしめてきたところのポリクロニックな民族だという点をこそ強調しておきたいのである。そして今後ますます国際社会化してゆく世界情勢の中で、モノクロニック・タイムへの切り替えの必要もそれだけますます多くなってくることだろうが、でもそのような使い分けのできるところに日本民族の強さがある、そう、農耕民族でありながら世界の他の農耕民族にはない強さがある、と言えば、あまりにも日本人を買いかぶりすぎたことになるであろうか。

第3章
ドイツ語における時制の変遷

Ⅰ. 問題点とその解明のためのカギ

　現在のドイツ語の時制が、過去→未来型の直線的な時間の流れの上に成り立つ6時制体系であることは、先に第1章で検証したとおりであり、そのことはドイツ語を学んだ経験のある者ならだれしもが知るところである。ところが他方、そのドイツ語のもとのゲルマン語にあっては、時制の文法形態としては「現在」と「過去」の2つきりしか存在しなかったということもまた、いずれの文法書もが指摘するところである。そうしてこのゲルマン語の2時制組織に、その後7～8世紀ごろから完了形が、また12～13世紀ごろから未来系がつけ加えられるなどしながら、時間表現をより明確にしつつ、現代ドイツ語の6時制体系へと次第に文法形態がととのえられていったことも、これまたよく知られた言語事実である。

　ただその際注意しなくてはならないのは、そうした時制の変遷の事実をふまえて早急に、かつてのゲルマン語に2時制きりしか存在しなかったのは時制形態がいまだ未発達・未分化だったためだとか、そしてそれはとりもなおさず古代ゲルマン人の時間意識が薄弱で未発達だったためだとか見なしてはならないという点である。もしもそのように見るとしたら、それはちょうどヨーロッパの近代語の6時制体系を基準にそれと比較して、現在の日本語における時制の二元組織は「分化の程度が進んでいない」などとの推論を下す誤りを犯すの

と同断である。というのも、ゲルマン語は時制の面でいまだ未発達の段階にあったのだなどと、単純に断ずることをためらわせる理由が明瞭に存在するからである。具体的にいうと、ゲルマン語のさらにそのもとの印欧祖語（インド・ヨーロッパ［祖］語、インド・ゲルマン［祖］語ともいう）にあっては、時制形態は6時制相当に多様で豊富だったことが確認されているからである。ということは、ゲルマン語の場合には、それ以前の6時制形態が、何らかの理由でいったん2時制体系へと収斂し、そしてその後に再び6時制に向けて次第に形をととのえていったと見なさざるを得ないということなのである。

　ちなみに言語史的に言えば、紀元前2000年ごろ印欧祖語（族）は大きくは3つの語派に枝分かれして広がっていった。その一分枝のアルメニアからイランをへてインドに至った語派にあっては、サンスクリットからも知られるように、この多様で豊富な時制形態をほぼそのまま受け継いだと考えられる。他方また地中海沿岸への道をとった別の語派でも、古代ギリシア語・ラテン語から知らされるように、同じくこの多様で豊富な時制形態を受け継いだものと見なし得る。そうしてこの語派の流れをくむラテン語系の諸言語（イタリア語、スペイン語、ポルトガル語、フランス語など）が基本的にはそれをなお今日に継承しているのである。ところが、バルト海沿岸方面へと移動したもう一方の語派たる古代ゲルマン語ではどういうわけか、ただ現在形と過去形の2形態のみが受け継がれて、そのほかの時制はいわばこの2つに包摂され、この2形態でもって時間に関わる一切が表現されるごときものとなっている。

　このように同じ印欧祖語の流れをくむヨーロッパの言語でありながら、ラテン系の諸言語が時制の面で基本的にはもとの形態を継承しつつ発展させていったのに対して、ドイツ語・英語などゲルマン系の諸言語では、印欧祖語における6時制相当の豊富多様な形態を2時制組織へといわばいったん収斂させた後で、その後再び徐々に6時制へと形をととのえてゆくという変遷過程をたどっているわけである。……一体なぜゲルマン語ないしドイツ語では、時制体系の面でこのような変遷の道をとることになったのだろうか。あるいはもしかすると、この時制面での変遷過程の背後でドイツ人の、古代ゲルマン人の時代観そのものに何か甚大な変化が生じたという事実があったのではあるまいか。

こうした疑問点を解明してゆくにあたって、まず考えねばならないのが印欧祖語を話していた人種の原郷問題である。このことでこんにち確認されているのは、この人種は当時ヨーロッパの東のはずれからウラル山脈の西側の間あたりの草原地帯に住んでいた牧畜民族・騎馬民族だった、という点である。そして一般に草原地帯に住む牧畜・騎馬民族の時間意識なるものが、時とは過去から未来へ向けて直進してゆくものだと見なすということも、つまり過去→未来型の直線的時間観になるということも、これまたよく知られているところである。なおまた、こうした過去→未来型の直線的時間観に依拠してこそ初めて、(時間の流れの帯の区分化によって)6時制体系も成立し得るのだということについても、すでに述べたとおりである。そうだとするとごく自然な推論として、印欧祖語の6時制相当に豊富多様な時制を成り立たせていたのは、他ならぬ過去→未来型の直線的時間(観)だったということ、つまり、印欧祖語(人)の時間観は、過去→未来型の直線的時間観に他ならなかったということになる。

次に、疑問点の解明にとってヒントとなり得るものに、エドワード・T・ホールの指摘がある。先にも少し言及したように彼の指摘によれば、——世界にはさまざまな時間体系があるが、それらのうちで重要な意味を持つものに「ポリクロニック」な時間(多元的時間)と「モノクロニック」な時間(単一的時間)とがあるという。そしていまヨーロッパに限って言った場合にも、地中海沿岸の諸民族の多く(とりわけラテン系の諸民族)がポリクロニックな時間観なのに対して、ドイツ人をその代表とする北ヨーロッパのゲルマン系諸民族がモノクロニックな時間意識を生活万般の基準にしていることはよく知られた事実だとしている。このように同じ印欧祖語族でありながら一方のラテン系諸民族が、印欧祖語の直線的時間観とそれによって成立し得た6時制体系とを基本的には踏襲しながらも——ゲルマン系の諸民族のごとく単一の直線的な時間意識のみになることなく——多元的な時間意識を持つに至った事由に関しては、なによりも地中海沿岸という風土(とりわけ農耕が営めるという点での自然環境)からの影響が強く作用して、そのことで後、包容力のある円環的・場的な時間意識が生成・定着していったためだと考えられる。

さてそれなら、これらのことを念頭に置いたうえで、ゲルマン語およびドイ

ツ語における時制の変遷についてはどう解するのが最も妥当なのだろうか。……まずそれまでの印欧祖語の6時制が、ゲルマン語では2時制へ収斂したという言語事実があった。だがこの収斂は――かつての古代日本語の6時制体系が、その後の日本人の農耕民族化の徹底による円環的・循環的な時間意識の優勢化のために、現在の日本語に見られる二元組織へと次第に整理統合されていったという事例にかんがみて――古代ゲルマン人の間にも円環的・循環的な時間意識が何らかの理由によって生起ないし導入されたがための結果だとは、どうしても見なし得ない。なぜなら、ある民族にある時間観がいったん生ずるなり導入されるなりして定着した後には、その時間観は、時間観の特性からして決して滅びることなく存在し続けるものであって、したがって、もしも古代ゲルマン人社会のなかに何らかの理由で円環的な時間意識が生ずるか導入されるかしたのであれば、その時間意識はその後も生き続けて、それ以前の印欧祖語の直線的時間観と後のキリスト教化に伴う直線的時間観の導入と相まって、現在のドイツ人もまた、地中海沿岸諸国のラテン系民族のごとくに、多元的時間（ポリクロニック・タイム）の民族になっていたはずだからである。

　ところが現実のドイツ人が事実として、（スイス人、イギリス人、スカンジナビアの北ヨーロッパ人、アメリカ人など）単一的時間（モノクロニック・タイム）の民族の代表格であってみれば、つまるところ印欧祖語の6時制からゲルマン語の2時制への収斂の原因を、円環的時間観に求めることは無理だということにならざるを得ない。それにまた、古代ゲルマン人社会にある程度の農耕の事実が認められたとしても、タキトゥスの『ゲルマニア』にも指摘されているように、彼らはあくまでも狩猟中心の民族だったのであって、そのことからも、農耕（民族）に特徴的な円環的時間観によって2時制組織への収斂が生じたのだ、と見なすことには無理が生じるのである。

　以上のごとくだとすると筆者としてはもはや、ゲルマン語およびドイツ語の時制変遷の言語事実に対する解明のための解釈としては、古代ゲルマン人およびドイツ人における彼らの直線的時間観そのものに――「円環的時間観の影響」ということを除外した形での――一大転換が生じたことにこそその原因があったのだ、と考えるしかなくなる。すなわち、まず第1に印欧祖語の6時制（相

当の組織）が過去から未来へ向けて流れ進む直線的時間観によって成り立っていたこと、そして第2に現在の標準ドイツ語（へと直結する13世紀ごろからのドイツ語）の6時制体系が同じく過去から未来へと直進する（キリスト教的な）直線的時間観の上に成り立っていること、さらに第3に、印欧祖語の6時制がゲルマン語の2時制へと収斂した原因として円環的時間観の影響・作用は（現在のドイツ民族が「単一的時間」(モノクロニック・タイム)の代表であることから推して）考えられないことの3点がある。

　したがってこれら3点をふまえて言い直すと、ゲルマン語の前後がいずれも過去→未来型の直線的時間観で、かついずれも6時制になっていること、他方ゲルマン人（ドイツ人）の時間観がこれまで一貫して単一の直線的時間観でもって貫かれてきている事実がありながら、それでいてゲルマン語のみが2時制になっていること、こうしたことからして、そこにどうしてもゲルマン人の時間観そのものに一大転換があったものと考えざるを得ないということなのである。結論的にいうと、古代ゲルマン人にとって時間とは、未来から過去へと直線的に流れすぎてゆくものと見られていたと推論せざるを得ないということなのだ。図式的にいうなら、印欧祖語（人）の「過去→未来型の直線的時間観」が、古代ゲルマン語（人）に枝分かれした段階で一度「未来→過去型の直線的時間観」へと転換し、そののち標準ドイツ語の6時制体系の形成に向けて再び「過去→未来型の直線的時間観」へと転換し直した、と考えざるを得ないということなのである。そしてこうした時間観そのものの一大転換ないし交代劇――の原因・要因と思われるものについては追って述べるとして――を前提にしてみて初めて、ドイツ語における時制変遷の過程（とりわけベハーゲルやパウルでさえ未解決な、未来形の形成過程）における言語面での試行錯誤・紆余曲折の跡についても、筆者としては比較的自然に無理なく説明がつくように思えるのである。……それで以下にまずは、ゲルマン語・ドイツ語の時制の変遷における具体的な言語事実に即しながら、この推論そのものが妥当であるかどうかを検討した上で、その後そうした時制変遷の事実をあらしめた時間観そのものの転換と交代劇の原因・要因について述べていってみることにしたい。

Ⅱ. 印欧祖語からゲルマン語へ……時間観の一大転換

　例えばベハーゲルは、印欧祖語の時制組織としては、現在形、過去形、未来形、現在完了形があったとした上で、それがゲルマン語では現在形と過去形の2つの単一形態きりになってしまったことに関して次のように述べている。「インドゲルマン語がもっていた時称の豊富さは著しくそこなわれてしまった。もはや未来時称はなくなっている。インドゲルマン語が、現在完了形のほかに、単純な物語のために種々の表現手段を持っていたのに反し、ゲルマン語は過去をあらわすのにただ1つの形態で満足しなければならない。」[1] ベハーゲルからすれば、印欧祖語は4つの時制をもっていたことになる。がしかし、彼の言う過去形と完了とが組み合わされるなら（現在の標準ドイツ語でいう）過去完了形が形成されるわけだから、そうした観点に立つと思われるシュトライトベルクの印欧祖語の時制組織だと次のようになる。（Urgermanische Grammatik, S. 280）──

1）Präsens.
　　現在
2）Ein Augmenttempus zum Präsens, das Imperfekt.
　　　　　　　　　　　　　　　　　不完了過去
3）Perfekt.
　　現在完了
4）Ein Augmenttempus zum Perfekt, das Plusquamperfekt.
　　　　　　　　　　　　　　　　　過去完了
5）s-Aorist.
　　アオリスト
6）Futurum auf -si̯e- -si̯o-.
　　　　　　　　未来

　いずれにせよ以上から明らかなように、印欧祖語では過去に関わる表現形態が、時制表現のみならずアスペクト表現をも加えることによって、豊富なものとなっている。ちなみに、シュトライトベルクが挙げているアオリストとは、「完了・不完了のアスペクト的対立を離れ、動作を全体として表すもので、不完了過去のように継続・反復や、完了時称のように結果としての状態などは考

慮にいれない」[2]ものであって、訳せば不限定過去とでも言うべきものだろう。したがって印欧祖語の過去表現には、過去完了、不完了過去、不限定過去（＝アオリスト）、現在完了の4つがあったのであって、時制組織が豊富多様といわれるゆえんである。ところがゲルマン語では、これらの4つが合流してただ1つの過去形になってしまったのである。このようにゲルマン語が、印欧祖語にあった不完了過去形を失うことによって「完了・不完了のアスペクト的対立」を失っていったことは、一面では「アスペクト退潮の結果だった」[3]と見なせなくもない。

また泉井久之助氏の指摘のごとくに印欧語ではまず法（モード）の区別が生まれ、次にアスペクトの区別が生まれ、最後に時制の区別が生まれるとの順序が考えられるということからすれば、ゲルマン語において、アスペクト表現が消失して時制表現へと絞られていったのは、あるいは自然な言語史的移行だと言えなくもない。しかしながら、同じ印欧祖語の一分枝たる古代ギリシア語・ラテン語などの語派が、印欧祖語の豊富な時制組織をほぼそのままに受け継いでいる事実がある以上、ひとりゲルマン語（系の諸語）にのみ「アスペクト退潮の結果」とか、言語史的移行を見ることには無理があり、筆者としてはやはり別の解釈を、つまり"ゲルマン人における時間観そのものの転換"という視点からの解釈を、とらざるをえない。

ところで話をもとに戻すと、印欧祖語の豊富な時制組織を可能にしたものは、アスペクト表現もさることながら、何にもまして「過去→未来型の直線的時間観」そのものに他ならない。なぜなら、そのような時間観によってこそ初めて、過去時の行為（事柄・出来事）でも、不完了過去やアオリスト表現のほかに、そうした時間の流れにおける必然的結果として、その行為が現在に関わってくるものとしての現在完了表現が、またその行為がある過去時点より以前のもの、ないしその過去時点に関わるものとしての過去完了表現が、成り立ち得るからである。他方また、現在時の事柄を現在形で表現するのは言うを待たないが、現在時点を通りすぎて未来へ向かう時間の流れが不可逆である以上、未来時の事柄のために未来時制が存在せざるを得ないのは、むしろ当然のことと言えよ

う。ただ、文法形態として未来完了時制まで存在していないのは、実際にこのような形態の使用を必要とする現実がいたって少なかったことと関係しているだろう[4]。それにまた、同じ「過去→未来型」の時間意識といっても、キリスト教的時間観と機械時計発明による時間の計測可能性との洗礼を受けた後の直線的時間意識に比べれば、印欧祖語のそれはいまだ未来完了時制を形作るほどまでには発達していなかったと言えるのかもしれない。ともあれ、印欧祖語における時制組織が豊富であること、かつまた――時間が過去から未来へ流れる場合、現在に生きる人間としてはいわば過去の行為・出来事の一切を背負わされ、それに規定され、常にそれを意識させられるわけで、そのために――過去時の時制区分の方がより多様なものとなっていることについても、以上で概観できたものと思われる。

　さてそれならば、なにゆえにゲルマン語にあっては現在形と過去形の2つきりの時制組織になってしまったのか。なにゆえに2つきりの時制でもって時に関わる事柄のすべてを表現し得ると見なすのだろうか。他でもない、その最大の原因は、ゲルマン人の時間観そのものにこそ存する、つまり、それまでの印欧祖語の「過去→未来型の直線的時間観」から「未来→過去型の直線的時間観」へと彼らの時間意識が転換したことにこそ存する、とするのが筆者の見解である。

　この時間観の転換ないし交替の原因・理由と思われるものについては後述するとして、ひとまず、ゲルマン人にとって時間とは、未来から現在へまっすぐに向かってやってきて、そして現在時を通りすぎたあとは、過去へと不可逆的に流れすぎていってしまうもの、というふうに見られていたとしよう。そうすると次のようになる。……まず未来時の事柄は、未来から現在へと向かってくる時間の流れにあっては、早晩いずれ必然的に現在時の事柄となる。すなわち、未来の事柄は現在時とひとつながりになっているのだ。言い換えれば、未来と現在とはひとつながりなのだ。そうだとするなら、未来の事柄を言い表すのに、なにゆえわざわざ現在と未来とを（形態面でも明瞭に）区分する未来時制なるものを作った上で、それでもって表現し分けたりする必要があろうか。未来が

必然的に現在となる以上、未来はいわば現在の圏内に入るものとでも言おうか、大きくは現在に包摂されるものであってみれば、未来の事柄の表現に現在形を用いたとて何の不思議もない。それにまたどうしても未来時の事柄たることを明示したければ、未来に関わる副詞その他の要素で十分に事足りるはずだからである。他方、現在形が基本的には現在に関わる事柄を表す形態である点は、ゲルマン語がこれを印欧祖語から受け継いだそのままに変わりはない。以上からして、ゲルマン語における時間観にあっては、現在および未来の行為・出来事等はすべて現在形ひとつで表現し得るのであって、かつまたそれで何の不自然さも感じられなかったに違いない。

　それなら次に、過去時の事柄の表現はどうなるだろうか。……過去に属する事柄のすべてが一括して、ただ1つの過去形で言い表されるのもゲルマン人の時間観からさして無理なく説明がつく。なぜなら、現在時点を通りすぎた時間は不可逆的に過去の彼方へと流れ去っていって二度と再び現在へは戻ってこないのだから、この時間の流れの上での過去の事柄・出来事は、それがいったん生起した後でなお現在へと関わってくることなど決してありえない。つまり、本来的にそうした意味合いを持つところの現在完了時制は、基本的に成り立ち得ないのである。同様にある過去時点よりも前に生起した事柄が時間の流れに逆ってその過去時点へと関わってくることもあり得ないのだから、過去完了時制もまた成り立ち得ない。そうしてまた、このように完了が成立し得ない以上、それと対をなして初めて意味をもつ不完了過去が成立しえず存在しないのもむしろ当然のこととさえ言える。さらに言うなら、完了・不完了のアスペクト的対立がなくなれば、そうした「アスペクト的対立を離れ、動作を全体として表すもの」としてのアオリスト（不限定過去）もまた存在理由をなくしてしまう。

　このようにして結局のところ、印欧祖語に見られた過去完了・不完了過去・アオリスト（不限定過去）・現在完了という、過去の事柄に関わる4つの時制は、ゲルマン語ではただ1つの「過去形」に収斂させられることとなる。このように完了・不完了のアスペクト的対立の表現がなくなって、過去の「時」の表現のほうに重点が置かれる「過去形」1つに絞られたということは、一面では確かに「アスペクト退潮の結果」と見なせなくもない。しかしそれは決して

泉井氏が指摘するところの、印欧語一般における（法→アスペクト→時制と
いった）言語発達史的な移行による現象とは趣きを異にしているのである。な
おついでながら言いそえておくと、ゲルマン語（およびその後の古代高地ドイ
ツ語）でも、どうしても完了の意味合いを表現したい場合には、動詞の前に
ga-（＝ge-）を添えることによってその必要を満たしているし、また継続・反
復などの不完了過去と「動作を全体として表すもの」としてのアオリストとの
区別にしても、動詞の文法形態以外の別の要素から十分分かるようになってい
るので[5]、過去形ひとつきりに収斂したからといって実際に困ることはなかっ
たのである。

　いずれにせよ、時とは未来から過去に向かって直線的かつ不可逆的に流れ去
るものだと見なしていたのがゲルマン語における時間観だと把えるときには、
ゲルマン語が過去の事柄すべてを一括「過去形」で表現したこともごく自然な
こととして納得されるのである。……以上のようだとすると、未来と現在の事
柄のいずれもが「現在形」で言い表されたことと考え合わせて、ゲルマン語に
あっては、それまでの印欧祖語の豊富な時制組織が、現在形と過去形のただ2
つきりの単一形態に収斂したことについて、ごく自然な事象として了解され得
るのではあるまいか。

Ⅲ．未来・現在・過去という単語に見る時間観的原義について

　上述のごとく、ゲルマン語における時間観が、未来から現在を通って過去へ
と直線的に流れ去るものだとする前提に立ったとき、その2時制組織がさして
無理なく説明し得たのであるが、それならこの前提そのものがはたして妥当な
ものかどうかという点を、まずは言語的な側面から検討してみることにしたい。
そしてそのためには、時間に関わる未来（Zukunft）、現在（Gegenwart）、過去
（Vergangenheit）という単語が、もともとどのような意味合いを持っていた
のかということを調べてみるのが最もてっとり早い方法であろう。なぜなら、こ
れらの単語の古い形態の中には当然のことながら、ゲルマン人たちの時間意

識・時間観が残映としてその痕跡をとどめているはずだからである。……そのようなわけで、まずはグリム大辞典においてこれらの単語の原義に順次あたってゆこうと思う。が、その前に少し断っておくと、相良守峯氏も指摘しているように、ドイツ語の場合、「空間的概念と時間的概念との交錯は頗る多い。ドイツ語の時間的表現は大部分空間的概念を借り来ったものと言って過言ではないであろう」[6] という点である。考えてみれば、時代を古く遡るほど可視的な空間の方が不可視的な時間に先んじて意識化・概念化されるのはごく自然なことである。そのために空間的概念が後、時間的概念に転用されるケースも多くなるわけで、そのことは同時にまた、その単語の持つ空間的意味合いがほぼそのままに時間的意味合いとしても通用し得ることを意味しているのである。なおもう一点は、単語によっては名詞よりも先に形容詞が生まれて、そこから名詞が形成される場合があるが、いま取り上げようとする未来、現在、過去という単語（名詞）はいずれもそれにあたるので、その時間的意味についても主に形容詞を検討することになる点をも前もってお断りしておきたい。

(A) 未来（Zukunft）について

　Zukunft（未来）の古高ドイツ語（Althochdeutsch, 略：Ahd.）はzuochumft、中高ドイツ語（Mittelhochdeutsch, 略：Mhd.）はzuokumftといい、その本来の空間的意味は 'herankunft'、'ankunft' であって、「向こうからこちらへやって来るもの」の謂である。そしてその形容詞 zukünftig（Ahd. zuochumftîg, Mhd. zuokünftic）も本来は空間的意味において（つまり、'herankommend' ＝「向こうからこちらへやって来ている」との空間的意味で）使われていたのだが、それが時間的意味に転用されるようになると、やがて時間概念としての使用のほうが顕著になってくる。そしてより古い言葉において純粋に時間的な用法と解せる場合には、それは 'das kommende, bevorstehende, drohende'（＝「やって来るもの、間近に迫ってくるもの、迫り来るもの」）との意味を表す。そうした用例がいくつか紹介されているが、そのうちの1例のみを挙げると――

　　ir natirn geslechte, sprach er, wer sol oder wer mach uch gewisen daz ir intphlihet den zucunftigen zorn des almechtigen gotis? (evangelienb. d. Matth. v.Beheim; altd. pred. 1.336. Schönb.)

これはルカ伝第3章7節に相当する個所で、ルター訳およびその口語訳では次のようになっている。

Ihr Ottergezüchte, wer hat denn euch gewiesen, daβ ihr dem zukünftigen Zorn entrinnen werdet?
まむしの子らよ、迫ってきている神の怒りから、のがれられると、おまえたちにだれが教えたのか。

このように古代ドイツ語を通して見られる「未来」(Zukunft) のもともとの意味がZukommen (＝Herankommen) (＝向こうからこちらへやって来るもの) だとすれば、古代ドイツ語にそのような意味を持たせたそのもとのゲルマン語 (人) の「未来」もまた、向こうからこちらへ迫ってきているものというふうに把えていたことはほぼ確実であって、したがって時間の流れをもまた未来から現在へ向かってくるものと見ていた、と見なしてまず間違いあるまい。

(B) 現在 (Gegenwart) について

これはゴート語 (≒ゲルマン語と見なして差し支えなかろう) では、形容詞 andvairþs (＝gegenwärtig)、副詞 andvairþis (＝gegenüber)、名詞 andvairþi (＝gegenwart) と言い、これらにおけるand-はgegen-と同じであって、Ahd.では geginward, geginwart (＝gegenwärtig) の方が優勢になってくるものの、それでもその初期のころにはまだ古い形の antward, antwart も散見されるという。このAhd.の形容詞 geginwart には他に gegenwarti, kakanwarti, gagenwerte などの別形もあるが、いずれも 'gegenüber' の意を持つ。そして「この 'gegenüber'（＝向かっている）の意味合いは、'in meinem gesichtskreis gegen mich gekehrt oder gegen mich herkommend' (＝自分の視界のうちにあって自分の方に向かっている、ないしは自分の方に向かって来ている) との本来的な概念をそのままに表示するものなのである。すなわち、gegen 同様、Ahd.の gagan がもともとすでにそれ自身で 'gegenüber' の意を持つものなので、それゆえ geginwart, gaganwart は、単一の単語（＝gagan）の意味あいを明瞭にする鮮明化のために、wart（＝gewendet 向けられた）が添えられたもののように見える」としている。

このように、「現在」(Gegenwart) のもとの形容詞 geginwart の原義が、「自分の視界のうちにあって自分のほうに向かってくる」というものであり、したがってその時間的原義がまた、「向こうからこちらへやって来る」との意味を持つものであるからには、ゲルマン語（人）の時間意識が時間とは未来から現在に向かってやって来るものだとの見方に立脚していたことは、もはや疑う余地のないところとなる。そしてこの時間が、現時点を通りすぎたあとは過去のかなたへと不可逆的に流れ去るものだとすることも（次に検討する「過去」において）これまた明白になることと考え合わせると、ゲルマン人が、時間とは未来から過去へと直線的に流れ進むものだとの時間観を抱いていたことは、もはやまがうことのないものとなる。

ところでしかし、こうした「未来→過去型の直線的時間観」の存在を認めざるを得ないとなると、キリスト教的な「過去→未来型の直線的時間観」に洗脳された者の観点からすれば、同じ直線的時間観でありながら全く逆方向の時間観が存在することとなるわけで、なんとも矛盾したことであろう。それでも言語学的にはどうしても、ゲルマン語（人）の時間観は「未来→過去型」のものだとせざるを得ないのだ。そして、かかる筆者の見解ないし（ドイツ語の時制変遷を考えてゆく上での）この前提そのものの妥当性に対する有力なバックアップともなる意見が、ありがたいことに他ならぬグリム大辞典中のGEGENWÄRTIGの項（Ⅱ、5、C）に見いだされるので、その主要部分を引用紹介しておきたい。……「しかし時間概念そのものがまたもともと2つの側面を持つものなのである。なぜなら、それはまた未来的なものからも出来してくるものだからである。我々にとってはさしあたり不可解な矛盾となることだろう。つまり、我々すべての者の身に迫っている、とは要するに、我々の方へやって来ている時間といったものは。がそれはただ、そうした意味内容の時間なるものはもはや証明され得ない、とする観察結果のせいにすぎない、ということだってありうるのだ。……ゴート人たちは、andvairþsとanavairþsとを

gegenwärtig（現在の）とzukünftig（未来の）として区別していた。例えばロマ書8章38節で nih andvairþô ni anavairþô ［＝weder Gegenwärtiges noch Zukünftiges, 現在のものも、将来のものも……ない］となっているが、これはすなわち、すでに私のほうに向かってきているもの（＝現在）と、これからやっとこちらへ向かって来るところのもの（＝未来）との謂なのである。……これによってかの矛盾は解決する、つまり gegenwertig（現在の）とはもともと 'mir zugekehrt'（自分のほうに向けられた）との意たることで。その際、なお動きの中にあるのか、それとも自分の前に到着してすでに静止の状態にあるのかどうかといったことは本来どちらでもよいことなのだ。なぜなら、その両者ともがもともと gegen のなかにも wart のなかにも含まれているからである。」……以上ですでに、ゲルマン語（人）の時間観が「未来→過去型」のものだったとする筆者の見解の妥当性も認めてもらえたものと思うのだが、念のため「過去」についても見ておくことにしよう。

(C) 過去(Vergangenheit)について

このVergangenheitという名詞は、動詞 vergehen の過去分詞 vergangen（一種の形容詞）に名詞化のための接尾辞-heitがついて作られたものである。したがって、「過去」において見られるゲルマン人の時間観は、もとの動詞を検討することで明らかになるはずである。……さてそれで動詞vergehen（過ぎ去る）だが、これの Ahd. は fergân または fergangan, Mhd. は vergân または vergên。その過去形は Ahd. farkiank, Mhd. vergienc, 過去分詞は Ahd. fergangen, Mhd. vergangen。これらはいずれも前綴りverの付加によって単一語のgehen（行く、去る）がその持つ意味を強化されたものであり、「去って行く」という意味合いの gehen が、この複合によって 'vollständig schwinden, zu grunde gehen'（すっかり消え［過ぎ］去る、滅ぶ［死ぬ］）という意味になる。Mhd.からの１例をあげると、

　　　diu sunne diu <u>vergienc,</u> die sterne spielten sich! die helle wart beroubet, in dem tempel reiz sigel von obene ze tal. minnes. 3, 95^b

太陽(それ)は沈み去り、星々がまたたいていた！　光は奪われ、神殿の帷が切れおちた

ここにおける vergienc は、すっかり沈み去った太陽が、光りを放っていた先ほどまでの状態へ逆戻りしてくることは決してあり得ないとの空間的・可視的な意味を表していると同時に、いったん日没のかなたへ過ぎ去った時間は決して現在へと逆戻りすることはないとの時間的意味をも表しているのである。このように vergehen もまた、空間概念が時間概念に先立つのだが、しかし時代とともに好んで時間概念として使われるようになる。

　それゆえにこそ vergehen に、(a) 滅ぶ、(人間の場合) 死ぬ、(b) 忘れられることや無視によって (記憶から) 消え去る、といった意味用法がでてくることも納得される。煩をさけていま (a) の 1 例のみをあげると、

　　und jr ubrigen vergehen und sterben auch unversehens.
　　皆悟ること無くして死にうす（ヨブ記、4、21）

いったん死に失せたが最後二度と再び生き返ることはない……それが、イエスの復活という人間の常識では考えられない事（実）を信仰の中心とするキリスト教導入以前の人間にとっての、ごく自然な感覚だったはずである。言い換えれば、キリスト教の信仰を通して——とはつまりは、過去のある時点に死んだ者が 3 日後の現在においてよみがえったという事（実）を信ずることに他ならず、そしてその信仰はとりもなおさず、時間とは過去から現在へ、そして未来へと流れ進んでゆくものだとする時間観においてこそ成り立ち得るものなのだから、その意味で——まさしく時間の流れの方向を逆転させられることになるそれ以前の人間にとっては、死者とは時がたつほどに死のかなたへ、忘却の淵へと押し流されてゆくものだとする時間意識の方が、別言すれば、時間とは現在から過去へと流れ去ってゆくものだとする時間意識の方が、むしろずっと自然だったのである。

　そしてまた時間の流れの方向のこの逆転化によって初めて、本来は現在から過去へ流れ去るとの時間意識で使われていた vergehen がやがて vorgehen（前へ進む、前進する）の意味で使われ出すことの理由も理解できるのである。すなわち、「前綴り ver の意味が弱められて、hinweggehen und dadurch verschwinden

（去って行って、そしてそのことで消え去る）との意味の代わりに、hinweggehen und dadurch vorwärtsgehen, vorschreiten（去って行って、そしてそのことで前方へ進む、前進する）との意味が出てくることになる。1例をあげると：wann die frow Elisabet was unberhaft <u>vergangen</u> in iren tagen. heil. leben（1472年）（なぜなら妻エリザベツは石女のままに年老いていたからだった。）時としてvergehen は、前綴りがさらに弱められて、我々が今日使う vorgehen と同じ意味になることがある。」引用文中の中世末期の例文では、同じ vergehen が使われていながら、その時間の流れがすでに「過去→未来型」のものになっていることはもはや何らの説明も要さぬだろう。

　ともあれ以上見てきたところから明らかなように、キリスト教化される以前のゲルマン語（人）の「過去」に対する時間観は、時とはいったん現在時点を通り過ぎた後はもはや不可逆的に過去のかなたへと流れ去ってゆくものだとの意識において成り立っていた、と見なして間違いないであろう。そして先に検討した「未来」「現在」と考え合わせて、ゲルマン語（人）における時間意識・時間観は、時とは未来から現在を通って過去へと不可逆的・直線的に流れ進むものだと見なすものだった、とする筆者の見解ないし前提も以上でひとまず了解していただけたものとしたい。……それで次にはこの前提をふまえて、まずゴート語の時制を、そしてその後、古代ドイツ語から中世ドイツ語への時制の変遷過程を、検討してゆくことにしよう。

Ⅳ．ゴート語の時制とゲルマン的時間観

　ゴート語は、言うまでもなくゲルマン語の中のいわば一方言にすぎず、これをもってゲルマン語を代表させることはむろんできない。しかしそれでもゲルマン語を直接的に知り得る最古の文献としては、僧ウルフィラ（311-383）[7] によるギリシア語聖書からのゴート語訳断片がほとんど唯一のものなので、今のところはひとまずゴート語をゲルマン語の代理としておこう。

　さてそれで、すでに見たようにゲルマン語の時制組織が現在形と過去形のみから成り立つ以上、ゴート語もまた基本的には、時制面でこれら2つの文法形

態しか持たぬことは言うまでもない。したがって、原本におけるギリシア語の多様な時制も、可能なかぎり現在形と過去形の2つの形態に集約される形で表現される。すなわち、未来ないし現在に関わる事柄は現在形で、過去に関わる一切は過去形でもって。そしてこれら2つの文法形態をもってしてはどうにも、もとの時制の意味合いが移し得ないとか、または誤解を招く恐れのある場合にのみ、然るべき工夫がなされるのである。

(A) 未来の事柄の表現について

(ゴート語にあっては、現在の事柄が現在形で表現されるのは当然のことゆえ、これはいま問題としない。)

未来の事柄であっても、誤解の恐れのない限り、未来時の事柄たることへの特別な示唆のないままに、現在形が使われる。例：

ahma weihs atgaggiþ ana þuk, jah mahts hauhistins ufarskadweid þus
  Geist heilig   zugeht   an dich, und   kraft des Höchsten   überschattet   dir

(Der heilige Geist wird über dich kommen, und die Kraft des Höchsten wird dich überschatten.)

聖霊があなたに臨み、いと高き者の力があなたをおおうでしょう。(ルカ伝、1、35)

引用文中のatgaggiþ (＜ atgaggan = zugehen) および ufarskadweid (＜ ufarskadwjan = überschatten) は、それぞれギリシア語の $\epsilon\pi\epsilon\lambda\epsilon\acute{u}\sigma\epsilon\tau\alpha\iota$ (中動相・直・未来、3、sg.)、$\epsilon\pi\iota\sigma\kappa\iota\acute{\alpha}o\epsilon\iota$ (能動相・直・未来、3、sg.) を現在形で言い換えてしまっているわけである。

praufetus hauhistins haitaza
  prophet des Höchsten (du) heiβt

(du wirst ein Prophet des Höchsten heiβen.)

あなたは、いと高き者の預言者と呼ばれるであろう。(ルカ伝、1、76)

この文でも $\kappa\lambda\eta\theta\acute{\eta}\sigma\eta$ (受動相・直・未来、2、sg.) が haitan (＝heiβen) の現在形 haitaza ですまされている。

それならこうした現在形による書き換えの基準はどこにあるのかということ

になるが、それに関してベハーゲルは次のように述べている。「現在形が未来の表示に適っていると見なされるかどうかは、一部は話者の把握の仕方にかかっている。つまり、話者が行為（事柄）の生起を確実視すればするほど、それだけいっそう話者は現在形を使用することになる。」[8] ベハーゲルのこの指摘自体は、ゲルマン語のみならず現代ドイツ語についても当てはまることであって、まさしくそのとおりである。しかしここで、ゲルマン語（人）の時間観が「未来→過去型」のものだったことを想起するならば、未来の事柄は（特別の事由のない限り）、未来から現在へと向かうこの時間の流れにしたがって、早晩かならず話者の立脚点たる現在において現実のこととなる。言い換えれば、ゲルマン人たる話者にとっては、未来の事柄の生起はいわば常に確実視されている。まさにそのことこそが現在形の書き換えの基準になっている、とする方がより正しい見方ではあるまいか。

　そしてウルフィラが、キリスト教の司祭としてキリスト教的時間観の洗礼を受けていたとしても、それでもいまなおゲルマン語（人）の時間観のただ中にいた以上、それの強い影響下・支配下にあったことは想像に難くない。すなわち、話者ウルフィラの（とはゲルマン人一般の時間観による）「把握の仕方」からして、未来の行為・事柄の生起はまずもって確実視されただけに、それだけいっそう現在形が使用されることになったということなのである。要するに「ゴート語にあっては、未来の意味における現在形の使用がなお全く一般的であって、迂言法の適用はごくわずかな例外にすぎない」[9] ということなのだ。

　それでも他方必要に迫られて、2つの部分からなる表現法（＝迂言法）を使う場合には、duginnan（始める）あるいは haben（持つ）と不定形との組み合わせという形を用いている。各1例のみあげておくと：

wai izwis hlahjandans nu, unte gaunon　　jah gretan　　duginnid
weh　euch　lachend　　nun, denn (zu) heulen und (zu) weinen　(ihr) beginnt
（Weh euch, die ihr hier lachet! denn ihr werdet weinen und heulen.）
あなたがた今笑っている人たちは、わざわいだ。悲しみに泣くようになるからである。
（ルカ伝、6、25）

上文では、笑っている「いま」（nu）——という現在を表す副詞——に対して、悲しみ泣くようになる未来を対照的に表現することが問題となっているのだから、後半はどうしても未来表現にせねばならず、ために「悲しみ泣くことを始める」とすることで、その工夫がなされているのである。

> þatei tauja jah taujan haba
> daß (ich) tue und (zu) tun habe
>
> （Was ich aber tue und tun will,）
>
> わたしが現在していること、また今後することを、（コリント後書、11、12）

これはギリシア語の ὅδε ποιῶ καὶ ποιήσω を訳したものだが、ここでウルフィラは、ποιήσω なる未来形にその代理となるゴート語の現在形をあてることはできなかった。なぜなら、それだと2つの現在形が並ぶことになって原文の現在（ποιῶ）と未来の対照がでてこなくなるからだ。そのため「することを持つ」との未来代用の表現工夫をしているわけである。

なお稀にskulan（＝sollen）を未来時制の助動詞に用いてる場合がある。1例：

> Xristaus Jesuis, saei skal stojan giwans jah dauþans
> Christus Jesus, der soll richten die Lebendigen und die Toten
>
> （Jesus Christus, der da zukünftig ist, zu richten die Ledendigen und die Toten
>
> 生きている者と死んだ者とをさばくべきイエス・キリスト（テモテ書、4、1）

skulanと不定形とで未来表現とした場合には、やはりskulan（～すべし）の原義が出てきて、その未来の事柄が必然的に生起するといったニュアンスが加わる。あるいは逆に、必然的生起たることを表現したい場合にはこの形態を用いる、といってもよいかもしれない。

(B) 過去の事柄の表現について

先に見たようにゲルマン語では、過去の事柄はいかなるものも過去形ひとつで言い表されたが、そのことはゴート語についてもそのまま当てはまる。すわなちゴート語においても、「単純過去がそもそも過去におけるいかなる事実を

も、つまり、状態をも出来事をも、表すのである。その際、過去の事実が現在にまで作用を及ぼしているのかいないのか、また過去の事実が別の過去の事実に対して関係をもっているのかそれともそれだけで自立しているのかどうかといったことは、まったくどうでもよいことなのだ。」[10] こう述べた後、ベハーゲルは、ギリシア語原文が過去形（アオリスト、未完了過去）のものはもちろん、現在完了形でも過去完了形でもいずれもすべてゴート語では「過去形」（＝単純過去）ひとつで表現されていることを、実例をあげて示してみせている。

ただし1つだけ例外的に完了形と解されるものとして、ルカ伝第5章17節の wesun gaqumanai（＝waren gekommen）の存在を指摘している。これはルター訳で、

und es saβen da die Pharisäer und Schriftgelehrten, die da gekommen waren aus allen Märkten in Galiläa und Judäa und von Jerusalem.
（ガラリヤやユダヤの方々の村から、またエルサレムからきたパリサイ人や法律学者たちが、そこにすわっていた。）

となっている個所に出てくるものである。確かに、そこにすわっていた（＝saβen、過去形）パリサイ人や法律学者らは、それ以前に諸方からやってきた（＝きていた＝gekommen waren）わけだから、現代ドイツ語の感覚でならここは当然「過去完了形」であって、実際ルターもそうした時間意識において使っている。しかしながらウルフィラが、この1個所においてのみゲルマン語（人）一般の時間観をキリスト教的時間観に逆転させた上で、過去以前のことだから「過去完了」表現にしようとした、ないしは原文の過去完了をそのまま訳出しようとした、と解することにはやはり無理がある。筆者としてはここは、gaqumanai＝gekommen＝die Gekommenen（来た人たち）の意味合いであって、ルター訳に即して言うなら、

die Pharisäer und Schiftgelehrten, die da die Gekommenen waren aus allen Märkten in G……

とでもなるものと解したい。すなわち、「……から来た人たちであったパリサ

イ人や法律学者たちが、そこにすわっていた」ないしは「そこにパリサイ人や法律学者たちがすわっていた、でその人たちは……から来た人たちだった」との意味合いにおいてウルフィラはこの過去分詞を使ったものと解釈したいのである。というのも実際、次の古代ドイツ語時代に入るや特徴的に出てくる完了形はその当初において、過去分詞は名詞相当語として意識され使われていたのであってみれば、ルカ伝のこの個所の gaqumanai もまたそうした名詞相当の語と受けとめるほうがむしろ自然なように思われるからである。

　ともあれ、こうした Ahd. 当初の完了形の、そのはしりとも見なし得るゴート語のこの1例は、後の、とはキリスト教的時間観の洗礼を受けた後での完了形とはその内実を異にするものだが、それでも文法形態面では完了形の原型とも考えられる点で興味深い。ただしこれがゴート語における過去表現の例外的形態たることには変わりないのであって、要するにゴート語では、単純過去ひとつで過去時の一切が表現されたということであり、未来表現においていろいろに試みられていた迂言法的な言い方（完了形の場合だと、haben または sein＋過去分詞）はいまだ全く見られなかったと言いきって差し支えないのである。そしてそのことは、「ゴート語にあっては過去形が、ギリシア語の4つの過去時制すべてを再現しえることを、グリムは証明してみせた」[11]とのハンス・クレーガーの一文によっても裏付けられるところである。

Ⅴ．古高ドイツ語の時制におけるゲルマン的時間観の優位

　古高ドイツ語（Ahd.）時代とは一般的には750〜1100年の期間を言う。それ以前の時期をモーザーは〈先ドイツ語時代〉[12]と呼んでいるが、これはゲルマン族の民族移動が終わってフランク王国が建設された450年ごろから、この王国が拡大してゆくことによって、ドイツ語が生成してゆくその基礎の置かれた時代（およそ750年まで）を指している。ただこの時代のドイツ語で書かれたまとまった文献がないため、言語史的には古高ドイツ語がゲルマン語に継ぐものとなる。

　ところで古高ドイツ語時代の特色をあえてひと言で言うとしたら、それはラ

テン語・ラテン文化とキリスト教の強い影響下にあった時代といってよいだろう。そのことは古代ドイツ語の代表的文献を一見しただけでも分かるところである。当時ドイツ（フランク王国）は、文化的にはラテン文化と肩を並べることができず、ためにほとんど一方的にラテン文化を（ラテン語を通して）取り入れる形にならざるを得なかったのだ。が、それがまたキリスト教と抱き合わせだったために、当時の文化活動が新来のこの宗教と非常に深い関係を保つことになったのである。つまりこれを言語面からいうと、「初期ドイツ語（＝古高ドイツ語）は教会や修道院の言語であり、初期ドイツ語の翻訳家や詩人は修道者や聖職者であった。」[13]「教会、僧院、僧侶などの手によって、ラテン語の語彙表現がドイツ語に取り入れられた。ことにラテン語文献のドイツ語訳は、最初は直訳体が盛んであった。そのためドイツ語の文法も文体も相当に変わらざるを得なかった」[14] ということになる。それをドイツ語の時制の面から言うと、整然たる文法体系を持つラテン語を模範として、自らの時制組織をととのえてゆこうとする試みともなったのだった。そしてそのことから、それまでに存在した現在形と過去形とはその用法を基本的に受け継ぎながらも、より明確・正確に「時」の関係を表現する必要のあるときには、迂言法による未来表現とか完了表現とかの形式を用いるようになっていったのである。

　このようにラテン語とキリスト教の強い影響を受けたのではあったが、それでもこの古高ドイツ語時代にあっては、いまなおゲルマン語（人）から受け継いだ「未来→過去型の直線的時間意識」〔これを以後「ゲルマン的時間意識」と呼ぶことにする〕のほうが主導権を持っていたのであって、したがって新しい未来形にしろ完了形にしろ、なおいまだ形成に向けての試行段階にあったと言ってよい。言い換えれば、それらが形態・用法ともに現在のドイツ語の時制に直結するものとなるためには、キリスト教の完全浸透（と機械時計の開発と）によって、ドイツ人の時間意識そのものが「過去→未来型の直線的時間意識」〔これを以後「キリスト教的時間意識」と呼ぶことにする〕へと180度転換する、あるいは転換的に入れ替わることになる次の中高ドイツ語の時代まで待たねばならなかったのである。それは後で検証するとして、ここではまず古高ドイツ語における未来形と完了形とについて見てみることにしよう。

(A) 古高ドイツ語の未来時制

　この時代にあってもゲルマン語におけると同様に何らかの要因でそれが未来の事柄だと分かる限りは、現在形の表現ですまされた。別言すれば、未来の出来事たることを明示する必要のあるときだけ、助動詞 scolan（＝sollen）または wellen（＝wollen）と不定形との組み合わせという形式が用いられたということである。しかも「この方法はまたしばしばラテン語の未来形を再現するために古高ドイツ語の翻訳者たちによって用いられたものなのである。」[15] それならば何故に、必然性の意味合いを持つ sollen とか、意思・意図を表す wollen が未来表現の助動詞として用いられたのであろうか。それは、当時のドイツ人の時間意識がいまなお「未来→過去型」のものだったところにその根本理由がある、とするのが筆者の見解である。すなわち、未来から現在へと向かってくる時間の流れにあっては、未来の出来事・事柄は早晩必然的に現実のものとなって生起せざるを得ない。あるいはまた、出来事・事柄の側からすれば、それの生起を意志し意図しているかのごとくに思える。こうした必然性ないし意志・意図の感覚が sollen、wollen という助動詞を選ばせたのである。そのことは 3 人称（ないしは 3 人称相当の語）が主語の文において最も端的に見てとれるが、2 人称主語、1 人称主語の文にももちろんこの感覚は及ぶ。ほんの 2、3 例をあげると、

(1) miin gheist scal wesan undar eu mittan（Isid. 17, 12）[16]
　　mein Geist soll sein unter euch mitten
　　わが霊汝らのただ中にあらん

(2) er scal sinen druton thrato gemunton; then alten satanasen wilit er gifahan
　　er soll seinen Trauten sehr beschützen; den alten Satan will er gefangen.
　　(O. I, 5, 52)
　　彼は彼らの友らを大いに守らん、かの老獪なサタンを彼はつかまえん。

(1) では、わが（キリストの）霊が汝らのまっただ中にいるだろうことは動かしようのない必然なのである。(2) では、彼が自らの友らを守るだろうことは当然のこと、必然的なことなのであり、またサタンをつかまえるであろうそのことへの意志が読みとれる。

(3) nu sculun gi an thana sið faran; thar sculun gi arƀidies so filu tholon（Hel.
　　 nun sollen Sie an den Weg fahren; da sollen Sie Kummer so viel dulden.
　　1888）
　　いまや汝は旅の途にのぼるだろう、そこで汝は多くの苦しみに耐えるだろう。

(4) Ok scal ik iu cuðien, huo her wili craftîg fiund umbi iuwan hugi niusien.
　　 auch soll ich euch kundigen, wie hier will kräftig(er) Feind um euer Geist versuchen
　　（Hel. 4657）
　　またわれらは汝らに言わん、ここにおいて強力なる敵がいかに汝らの魂をまどわさんとしているかを。

(3)では、旅の途に上るのが必然のことであり、かつその sollen が 2 人称主語に用いられると、「旅の途に上るべし」といった命令的な意味合いをも持つことになる。また旅の途上で遭遇する苦難はこれまた避け得ぬ必然として身に迫ってくるものである。

(4)では、われが汝らに知らしめんとすることは避けがたい必然であり、他方敵の惑わしにはまたそれなりの意志・意図が読みとれるのである。

　以上のわずかな用例からでもすでに理解いただけることと思うが、なお念のためにベハーゲルの文を引用しておこう。……「すでに古高ドイツ語の時代に未来を明確にあらわそうという要求が起ってきた。この目的のために sollen を用いてそれを不定詞と結合させた：ich scal（＝soll）lesan＝ich werde lesen. つまりある出来事がやがて生起しようとしていることを〈その生起が求められている〉と述べることによって表現したのである。」[17] 未来での出来事は、未来から現在へと向かう時間の流れにしたがう限り、やがて必然的に現実のものとなる。言い換えれば、必然的に〈その生起が求められている〉のだ。もし仮に古高ドイツ語時代の時間観が、時間とは過去から未来へ直進してゆくものと見なすものであったとするなら、未来の出来事はその時間の流れにしたがって未来のかなたへと遠のいてゆくわけだから、その生起は確かめられぬと同時に、必然的なものとして〈その生起が求められる〉必要もない。このことを逆に言い直せば、古高ドイツ語の未来表現に sollen という必然性の意味合いを持つ助動詞が使われていたということは、それはとりもなおさず、この時代の時間意

識としてはいまなお、ゲルマン語（人）のそれを引き継ぐところの「ゲルマン的時間意識」の方が主導的・支配的だった、ということを端的に物語るものに他なるまい。

(B) 古高ドイツ語の完了時制

　古高ドイツ語時代は、なおゲルマン語以来のゲルマン的時間意識・時間観が支配的な時代であって、したがって時制も基本的には現在形と過去形の二元組織であった。つまり「形態的に独立していたのは現在と過去だけであった」[18]。だから原則としては過去形ひとつで過去のすべての事柄を表現したのであって、新高ドイツ語（Neuhochdeutsch., 略：Nhd.）で言う現在完了、過去、過去完了をいわば総括していたのである。そして完了表現の必要がある場合には、例えば——ik gihôrta dat seggen（＝ich habe gehört das sagen、私はそれが言われる（た）のを耳にした。『ヒルデブラントの歌』[19]）というふうに、動詞（上例では hôren の過去 hôrta）に前綴り gi-（＝ga-、ge-）をつけて表した。こうした用法に関してパウルは、「ゲルマン語においては、ga-（Nhd.のge-）が完了化の機能を大いに獲得していた。このga- は当の機能を中高ドイツ語の時代にいたるまでも確保することになる」[20] と述べている。しかしそれでも行為の完了を示す形態としては、Ahd. 時代にはむしろ haben または sein と完了分詞（＝過去分詞）との組み合わせによる迂言的な完了時制の方が一般的になってくるのである。

　この迂言的な完了時制ももちろんラテン語を範とし、ラテン語翻訳に際してその時間表現の意味合いをドイツ語に移そうとした結果つくられたものである。そのようにドイツ語側が摂取に努めたラテン語・ラテン文化は、しかしそれが同時にキリスト教と抱き合わせのものだったのだから、この完了時制がまた当のキリスト教の時間観と裏腹の関係にあったこともまず間違いないところである。つまりそれは本来的に、それまでの「過去形」の機能の一部を分担する任務を帯びていたのである。

　ところが Ahd. 時代にあってはいまなおそれまでのゲルマン的時間観が支配的だったがために、この迂言的な完了時制の形態をも、自らの時間観とそれに

依拠する二元組織の枠内に組み入れる形で把えようとしたのである。例えば、(1) er ist gestorben (2) er hat etwas gefunden という文においては——二元組織では時制は「現在」と「過去」しか存在しないのだから——時制的には (1) は ist (〜である) (2) は hat (〜を持っている) で、いずれも「現在」なのである。そして (1) gestorben は「死んだ状態で」の意味のアスペクトと解される。つまり、gestorben とか gefunden とかの完了分詞は完了のアスペクトを表すもので、過去という時を示すものではないのである。したがって、(1) は「彼は死ん(だ状態)でいる」、つまり「彼は死んである」(er istein Gestorbener) ということにすぎないのであり、他方 (2) は、「彼はある物を見つかった状態で持っている (所有している)」(er hat, besitzt etwas als gefunden)、つまり「彼はある見つけた物を持っている (所有している)」(er hat, er besitzt etwas Gefundenes) ということを意味し、またそういうふうに解されたのである。このことは、形態的には過去完了になっても事情は同じである。つまり (3) er war gestorben ＝ er war ein Gestorbener であり、(4) er hatte etwas gefunden ＝ er besaβ etwas Gefundenes なのである。要するに、ゲルマン的時間観における時の概念から見れば、とはつまり時間的に見れば、(1)(2) とも「現在」なのであって、決して"過去"ではないということ、また (3)(4) は"過去より以前"ではなく「過去」だということなのである。

ちなみに、(2) の例のように haben が現在時における「所有」を表していることの最も端的な証拠は、この haben の代わりに「所有している」という意味の eigan という動詞が用いられているという事実である。ほんの 1、2 例のみあげると：

(5) ir den ckristânjun namun intfangan <u>eigut</u>（MSD. I, 200, 2（Exh.））
　　ihr den christlichen Namen empfangen habt

(6) Wir <u>eigen</u> gesundot（N. II, 451, 16）
　　Wir haben gesündigt

(5) は Ahd. でも初期の 8 世紀の例だが、「君たちはキリスト教徒たるの名を受けいれてそれを現在所有している」との意味合いが強い。(6) は、4 格目的語 (＝主語の所有の対象物) を欠く動詞にも (助動詞としての) haben (eigan)

の使用が及んでいった例だが、この11世紀の用例でも eigen によって、罪を犯したことを自分たちが今も痛みとして持っているとのニュアンスが感じられる。……こうした eigan を助動詞とする文において明確に見てとれるように、迂言的な現在完了時制は、ゲルマン的時間意識に立つ限り、あくまでも現在「～された状態である」あるいは「～されたものとして持っている（所有している）」との意味で解され、またそのような使い方がされていたということなのである。そしてこの eigan は一般化することなく、その後 haben に吸収されてはいったのだが、それでもなお後の中高ドイツ語の時代においてさえ、ゲルマン的時間意識に立つこの（eiganの意味を含む）haben が、現時点での「所有」を主張している用例にしばしば出くわすのである。

　それはさて、ゲルマン的時間意識にあっては、時間とは未来から現在へと向かってきて、そして現在を通りすぎると後は過去へと流れ去ってゆくものであった。こうした時間観にあっては、人間があくまでも現在に生きるものである以上、その現在に大きく作用する「未来」の方が（通りすぎた後はもはや原則的には現在と関わりを持ち得ぬいし意志の対象とはなり得ぬ過去などよりは）はるかに重要な意味を持つ。ために人間の意識は過去よりもむしろ未来に向けられ、未来が重視されるのだ。そして自らが重視しているものは、あくまでもこれを自らの支配圏内にとどめおこうとするのが古今東西を通じての世の常である。そして Ahd. の時代はいまなお全体としてゲルマン的時間意識の方が支配的な時代だったのだから、そこでの未来表現の形態としては、他ならぬこのゲルマン的時間意識に依拠する「scolan (wellen)＋不定形」のみで押し通し、他の形態を作らしめなかったのも、当然といえば当然のことだったのである。ところが他方、この時間意識にとっては過去はさして重要ではない。そしてまさしくそこにこそキリスト教的時間観の入りこむ余地もあったのだ。

　それというのもキリスト教では、死後どのような世界に行くかが最大の関心事なのだが、それは現世での自己の行為いかんに、つまり、あの世へ行く以前の自己の過去いかんにかかってくるのである。つまりキリスト教ではある意味で、過去が重視されるのだ。それゆえに、この時代におけるキリスト教の浸透と広まりに伴って、過去重視のこのキリスト教的時間観に依拠して作られた本

来的な完了時制が、ゲルマン的時間観に拠る所有表現としての完了形に代わって、次第に勢力を持つようになってくる。つまり完了時制が過去の行為を、過去という時を、表すことの方が次第に一般的になってくるのである。言い換えれば、「単純過去時制を使う場合よりもっと明確に時間の関係——いわゆるの完了や過去完了を表現したい場合には」[21]、haben または sein の現在形あるいは過去形と完了分詞（＝過去分詞）との組み合わせという形式を用いるようになったのである。

　そうした具体例をあげることはあえて省略するが、ともかく完了時制に関してはすでに Ahd. 時代に、形態・用法ともに現代ドイツ語の完了時制に直結するものがほぼ出そろってくるわけである。ただし「sein 動詞だけは最も重要な例外である。Ahd. 時代にはそれの迂言法はいまだ見当たらない」[22] とのことである。つまり、現代ドイツ語ではなじみの Ich bin so viele Jahre in der Stadt gewesen.（私は何年もその町にいたことがある。）といった形態も用法もいまだ存在しなかったということなのである。

　なおまた完了時制では、現在完了の方が先に発達し（「7～8世紀頃から、主として文学上の用語の中で発展した」）[23]、過去完了はそれにやや遅れて（9世紀ごろから）出てきたわけだが、それはごく自然な形態形成の過程と見てよいだろう。他方また、先に見た未来時制とこの完了形とがそれぞれととのうと、そこから未来完了時制が形成されるのは自然な成り行きと思えるのだが、ただ現実に未来完了的な表現を必要とすることが少ない上に[24]、副文中では現在完了をもってそれの代用とすることが多いため、具体例に出くわすのはずっと後の時代になってからのことである。

Ⅵ. 中高ドイツ語の時制におけるキリスト教的時間観の抬頭

　中高ドイツ語時代（1100～1500年）を言語文化の面からあえてひと言で言うなら、それは騎士文化の時代であり、そうした中世文学の黄金時代をモーザーは「中世盛期」（およそ1170～1250年）と呼んでいるのだが、そのような文化的・文学的開華を可能にした諸々の要因の1つに「キリスト教の普及によっ

て西欧諸地域の文化的交流が可能になったこと」[25]があげられる。そしてこれをドイツ語の時制との関連で見るときには、まさにこの中世盛期こそは、キリスト教の普及によって他ならぬキリスト教的時間観が、Ahd. 時代以来なおかろうじて支配的な座を守っていたそれまでのゲルマン的時間観に取って替わって主導権を奪い、自らが支配的な立場に立つことになる一大転換の時期なのである。すなわちこの時期に、Ahd. 時代以来の未来形と、なおもゲルマン的時間観に依拠しながらこのMhd. 時代に試行的につくられた未来形とに代わって、キリスト教的時間観に依って作られた未来形が、つまり現代ドイツ語の未来時制に直結する未来形が登場し主導権を握るのである。そしてそれを転機にしてキリスト教的時間観の優位が決定的になるとともに、完了時制においても、それまでなおゲルマン的時間観に立って現時点での「所有」表現を固守していた動詞 haben が、最後の自己主張をしつつ終にその姿を消してゆくと、haben はもはや助動詞以外の何物でもなくなり、それによって現代ドイツ語の完了時制の基盤が確立されることになるのである。それでは以下にその過程を具体的に見てゆくことにしよう。

(1) 中高ドイツ語の未来時制 ―キリスト教的時間観の優勢化―

　中世高地ドイツ語（Mittelhochdeutsch、中高ドイツ語または Mhd. と略す）の時代になると、未来表現に、「werden＋現在分詞」および「werden＋不定形」という形態が出てくる。ただしこの時代の初期にはいまなお「scolan（wellen）＋不定形」という形式の方が一般的であって、これが werden を助動詞とする未来形に取って替わられだすのは13世紀からのことである。つまり未来形の形態のこうした変化の背景としてこの時期あたりから、Ahd. 時代に支配的だったそれまでのゲルマン的な「未来→過去型の時間意識」に代わって、キリスト教的な「過去→未来型の時間意識」の方が優位に立ちだすという言語に関わる時代状況が急速に進行するのである。

　そのようなわけで、時間意識の一大転換が遂行されていったこの13世紀に活躍したかの有名なキリスト教説教師ベルトルト・フォン・レーゲンスブルク（1210〜1272）の説教〔＝当時の一般民衆のドイツ語を反映していると見なし

てよい説教〕においてはすでに、「sol（＝sollen）による迂言法が、werdenと現在分詞あるいは不定詞による迂言法によってひどく追いやられた状態になっている」[26] との具体例も見られることになる。そのように Mhd. も13世紀になると、werden 型の未来形が頻繁に使われだすことになるのだが、それが現在の標準ドイツ語の未来時制に直結するものへと形が定まってくるまでには、それなりの試行と曲折があったのである。その詳細については補説Ⅲを見ていただくことにしたいが、要するにこの13世紀に、ゲルマン的時間意識とキリスト教的時間意識とのせめぎ合いがあった後、後者の優位が確定的なものとなることによって、それに裏打ちされた「werden＋不定形」という未来形（未来時制）が確立されたのであった。

ただ念のために言い添えておくと、「中高ドイツ語にあってもなお、未来表現としては話法の助動詞（'ich sol'、'ich wil'、'ich muoz'）と不定形との組合せが、そしてとりわけ未来時制としての単純現在形が好まれた」[27] ということであって、「werden＋不定形」による未来表現もそれらをふまえた上で、より明確・正確を期す場合に使われたということなのである。それでもこの「werden＋不定形」という形態が確立され定着することによって、その後この形態の推量表現への適用も可能になっていったのである。他方またこの未来時制の発展により、それまで未来表現をも受け持っていた「現在形の役目がいささか軽減されると、その現在形にまた新たな任務を委託する可能性が増した。中高ドイツ語時代の終わり頃から現在形は出来事を物語のなかで生き生きと描写するのにも用いられるようになった。」[28] つまりドイツ語にも、Mhd. 時代の終わりごろから、"歴史的現在"という表現形態が生まれ得たのだった。

なおまた先にも少し触れたように、未来完了時制が実際に出てくるのはこの Mhd. 時代からである。その具体例の最初のものとしてパウルは、『イーヴァイン』（1190）からの次の一文をあげている。

　　ich sol si im schiere　　han　　benomen（Iwein 4560）[29]
　　ich werde sie ihm sogleich weggenommen　haben
　　私は彼女をやつからじきに奪い取っていることだろう。

ここで未来の助動詞が sol になっているのは、いまだ werden 型の未来時制が形成される以前のことゆえ当然と言えよう。ただしかし、13世紀に werden 型の未来時制が出現し、かつそれ以前に完了形は出来上がっているのだから、これら両者が組み合わさった「werden＋完了不定詞」による未来完了時制が早晩現れても何ら不思議ではないはずだのに、それでも実際には、そのような形態の具体例に出あうのは次の新高ドイツ語時代になってからのことだという。現実におけるその使用の必要性が少ないときには、形態の形成までには随分と長い時間を要するということのようだ。

(2) 中高ドイツ語の完了時制 ―キリスト教的時間観の勝利―

　Mhd. の時代に入ってもなお初めのうちは、ゲルマン的時間観の側から解するほうがより妥当だと思われる完了形に、いかにしばしば出くわすかということを、中世ドイツ文学の最高の民族的英雄叙事詩『ニーベルンゲンの歌』(1200年頃) からの引用例によって、まずは具体的に見てみることにしよう。〔引用は、この叙事詩の最後の場面からのものだが、その頻度を知る一助に、4行一節ごとに付された詩節数を添えることにする。〕

　　(1) 2368　welt ir mir geben wieder, daz ir mir habt genomen,
　　(2) 2371　du hâst iz nâch dînem willen ze einem ende brâht, und ist ouch rehte ergangen, alsich mir hâte gedacht,
　　(3) 2375　…sprach der fürste: ,, wie ist nu tot gelegen von eines wîbes handen der aller beste degen,
　　(4) 2378　Dô was gelegen aller dâ der veigen lîp.

(1)は、クリームヒルトがハーゲンに向かって言っている言葉だが、ここの habt genomen (＝habt genommen) は、「あんたが私から奪ったもの (＝財宝) をふたたび返すつもりなら」というふうに、単なる"完了"表現としての現在完了時制ととるよりは、「あんたが私から奪ったものとして現に持っている」 (＝ihr habt das als mir genommen) と解する方が、クリームヒルトの気持ちからもより妥当である。(2)はハーゲンがクリームヒルトに対して、「あなたはあ

なたの意志どおりに事をやり終えたし、それにまさしく、私が考えていたように〔事態は〕なってしまった」と言っているせりふだが、ここでの hête gedâht（＝hatte gedacht）は、過去より以前に考えていた（考えたことがあった）との一般的な過去完了時制とするよりはむしろ「そうした考えを過去にもった」（それを考えられたものとして〔過去〕にもった＝ich hatte (es) als mir gedacht）と受けとるほうが、ハーゲンの気持ちによりふさわしい。

　(3) は、クリームヒルトがハーゲンの首を刎ねたのを見たエッツェル王が、「いまやなんと最良の雄士が、ひとりの女の手にかかって、死んで横たわっているではないか云々」と言った嘆きのことばである。ここの 'ist tot gelegen' も、「横たわっていた」と訳される過去時制の代理ないしは「結果」表現としての現在完了時制ではなく、「いまや死んで横たわってある（いる）」ないし「いまや死んで横たわっている者である」(ist nun ein tot Liegender) との現在表現なのである。(4) も同様で、(3) の時制がひとつ過去に移動しただけのものと考えればよい。これは地の文で「そのときそこには死すべき者らの肉体すべてが横たわっていた」と語られているのだが、この 'was gelegen'（＝war gelegen）も過去より以前の事態を言い表している過去完了時制ではなく、「すべての肉体が横たわって（横たわったものとして）あった」（＝aller Leib war als gelegen）という過去表現と解するほうが妥当なのである。

　以上の数例だけからでも、Mhd. 時代の初期、いや中世盛期に入ってからでも、ゲルマン的時間観に依拠する二元組織的な時制把握がなおしばしば見られるということは明らかになったものと思われる。ところがこの『ニーベルンゲンの歌』からほんの数十年とたたぬうちに、キリスト教的時間観が主導権・支配権を握るにおよんで、ゲルマン的時間観およびそれに依る時制把握は表舞台から急速にその姿を消してゆくことになる。それの良い例は先にも取り上げたベルトルト・フォン・レーゲンスブルクの一般民衆への説教であって、そこに出てくる完了時制では、——キリスト教的時間観の浸透が「未来形」におけるよりもよりスムーズに進行した完了時制では、——すでにほぼ完全にキリスト教的時間観に依拠せる時制組織と用法とにおいて用いられている。つまり、現代ドイツ語の 6 時制組織における完了時制の用法において用いられているので

ある。ただその際1つだけ異なるのは、現代ドイツ語の完了時制の用法には「完了」「経験」「結果」の3つしかないが、ベルトルトの頃にはまだ「継続」の用法があったという点である。

ともあれ、中世盛期をすぎて、モーザーのいう中世末期（1250～1500）に移ると、ゲルマン的時間観と、それに依拠する時制の二元組織的な見方、言い換えればアスペクト的な要素は、時制表現の表舞台からはすっかり姿を消して、その後は全く「時」だけの観念で時制組織が整理されていったのである。そしてそのことによってこの時期に、現代ドイツ語の6時制に直結する時制組織の基盤が確立されたのであって、後はそれから派生してくるこまごました事項がそれ相応に整備されてゆく過程にすぎなくなる。例えば過去の事柄の表現においては、現在完了時制、過去完了時制がかなりの部分を受け持つことになるために、かつては過去完了、過去、現在完了の3つを総括していた過去形は、その使用範囲をせばめられて、過去の事実の記述とか物語の形式において用いられるにすぎぬものとなるといった具合である。

それはそれとして他方、「13世紀以来、都市の興隆と緊密に関係しながら、広範な遠距離通商が発達してゆく。こうして間もなく、官庁のドイツ文章語のほかに、商業語としてのドイツ語が登場する。」[30] そのようにして「13世紀および14世紀以来すでに、交通・交流の必要から、低地ドイツ語地域においても高地ドイツ語地域においても、いくつかの超地域的な通用語が生まれていた。」[31] そうしてさらにそこから「統一語への要求は、官庁間および商業上の通信の必要から発生したものであると同時に、当時の人々が絶えず目にしていた模範、すなわちラテン語に刺激された結果でもあった。」[31] そしてこの要求に応えることになったのが、新高ドイツ語時代に入ってからのルターによるドイツ語訳聖書（あるいはルター訳のドイツ語）であり、それに先立つグーテンベルク（約1400～1468）の印刷術の発明であった。

Ⅶ．新高ドイツ語の時制について ―6時制体系の成立―

新高ドイツ語（Neuhochdeutsch、略：Nhd.）の時代（1500年以降現在まで）

のドイツ語はルター（1483～1546）の登場をもって始まるといっても過言ではなかろう。「ドイツ語史上におけるLutherの功績は、新高ドイツ文章語を創造したことではなく、それを確立したことである。……Luther自身は、ドイツ語に対する自分の功績について、控え目な考え方をしていた。彼がザクセン地方の官庁用語を選んだのは、言語学者としてドイツ語の改革を目ざしたからではなく、神学者として、宗教上の改革者として、自分の著作がドイツのどの地方においても読まれ、かつ理解されることを願ったからにほかならない。しかるに、彼がそのつもりなくて作りあげたドイツ語の形態が、後に、統一的ドイツ語の出発点ならびに基礎となるに至ったのである。」[32] ルターの代表的著作とも言うべきドイツ語訳聖書（1534）が、「ドイツのどの地方においても読まれ、かつ理解されることを願った」ものであったからこそ、それがMhd. 時代の末以来、特に強くなっていた「統一語への要求」に応えることになったのだし、他方また彼の聖書のドイツ語訳における「ドイツ語の形態」が、近・現代ドイツ語文章語生成の機縁ともなったのであった。

　これを時制との関わりでいうと、現在の標準ドイツ語の時制体系につながる基盤はすでにMhd. 時代にほぼ出来上がっていたのであって、ルターとしても基本的にはこの線に沿ったのだが、ただその際、形態的にはやや古くなりかけているもの（例えば、「sollenまたはwollen＋不定形」による未来表現）でも、それが人びとに十分理解され得る限りは汲み上げていったし、他方またこれまでの時制形態から自然に出てき得ると思われる場合には新しい形態（例えば、「werden＋完了不定詞」による未来完了時制）を試みるなどしながら、結果的には現代ドイツ語の6時制体系の基礎を確立したのであった。

（1）新高ドイツ語の未来時制

　新高ドイツ語時代の初めには、「werden＋現在分詞」は本質的に滅んだ。「werden＋不定形」が優勢を確立・確保するのであって、それは「sollenおよびwollen＋不定形」に対してもまた然りである。これらにあっては相変わらず本来的な意味合いが現れて、不明確さの原因となったからである[33]。――このようにベハーゲルは述べているし、他方パウルも、「wardenの現在形（＋不定

形）が純粋な未来の意味用法に到達したのは中世末期である。ルターに現今の使い方が見られる」[34]と指摘している。このように Mhd. の末から Nhd. の初めにかけて、「werden＋不定形」という現代ドイツ語の未来時制に直結する文法形態が、それまでの諸々の形態を排除して確立されたのではあるが、それでもいったんその民族に入りこんだ時間観・時間意識なるものは、たとえいかように隅へ追いやられようとも決して滅びることなく、いつまでも生き続けるとの特性を持つ以上、ルターにあってももちろんのこと、現代ドイツ語においてもなお、かつての「未来→過去型の時間意識」およびそこから生まれた「sollen（wollen）＋不定形」による未来表現の実例はいくらでも指摘し得るのである。ルターからのほんの１、２例をあげるにとどめる：

wo das nit, szo <u>sol</u> sichs spiel wol lassen anfahenn mit groβem schein,
 wo das nicht〔geschieht〕so soll sich das Spiel wohl lassen anfangen mit groβem Schein,
aber wen mann hynein kumpt, <u>sollen</u> die boszen geist ein solch yrrung zurichten.
 aber wenn man hinein kommt, sollen die bösen Geister eine solche Irrung zurichten.
（An den christl. Adel 6）[35]
そういうことが起きないところでは、人生劇はたぶん大いなるきらびやかさでもって始められることだろう。しかし人がそのなかへ入ってみたら、悪霊たちがそのような誘惑をしでかすことだろう。

この例でも、未来時における人生劇の側からこちらに向かって始まってくるとのニュアンスが、また悪霊たちの側から（人生劇の中へ入ってゆく人間に向かって）誘惑をしでかしてくるといったゲルマン的時間意識が読みとれるし、またそうした感じを出すのを助けているのが他ならぬ sollen なのである。

　一方時間の流れそのものは「過去→未来型」になっていて、したがって未来の助動詞として werden が用いられても何ら差し支えないと思われる場合でも、そこに意志性を加味したいときには wollen を用いているケースがある。

　　ich <u>will</u> meinen Geist auh ihm legen und er <u>soll</u> den Heiden das Gericht
　　verkündigen.（マタイ伝、12、18）
これは預言者イザヤが、自分の選んだ僕、自分の心にかなう愛する者を念頭に、

「わたしは彼にわたしの霊を授け、そして彼は正義を異邦人に宣べ伝えるであろう」といった言である。この文では主語が1人称だから (ich) werde でも十分に意志表現たり得るのに、そこにやはり will を用いている。また後半の er soll は、これを er wird とすると「彼」が「正義を異邦人に宣べ伝える」ことへの必然性の含みが薄らぐので、ルターとしてはここでもやはり soll を用いることになったものとを思われる。

次に一気に現代ドイツ語の用法に飛ぶと、現今でも未来不定法においては werden ではなく wollen が用いられる：

    Es scheint regnen zu <u>wollen</u>.（雨が降りそうだ。）
    Das Wetter scheint sich ändern zu <u>wollen</u>.（天候が変わりそうだ）[36]

雨が降るとか天候が変わるとかいった自然現象は、人間の力ではいかんともしがたいものであり、まるで雨の側、天候の側に意志があるがごとくに思えるのは、ひとり古代のゲルマン人ならずとも現代ドイツ人にとってもまた同様である。かつそうした自然現象の方からこちらへ近づいてくるとする感覚も基本的には変わりないはずだから、したがって古代ドイツ語の痕跡とも思えるこうした未来表現が、Nhd. のみならず現代ドイツ語の中にも生き続けることになるのであろう。
  他方、また死とか避けがたい運命とかは、ある種の必然性をもって未来時から我々の立つ現時点へと迫りくるものであり、そこに《運命的必然》を表す sollen が現代ドイツ語の中に生き続けるゆえんもあるのである。次の例文などにはそれが端的に表れている。

    wenn ich sterben <u>soll</u>（私の死が避けられぬものなら）
    Ich bin auf alles gefaβt, was kommen <u>soll</u>,[37]
    （いやおうなくやって来るどんな事態でも、私は迎えいれる覚悟ができている）

古代ゲルマン人にあっては死は、避け得ぬもの、免れ得ぬものとして未来時より迫りくるものである以上、それを避けて生きながらえるよりはむしろ敢然と

受けとめて名誉ある死を死ぬことの方を選んだのだった。そしてひとたび死んだ者は、時の流れにしたがって不可逆的に過去のかなたへと流れ去ってゆくがゆえに、むしろあっさり忘れ去られたのであった。しかるにキリスト教的時間観では死は、過去から未来へ直進する時間の流れの、その未来時の単なるある一点において生起するにすぎぬものであり、その後死者は直進するその時間とともにあの世へと向かう。そしてその死後の世界こそが重視されるのだ。キリスト教化されたドイツ人の時間観が、信仰としては間違いなくそうしたものであるはずだのに、ところがそれにも関わらず、例文に見られるように言語表現としては明瞭に、死は（とはとりもなおさず、時間は）未来時から現在へ迫り来るものとして把えられていると読みとれるのだ。ということはつまりは、その往昔ゲルマン時代に培われた時間意識・時間観が、彼らの潜在意識の中にいまなお連綿と生き続けていることを意味するものではあるまいか。進行方向をまったく逆にする2つの直線的時間観が2つながら、いまなお並存していると見なしてよいのではあるまいか。

（2）新高ドイツ語における未来時制以外の時制について
〔A〕未来完了時制

　現在完了・過去完了に関しては、その形態・用法ともすでに Mhd. 時代に確立してしまっているので、いまここであらためて取り上げるべきものは何もない。ただ完了時制で特筆すべきこととしては、Nhd. 時代に入って初めて、未来完了時制が現代ドイツ語の形態において、つまり「werden＋完了不定詞」の形態において、現れたことである。これに関してベハーゲルは次のように述べている。「未来においてはじめて完結したものとして現れるような、そういう出来事の記述のために、新高ドイツ語はまた1つの特別な形態を創り出した。werden と完了不定詞との組合せである。」[38] そうしていくつかの具体例をあげているのだが、それらから推測するに、この新しい形態を初めて試みたのはどうもルターらしい。が、まあそれはともかくとして、Nhd. 時代の初めにこの未来完了時制の形態が出現し確立することによって、標準ドイツ語における6時制体系が完成したのだった。……他方キリスト教的時間観では未来の事柄の

生起は予想・想像の域をでないことが多いから、そのことから未来時制のwerden が推量・推測の助動詞のごとくに用いられ、ために未来時制が現在の推量表現にも使われたように、この未来完了時制もまた過去の事柄の推量表現としても使われるようになったのである。ただこの形態はいささか冗長なため、時に関して誤解の恐れがない場合には（とりわけ副文においては）、多く現在完了時制でもって代用される。

〔B〕過去時制

いまさら改めて言うまでもないが、過去時制はもと、完了、不完了を問わず過去に生起した事象をすべて表現することができた。それが完了時制の登場・発達により次第にその使用範囲をせばめられて、Nhd. 以降はもうほとんど歴史的叙述もしくは物語の語法として使用されるのみとなった。つまり過去時制は、「過去の出来事の叙述それ自身に意識を集中する」[39] 場合に限られ、他方同じ過去の出来事を語るときでも、それを現在の立場から、現在へのつながりの意識をもって語る場合には、すべて完了時制がその役割を引き受けることになってしまったのである。かつては現在完了・過去・過去完了を総括していた過去形からすれば、Nhd. 以降におけるこの完了時制の発言権の拡大は、まさに主客転倒といってもよいほどのもので、それはまるで、発言力を増したわが子の前に、いまは小さくなって過去に生きるのみとなった親の姿をさえ彷彿とさせるものである。

〔C〕現在時制

現在時制はもと、現在の事柄・出来事のみならず未来時の事象をも表現し得ていたのだが、未来時制が確立し、これが主に未来時の事柄の表現を受け持つようになってからは、主として現在時の行為・事柄、および時にかかわらず一般に通用する習慣や慣習的な行為ないし繰り返される行為、あるいは状態の継続などを示すものとなった。それでも、未来の時を示す副詞などがある場合には、現在時制がそのまま未来の事柄を表し得るという点は変わりない。それにまた、いわゆる完了動詞にあっては、古い時代に未来を表現するのに現在形が

用いられた名残からか、一瞬後の未来の事柄を現在時制が表す：Ich sterbe!（俺は死ぬ！）—Die Rosen blühen auf.（バラが開く）—Er schläft ein.（彼は眠りこむ）[40] といったものである。他方また、未来時制の発展に伴い、現在形の役目がいささか軽減されると、代わって中世末期あたりから"歴史的現在"の用法を委託されるようになった、ということについては先述したが、この用法はNhd. 時代になるとその用例が多くなる。

　ところで、ドイツ語における時制の変遷を検討するにあたって、特に未来時制と完了時制を、いやその２つのみを取り上げてきたのは、まさにそれらのうちにこそ問題点と解明のカギがあると見なしたからに他ならない。他方、現在時制と過去時制をそれ自体として取り上げなかったのは、ゲルマン語・ドイツ語の歴史から言って、もともと現在時制は現在と未来時の一切を、また過去時制は過去時の一切を包括していて、あまりに間口が広すぎて論点が定まりかねると考えたからであった。それにまた未来時制とか完了時制とかの出現とその発展によって次第に自らの領域をせばめられてゆきつつ、それでもなお残る範囲こそが現在時制および過去時制にとっての本来的な守備範囲であって、その意味で一見ほかの時制のみを論じているように見えても、それなりにこの２時制への光は当てられているはずだ、と考えたからでもあった。そしてそのような本来的な領域はつまるところ、現代ドイツ語における６時制体系の、その各々の時制の役割分担においてかえって明瞭に現れているわけだし、それについてはすでに第１章『ドイツ語と日本語の時制比較』において検討してあることゆえ、後はそれを見ていただくことにしよう。それによって、Ahd. Mhd. に比べて Nhd. への言及量が少ないことの欠もまた補われるものと思う。いずれにせよ、ドイツ語における時制変遷の過程にあって筆者が問題としてきた点は以上で一応述べ得たものとしたい。
　それで次には、こうした時制変遷の具体的な言語事実をあらしめたところの、その背景とも言えるゲルマン人・ドイツ人の時間観そのものの変転変容の原因・要因とも思えるものについて、見てゆくことにしよう。

第4章
ドイツ人における時間観の変転

I. 印欧祖語（人）からゲルマン語（人）へ

　ドイツ人とその先祖のゲルマン人における時間観の変転・交替とその主たる原因・要因について検討してゆくにあたり、先に確認したドイツ語ないしはゲルマン語の時制の変遷過程と、そのことから言い得た彼らの時間観の転換的入れ替わりについて、いま一度要約略述しておこう。……そこで確認されたことは、まずその源たる印欧祖語（インド・ゲルマン祖語）の時制は、豊富多様な6時制相当の組織を持つものであった。ところがそれがゲルマン語になると、「現在」と「過去」のみの二元組織に収斂してしまったのだった。そうしてこの2時制きりのゲルマン語の流れをくむドイツ語が、その後古高ドイツ語時代（750～1100）になると未来形と完了形とをつけ加え、さらに中高ドイツ語時代（1100－1500）に入ると、その未来形の文法形態を現在の標準ドイツ語のそれへとととのえてゆくことによって未来時制が確立される一方で、完了形もアスペクト的な側面を払拭して、完全に時制としての現在完了・過去完了となった。そのようにして新高ドイツ語時代（1500～現在）の初めに未来完了が時制形態として整備されるに及び、現代ドイツ語の時制体系に直結する6時制組織が確立・完成したのであった。
　他方また、こうした時制変遷の背景には、時間観そのものに次のような交替的転換のあったことが確認されていた。すなわち、印欧祖語の時制組織を成り

立たせていた「過去→未来型の直線的時間観」(時間とは過去から未来に向かって直線的に流れ進むとする時間観) が、ゲルマン語にあっては「未来→過去型の直線的時間観」(時間とは未来から過去に向かって直線的に流れ進むとする時間観＝「ゲルマン的時間観」ないし「ゲルマン的時間意識」と筆者が呼ぶもの) へと入れ替わったのであった。ところがこの「ゲルマン的時間観」もその後、古高ドイツ語時代からドイツ人の間に徐々に浸透してきた「キリスト教的時間観」(時間とは過去から未来に向けて直進するとする「過去→未来型の直線的時間観」) の方がやがて中高ドイツ語時代により優勢となるに及んで、ついにはこの新来の「キリスト教的時間観」によってその主導権の交替を余儀なくされることとなったのだが、そうした大きな転換が起きたのは13世紀のことであった。

　それにはまたそれなりの〔これから見てゆくような〕時代的・社会的背景があったわけだが、いずれにせよ、それ以降は「キリスト教的時間観」がますます優勢となる。そしてルターの宗教改革の時代ともなると、まるでキリスト教(的時間意識)一色に塗りつぶされたかのごとき観を呈するに至る。がしかしこの時間観・時間意識の内実は、すでに機械時計の物理的時間意識によって変容させられつつあったのであって、まさにそのことによってこそ近代が始まったのであった。

　このような変転・変容の過程をへながらも、しかしながら時間観なるものは、一度その民族(ひとたび)に定着したからには決して滅び去ることがないとの特性を持つ以上、現代のドイツ人がどれほど機械時計の刻む時間(意識)において自らを律しつつ生きていようとも、「キリスト教的時間意識」は言うに及ばず、「ゲルマン的時間意識」もまた、いまなお彼らのうちに連綿と生き続けているのである。——以上のことを再確認した上で、それでは以下に、こうした時間意識・時間観の変転・交替・変容をあらしめた背景としての原因・要因について見てゆくことにしよう。

(1) 印欧祖語(人)の時間意識とその風土
　印欧祖語を用いていた人種がかつてどこに住んでいたかという、印欧語族の

いわゆるの原郷問題に関しては、以前にはいく人かの研究者たちが、「印欧語族の故郷はヨーロッパ、なかでもバルト海沿岸の国々にあった」[1]とのヨーロッパ起源説的な見解を打ち出していた。しかしそれに対して、シュラーダーおよびクラーエは、印欧祖語の語彙を詳細に検討した上でそうした見解を否定し、結論として次のように述べる。「印欧語族は海に関係がない。したがってまたバルト海とも関係がない。彼らは森に関係がない。したがってまた初期のドイツの原始林とも関係がない。一体彼らはどのような民族であったのだろうか。我々がみた通り、彼らは元来は明らかに牧畜文化の性格をもった民族である。とすると、この事実だけでもすでに我々の目を東方に注目させる。そこでは、とりわけアジアの奥地では、すでに紀元前千世紀に、馬、すなわち印欧語族に特徴的な家畜が飼い慣らされていた。馬はヨーロッパには一般的に後になってから初めて登場してくる。すでに原印欧語時代に、一方ではバビロニア・アッシリア文化圏に対し、他方ではフィン・ウゴール人に対して証明されるような言語的な関係もまた、我々を東方に注目させるものである。……ともあれ、その文化の全性格、牧畜（とりわけ飼い慣らされた馬の所有）、父系家族とそれに付属する一切をふくめた社会構造、天の神の信仰、ディオスクロイの崇拝、そして印欧語族の宗教の他の特徴（たとえば馬の犠牲など）、——これらすべては印欧語族をアルタイ民族の直接隣りにおしやるものである。」[2]

　言語学的にはこうしたことまでは言い得るとしながらも、ただこれ以上に細かく場所を限定することは目下のところできそうにないと、いたって謙虚である。それでも我々にとってはこれによって、印欧祖語を用いていた種族の原郷が、ヨーロッパの東の端からウラル山脈の西側の間の、ユーラシア大陸の内陸草原地帯であろうといったことまでは明らかになったし、またその民族が「定住の農民ではなく、牧畜を行う騎馬民族」[3]だということもはっきりした。そうして、印欧祖語を用いた種族が草原地帯に住む騎馬民族だったということが明らかになったいま、彼らが、時間とは過去から未来に向けて直線的・直進的に流れ進んでゆくものだとする時間観だったこともまた、もはや疑う余地のないところである。（草原的ないしは砂漠的な風土に住む牧畜民族・遊牧民族あるいは騎馬民族の時間観が、時間とは過去から未来へ向けて直進するものだと見な

すものになることについては、先に第2章のⅡにおいて述べたとおりである。)

そしてまた、こうした「過去→未来型の直線的時間観」に依拠してこそ初めて、印欧祖語の豊富多様な6時制相当の時制組織もまた成立し得たのであった。逆に言えば、印欧祖語の多様な時制組織を成り立たせた「過去→未来型の直線的時間観」の、その背景をなしたものは、この祖語を用いた種族が、「遊牧文化的な性格」[4] を持つところの草原地帯に住む牧畜民族・騎馬民族だったことに帰せられるのだ。つまり、この種族の時間観を形成した要因は、あえてひと言で言うとすれば、その草原的・ステップ的風土に他ならなかったということになるのである。

(2) ゲルマン語への分岐

さてところで、この印欧祖語の一分岐たるゲルマン語にあっては、時制が「過去」と「現在」きりの二元組織へと収斂したのであり、そしてその根本原因がゲルマン語（人）における時間意識の一大転換にあったことについては、つまり、それ以前の「過去→未来型」の時間意識から、「未来→過去型」の「ゲルマン的時間意識」への一大転換にあったことについては、先に第3章で論証・確認したとおりである。さてそれならばいったいいかなる原因・要因によって、このような時間意識の交替的一大転換が生じたのかということが次の問題となる。それを明からにしてゆくに当たっては何よりも、ゲルマン語への分岐の過程とゲルマン人にとっての新たな生活環境を確認しておくことが解明の鍵ともなると思えるので、まずは以下にそれを見てゆくことにしたい。

ゲルマン語ないしゲルマン人の発生の時代についての詳細はもちろんよくは分からないが、それでもいろいろの事情から推察して時代的には紀元前2000年ごろに、印欧祖語を用いていた種族のうち次第に北方へと移動した一分派がやがてバルト海沿岸北方に到達して、そこでそれまでの土着の巨石文化をもつ農耕民と融合して生まれた北ヨーロッパ人種に由来する、と言われる。「こうして発生したゲルマン人の原住地は、ヴェーゼル・オーデル両川間の北ドイツ、シュレスヴィヒ＝ホルシュタイン、デンマーク、スウェーデン南部など、バルト海周辺の諸地方であったらしい」[5] とされる。他方また「紀元前2000年ごろ、

スカンディナヴィアにゲルマン人の青銅器時代文化圏が存在していたといってよかろう」[6] といった記述などからすると発生当初のゲルマン人は、バルト海周辺の北欧を中心に、すなわち、のち一般に北ゲルマン語と呼ばれるものの話される地域を中心に、居住していたわけである。

　しかしやがて彼らは次第に南下しつつ、先住のケルト人やイリリア人を追って中央ヨーロッパに居住領域を拡大してゆき、紀元前1200～800年、すなわち後期青銅器時代には、東は今日の東ポンメルンからヴァイクセル河口まで、また西はエムス川からリッペ川の流域へと広がってゆく。このようにして、まず北と南が分かれ始め、次にはこの南が東と西とに区分されだして、前500年ごろからは、北ゲルマン（語）、東ゲルマン（語）、西ゲルマン（語）の3つのグループに分かれるのである。このうち東ゲルマンの一部は南東に移動して、前200年ごろからカルパチア山脈の東麓から黒海北岸にかけて定着することになる。他方主として西ゲルマンは、「さらに鉄器時代になると、前4・3世紀までにドルトムントとデュースブルクの地域からケルン、トリーアの地方にまで進出している。前5・4世紀はケルト人の最盛期で、当時はマイン川流域とベーメンを含めて南ドイツの全域がケルト人の居住地となっていたが、前3世紀以降、ゲルマン人はこの先住民を征服・駆逐しつつ南下して、紀元前後にはドーナウ川の北方、ラインの東からヴァイクセル川にいたるまでの広い地域をゲルマン領域とした」[7] のであった。タキトゥスによって"ゲルマニア"と呼ばれる地域がこれである。そしてこの地域で用いられた西ゲルマン語からドイツ基語（Urdeutsch）が〔また英語基語（Urenglisch）が〕生成してくることになるのである。

(3) ゲルマンの風土とゲルマン人の生活

　以上ごく大雑把に印欧祖語からゲルマン語への分岐の過程を見てきたわけだが、それは同時にまた、印欧祖語族の一派であるゲルマン人にとっては、それまでの草原的な住環境から、ゲルマンの新たな住環境への激変を、新たな自然・生活環境ないし風土への激変を意味するものであったのだ。今日でもなおドイツの国土の3分の1が森に覆われていて、ドイツ人たちが通称"森の民"

と呼ばれることは一般によく知られているところだが、かつてゲルマン人たちが居住したバルト海周辺の地域は、「その多くが寒冷な北欧や、森林、沼沢地が8割を占めるという中欧」[8]であった。

　このような風土にあっては、寒国での食糧確保の必要から、いきおい狩猟民族化してゆかざるを得なくなる。もちろん、かつて草原地帯で営んでいた牧畜は基本的には継承されたし、他方、土着の農耕民から「素朴な草地農業」（＝集約度の低い穀草式農法）を学んで生活の一部に取り入れたり、あるいはまた海辺や河川の近くに住んだ場合には、漁撈をも生活の中に組み入れていったことはごく自然な成り行きではあった。しかしそれでも、1年の半分が冬という寒冷な風土にあっては農耕といっても半年しか可能ではないし、また漁撈とてもその時期を限られざるを得ない。このような半年が冬という厳しい寒国の自然環境にあっては、むしろその冬場の食糧を確保することこそが最も重要な課題となる。そしてこの課題を解決してくれるのが、他ならぬ国土の8割近くを占める森林であった。つまり森は、そこに諸々の獣（けもの）・生物（いきもの）を棲息させながら、それらをゲルマン人たちの生活を支える食糧として提供してくれたのであった。だとすれば、森の幽暗な恐ろしいまでの神秘と相まって、ゲルマン人たちが森こそは神（万物の統治者たるウォーダン神）のいますところとして神聖視するようになっていったとしても、それはむしろきわめて自然な成り行きであったと言えよう。

　ともあれ、ゲルマン人たちの新たな住環境およびそこでの狩猟民族化ないし彼らの生活の中心が狩猟にあったことに関しては、カエサルの『ガリア戦記』（BC. 58－51）にも言及されているし、またとりわけタキトゥス（AD. 50－116）の『ゲルマニア』（AD. 98）にはそれに関わる記述が多く見いだされる。すなわち、前者では次のように述べられている。「スエービー族はゲルマーニー人全部の中で最も大きくて好戦的である。……しかしスエービー族の間では個別の私有地がなく、居住の目的で一箇所に1年以上とどまることも許されない。穀物を余りとらず、主として乳と家畜で生活し、多く狩猟にたずさわっている。」[9]「その生活は狩猟と武事にはげむことである。」[10]（この一文は、「彼ら（ゲルマーニー）は一生、狩猟と……〔戦争〕にのみ打ち暮らす」[11]とも訳され得る。）

このように、農耕も営まれてはいるが、しかし定住のそれではなく、1年ごとに土地を移動するといったものであり、かつまた農業は女の仕事にすぎなかった。つまり農業はいまだ副次的なものでしかなく、それよりも牧畜の占める比重のほうがずっと大きかったことが分かる。ところが成人男子にとってはこの牧畜以上に、狩猟と武事に励むことこそが生活の中心、生涯の関心事だったのである。……次に後者の記述から引用してみると、まずその風土については、「土地の荒涼たる、気候の酷烈なる、風物、風俗の凄惨なるゲルマーニアの地」[12]、「土地はその姿に幾分の変化はあっても、相対的には森林に蔽われてもの凄いか、あるいは沼地が連なって荒涼たるもの」[13]、「この土地における寒気の厳しさ」[14]、「年の大部分が冬を占める」[15]等と述べられているのだが、こうした寒国ゲルマーニアの地の気候の苛烈さは、ゲルマン人たちがこの地に移り住むことになった紀元前2000年の昔以来何ら変わるものではなかったはずである。そして、和辻哲郎の『風土論』を引き合いに出すまでもなく、かつまた時代を古く遡れば遡るほど、人間生活の万般がこうした気候風土から強い、否、決定的とも言える影響を蒙るものだということに関しても、説明の要なく首肯され得るはずである。だとすれば、ゲルマン人たちの時間意識の一大転換においても、まさしくこうした気候風土の激変が決定的な影響を及ぼす要因となったろうことは、想像に難しくないということになるのである。

　続いて彼らの生業（なりわい）について見てみると次のように記されている。……「耕地はまず耕作するものの数に比例して、それぞれ1つのまとまりとして村落に〔その共有財産として〕占有され、次いで〔各村落における〕耕作者相互のあいだにおいて、各人の地位に従って配分される。配分の容易さは、田野の広さが保障する。年々、彼らは作付け場所を取り換える。」[16]「土地は豊饒であっても果樹を生ずるに堪えず、また家畜（小家畜）には豊富であっても、その体はおおむね小さい。〔彼らが一般に耕作に用いる〕牛にはその特有の誇り（堂々たる体躯）、あるいは額（ひたい）の飾り〔の美事さ〕というべきものはなく、彼らの喜ぶところはそれらの数であって、牛たちが彼らにおける唯一にして最も貴重とする財産である。」[17]「戦争に出ないとき、彼らはいつも、幾分は狩猟に、より

多くは睡眠と飲食とに耽りつつ、無為に日をすごす。最も強壮にして最も好戦的なものといえども、すべてみずからは些のなすところなく、家庭、家事、田畑、一切の世話を、その家の女たち、老人たち、その他すべての羸弱なものに打ち任せて、みずからはただ懶惰にのみ打ち暮らす。」18) ……カエサルのときから150年たったタキトゥスの時代になると、その記述からして、ゲルマン人がすでに農耕的定住段階に入っていたことが分かる。つまり、農耕社会化が進行しつつあったわけである。しかしそれでも農業はいまなお副次的なものでしかなく、牧畜の優位性には変わりなかった。

ところがそうした農業（田畑）にしても牧畜（家畜）にしても、それら一切の世話は女たち老人たちの仕事として打ち任されていたのであり、ゲルマンの成人男子にとっては、「戦争に出ないとき」には、狩猟こそが重要な仕事だったのである。上の引用文中の「幾分は狩猟に」の個所に関してはその註に、「この個所はテクストによっては『多くは狩猟に、より多くは……』と訳すべきようになっているものもある。いずれにしても、ゲルマーニーには、狩猟が重要な作業であったことには、事実において異るところはない」19) とあって、狩猟こそが、農業、牧畜にもまして重要視されていたことが分かるのである。

Ⅱ．ゲルマン的時間意識の例証

さてそれならば、「年の大部分を冬が占める」ような寒冷な気候風土の中で、狩猟民族として2000年間〔民族移動がおさまるまでだと2500年間〕生きてきたゲルマン人にとって、時間意識はいったいどのようなものになるのであろうか。そのことを次にいくつかの具体例をとおして——すなわち、まずは１年の季節の巡りに対する把え方において、次に彼らが重要視した戦争と狩猟の際の時に対する意識感覚において、さらには人間の死の受けとめ方において——看取されるはずの彼らの時の流れに対する見方を手がかりに、ゲルマン人の時間意識がどのようなものであったかを見てゆくことにしよう。

(1) ゲルマン人の季節の巡りに対する時間意識

まず季節の巡りということでは、1年の半分が冬であるならば、残る半分をそれと対立的な夏として把えても、それはいたって自然なことであろう。タキトゥスの目にもゲルマンの地の季節はおおむねそのようなものとして映ったらしく、次のように述べている。「彼らは、1年そのものをさえ、我々と同数の季節には分かたない。冬と春と夏については、それぞれ、その意義もあり、名称も存在する、しかし秋は、その名も、その〔貴重な〕産物も、等しく彼らは知らないのである。」[20] まず秋が存在しない。春を考えているのは、印欧祖語の時代以来牧畜を継承してきた彼らにとっては、長い冬が過ぎ去って、やっと牧獣を野外に導く時期になったという意味合いにおいてのことだろう。

つまり春とは、夏の始まりとしての意味は持っていても、季節の点では夏の一部にすぎなかったのである。季節としての春を考え、秋をも重視するに至るのは、もっともっと農耕社会化が進んだ後の時代になってからのことであって、タキトゥスの時代に至るまでのゲルマン人にとっての季節は、冬と夏の2つきりであったと言い切ったとしても誤りではなかろう。（実際、今日のドイツ人にとっても、ごく大雑把な言い方をすれば、1年の季節が冬と夏に二分されるものであることは、例えば冬学期・夏学期という言い方などからもうかがえる。また農耕社会化に伴って、後にはドイツ人にとっても春・秋が重視されるに至ったといっても、それは春の種蒔き、田植えに始まり、秋の稔りと収穫に終わる稲作農耕民族にとっての、春・秋の持つ決定的重要さの比ではない。）

それならば、半年が冬、半年が夏という厳しい寒国の気候風土にあって、ゲルマン人たちはこれら冬夏という2つの季節の巡りをどのように受け止めていたのであろうか。そのことを知る1つの手掛かりを我々はオラウス・マグヌスの『北方民族誌』（1555年）のうちに見いだすことができる。これは北欧人の生活万般にわたる図説（木版画481枚）の1つ1つにラテン語のテキストが添えられたものであって、北欧の古代・中世を知る上で欠かすことのできない資料である。他方ゲルマン人たちが印欧祖語の原郷からまずはバルト海周辺の北欧に移り住み、そこからやがて北と南に分かれてヨーロッパの中東部に広がり、そしてさらに東と西に分かれて行ったことについては先に述べておいたが、

"ゲルマンの大民族移動"の後も、(西ゲルマンの諸部族がローマ文明の影響を受けだした時期になってもなお)ゲルマン的性格・民俗を最もよくかつ長く保持したのが(地理的にも最も遠くローマ文明の圏外にあった)北欧であってみれば、そこに伝承される民俗を通して、かつてのゲルマン人の実像に迫り得るものと考えてまず間違いないであろう。

　そういうわけでこの『北方民族誌』のうちから、ゲルマン人の季節感——を通して垣間見られる彼らの時間観——を知り得るのもとして、XV・8・9の「冬を追い払い、夏を迎える行事」を引用すると、次のようになっている。……「南のスヴェーア人とゴート人は5月に、冬と夏の二隊に分かれて勝負をし、最後は夏が勝つという行事をする。冬の一隊はさまざまな皮の服を着用し、槍で武装して雪球や氷の塊を投げ、冬が続くように願う。一方夏の一隊は緑の葉と枝で身をまとい、これとぶつかり合う。結局きびしい冬を望まない人びとの審判によって夏に勝利が与えられ、夏の一隊は人びとの拍手のうちに豪華な祝宴をする。」[21] 文中にあるスヴェーア人(スヴェティア人)とはもちろん北ゲルマン人のうちの1部族であって、ゴート人ともども主としてスウェーデンの南部に住していた。一方、ゴート人の方は東ゲルマン人に入るのだが——そしてタキトゥスのころまでには南下移住してバルト海近辺の北東ヨーロッパに住することになっていたのだが——このゴート人は言語史的に、ゲルマン語を知り得るほとんど唯一の文献とも言うべきゴート語訳聖書を残した西ゴート人ウルフィラを通して、忘れがたい存在となっている。

　それはともかくとして、このスヴェーア人とゴート人は5月に、「冬を追い払い、夏を迎える行事」を行うのであるが、この題からしてすでに彼らの季節観ひいては時間観がうかがい知れる。つまり、11月から4月にかけての半年間という長い冬が終わってやっと夏に変わろうとするこの5月に、それまで「きびしい冬」に耐えてきた人びとは、この「冬を追い払い」、ひたすら待ちのぞんでいた夏の到来を双手をあげて「迎える」のである。夏はまさに(＝未だ来らざる)の彼方からいましも到来し(到り来つ)て現在となるのであって、人びとはこの到来を心より「迎える」のである。すなわち、ゲルマン人たちの意識にあっては、季節は、とはとりもなおさず時は、未来から現在へと向かっ

てやって来るものなのだ。そして現時点にいる人びとはその季節の到来を、未来から現在に向かって直進してくる時間を、「迎える」わけである。他方、それまで現時点に居すわっていた冬は、「追い払」われて現時点から過去へと過ぎ去ってゆく。つまり、現在を通り過ぎた時間は、不可逆的に過去へと過ぎ去って行ってしまうのである。

　夏を迎えるに際してのこうした時間意識は、同じく冬の到来に際しても全く同様に見られるはずである。なるほど夏の場合のように「きびしい冬」の到来を歓迎することはなかろうが、それでも冬という季節も同様に、未来から現在へと向かいくる時の流れとして、言ってみれば厳しい覚悟をもって、迎えられ受け止められるのである。そしてこの冬将軍が現時点に到来した際には、それまでの夏はもちろん、現時点から追い払われて過去へと過ぎ去って行かざるを得ないのである。以上から要するに、夏・冬いずれの場合にも、季節の巡りに対するゲルマン人の見方は、とは1年の季節の巡りの把え方を通して見られる彼らの時間意識は、時（間）とは未来から現在を通って過去へと流れ進んでゆくものとして意識されていたと解してまず間違いあるまい、ということになろう。

(2) ゲルマン人の戦争にみられる時間意識

　それでは次に、ゲルマン人に特に重要視された戦争と狩猟のうち、まず戦争において看取される彼らの時間意識から見てみよう。……彼らの戦争に関しては、例えば『ゲルマニア』に次のごとく書かれている。「彼ら（ゲルマン人）の許にはヘルクレースもまたいたことがあると伝えられ、まさに戦いに赴こうとするとき、彼らはすべての英雄の第一として彼を歌う。彼らにはまたその朗唱によってその意気を盛んならしめ、歌い方そのものによって、まさに来たらんとする戦の運命を卜するがごとき歌がある。」[22)]（傍点筆者）「彼らほど占鳥と占籤（せんきゅう）を尊ぶものはない。占籤の習慣〔的な仕方〕は簡単である。……もし凶であった場合、同じ日のうち再び同じことについて伺いを立てることは決して許されない。もし吉ならばなおその上に、占鳥による確かめを必要とする。しかもかの鳥の声や飛び方にたずねることもすでにこの地には知られているのである。しかしなおこの種族に特有のものとして、馬の予感・警告を求めること

も行われる。……他にまた、重大な戦争の結果を知るために用いられる占いの方法がある。すなわち、戦争の相手たる部族から、なんらかの手段によって、その１人を捕虜として拉し来たり、味方の邦民のうちから選ばれたひとりと、双方にその部族の固有の武器を与えて相闘わしめる。そしてこれ、あるいは、かれの勝利が、予断として受容されるのである。」23)……ゲルマン人にとって戦争とは、未知なる未来の彼方から現在に向かって（現時点に立つ彼らの方に向かって）時々刻々「まさに来たらんとする」運命と映る。

　この未知なるものの来襲に勝利をおさめるか敗北を喫するかは一族の命運に関わる一大事である。それだけに、それをどのように「迎える」かについては細心の注意が払われる。占卜が重視されるゆえんである。占卜により凶と出た際には、極力戦争を回避せんとするであろうが、それでもそれが避けえぬ一種の運命である場合には、然るべき覚悟と準備でもって迎え撃たねばならぬこともあろうだろう。他方、吉とでたときでも、念のため占鳥による確かめを必要とする。それによって例えば、たとえ勝利をおさめるにしても、それでもなお「重大な結果」を招くことが予知・予断されるのであれば、それに対する相応の備えなり心構えなりが求められねばならないからである。いずれにせよゲルマン人にとって戦争とは、いわば一種の運命として未知なる未来の彼方から、彼らの立つ現時点に向かってまさに襲い来たらんとするものなのである。

　すなわち戦争の際の彼らの時に対する意識感覚においては、時間の流れはやはり、未来から現在に向かって直進してくるものとして意識され感得されていたということなのだ。そしてひとたび戦争が生起したあとでは、それがいまだ生起していないもとの状態に戻すことなど不可能なのだから、そのことから敷衍して言えば、ゲルマン人における時間意識・時間観なるものは、時（間）の流れとは未来から現在に向かって直進してきて、そして現在を通過したあとは過去へと不可逆的に流れ去ってゆくものというふうに見られ意識されていた、と解してまず間違いないということになるのである。

　ちなみに、いわゆる"ゲルマン的精神"なるものも一面においては、2500年の長きにわたって培われた、戦さに際しての彼らのこうした時間意識（「ゲルマン的時間意識」）がその背景をなしているのではあるまいか。すなわち、

何らかの事に臨んで自らの身の破滅があらかじめ予知・予測されるような場合にもなお、それから逃れることを潔しとせず、「まさに来たらんとする」運命に向かって敢然とつき進んでゆくとき、それを"ゲルマン的"と表現する。そして、それはドイツ人たちの意識のなかに、一切の出来事は未来から現在へと向かいくる時の流れに従って必然的に、そう、必然的運命として、現在の事柄とならねばならぬ以上、それを回避することなく正面から「迎え」撃つことこそが名誉ある生き方なのだとする考え方が、つまりは「ゲルマン的時間意識」が、その後もなお長く彼らの間に生き続けているということを意味するものではあるまいか。1例をあげると、『ニーベルンゲンの歌』において、フン族の王エッツェルの招きに応じて出かけることになったブルグントの王族の一行が、途中ドーナウ河にさしかかったとき、水の妖精の予言を聞いて不吉な予感にとらわれながらも、それでもなお引き返すことなく駒を進めてゆくあたりにも、この"ゲルマン的精神"が感得されるのである。

(3) ゲルマン人の狩猟にみられる時間意識

それでは続いて狩猟について見てみよう。……1年の半分が冬という寒国ゲルマンの風土にあっては、とりわけこの冬場の食糧の獲得・確保のために狩猟は必要不可欠だった。だがまたそれは同時に、「彼らはまた、野獣どもの皮も着る」[24]と『ゲルマニア』にもあるごとく、衣類としての獣皮・毛皮を得る手段でもあった。このように・食・衣の点で狩猟はゲルマン人に重要視されたのであるが、それならばこの狩猟における彼らの時間意識は、はたしてどのようなものだったろうか。そうしたことを端的に実証してくれる文献には浅学にしていまだ出くわさずにいるが、それでも狩猟なるものの本質それ自体は基本的には古代ゲルマンの昔も今も、否、古今東西さして変わるものではないと考えて差し支えなかろうから、差し当たっていまも世界の各地に現存する少数民族としての狩猟民について書かれた書物[25]を通して、狩猟に際しての時間意識について考えてみることにしたい。

それによると、典型的狩猟には少なくとも4つの部分があるという。かぎわける、忍び寄る、捕える、持ち帰る、である。(厳密には単独狩猟と共同狩猟

の別があるが、いまはその両者を一括して見てゆく。)「かぎわけ」とは、動物の足跡、叫び声、排泄物、におい、他の動物の警戒信号、植物の若芽の状態等を手がかりにして、実際に目にするよりも前に、動物が近くにいることを知ることである。「忍び寄り」とは、近くにいると分かってからあらためて動物に近づくことである。この中には、後をつけるのと同じく、呼び出しや誘い出しも含まれる。この忍び寄りは、人間の側からすれば確かに動物に近づいてゆくことではある。だが、その際の狩猟人の心理としてはむしろ、両者の遭遇に向けて、未だその姿を見せざる動物が次第に自分の方へ接近しつつある、との予感と期待のうちにあると思われる。そのことは例えば、動物たちの水飲み場のようなところで待ち伏せする場合に、最も端的に感得される心理である。つまり、未だ来たらざる動物が、現に在る狩猟人のところに向かってその距離を縮めつつあるとの心理である。

　「捕える」とは、普通殺すことを意味する。しかしそれはまた、「すぐ殺すことを必ずしも意味しない。殺した死体を運搬するのを避けるためとか、狩猟人がもっと有利な場所に身をおくために、動物は最初は追いたてられ、捕えられる。動物はまた、おとし穴や崖上や沼沢や袋小路に追いこまれるか、わなか、丸太や石の落し穴で捕えられる。」[26] 狩猟におけるハイライトともいうべきこの捕獲に際しては、逃さぬようにという配慮と同時に、近づきすぎると獲物が襲いかかってくる危険性があるので、一般的にはある距離を保ちながら弓矢を放つか、槍を投げるかして捕える。しかしまた獣の種類によっては、槍を投げず、獲物に突きさすようにして殺すか、襲いかかるのを防ぐためにある者が突きさしておいて、その間に他の者たちが仕とめる（ゲルマン人の場合だと戦斧で）という捕獲の仕方もある。最後の「持ち帰る」は、言うまでもなく、獲物を持ち帰ることであり、しばしば加勢者のリレーによって行われる。ただ捕獲してしまった後は、当の狩猟人の心理としては、獲物に対してそれまでほどの関心はもはやなくなって、あとはむしろそれを待ち受ける者らの手に委ね任されて終わるというものでもあろう。

　さて、以上のような一連の手順で行われる狩猟にさいして、その時間意識はどのようなものになると考えられるだろうか。……まず、狩猟に出かけるに先

立って、単独・共同いずれの場合も、想像を巡らして計画が立てられる。それは時間的にはもちろん未来の事柄に属するのであって、狩猟人はその未来がやがて現実のものとなることへの予感と期待のうちに猟場へと赴くのである。つまりは、「狩猟人はものごとが生起する世界に住んでいて、……たえず油断せず、大きな丸い地平線のかすかな彼方から解決が生まれるかもしれない、という事実を受けいれる人のことである。……狩猟のもつ圧倒的迫力、実際の捕獲のもつ感触的ドラマ、そして通常、その死の悲劇すらもが、予感を通して狩猟人の関心を高め、それ以前の作業すべてに紛れもない事実性を与える。」[27] このように狩猟人にあっては、時間の意識もまた知覚そのものと不可分なのだ。そしてこれらのことは古代ゲルマン人の狩猟に際しても、全く同様に妥当するものと考えてまず間違いあるまい。

　そのようなわけで上述のことを、狩猟におけるゲルマン人の時間意識に翻案して言い直せば、次のように言い得るでもあろうか。すなわち、獲物という可視的・具体的な形姿をとって現れ出てくるところの時間は、未だ現われ出で来たらざるの（＝未来の）彼方から、それを待ち受ける者の視界に現れた後は、その者が現に在るところ（＝現在）に向かって、次第々々に近づいて来て、ついにはその者の掌中に入る形で、現在そのものとなる。そして、現実に現在となったその後は、もはやさしたる関心はなくなり、それまでの時の進行方向そのままに、過ぎ行くにうち任される、と。つまりは、狩猟においてもゲルマン人の時間意識としては、時間とは未来から現在へと向かって進み近づいてきて、現在となったその後は、過去へと流れ去るに任される、といったふうのものであったと解してよいのではあるまいか。……なお蛇足ながら、柳田国男に「猟して捕るというは１つの戦闘であった」[28] という言葉があり、また一般的に、狩猟とは鳥獣との争闘と定義されるのだが、そのことはまたゲルマン人の狩猟にもそのまま当てはまるはずである。とすれば、先にみた彼らの戦争における時間意識が、これまたそのまま狩猟に際しての時間意識ともなり得るわけである。

　なおついでながら、狩猟民族たるゲルマン人にとって森こそは、彼らの食糧源たる動物たちを棲息せしめてくれるかけがえのない、否、神聖視されるべき

場・空間であった。そして詮じつめてゆくとき、それらの生き物たちを生かしめているのは、畢竟して樹木の生命力に他ならない。だとするなら、彼らが樹木のうちに霊を感じて、この樹木の霊を祀るといった樹木信仰を持つようになっていったとしても何ら不思議ではない。（後にゲルマン人たちがキリスト教化されていったときも、彼らのこの樹木信仰は"クリスマス・ツリー"という形で保持されたのだった。）しかしながら、ゲルマン人たちが森を神聖視したのは、単に森のこうしたポジティブな側面にのみ因るのではない。他面において、神秘的でデモーニッシュな森の幽暗を前にするときには、それはゲルマン人にとっても「未知の恐ろしい空間であり、そこには人間にはどうすることもできない不可思議な力が働いていると考え」[29]ざるを得なかったのであって、それが神聖視につながっていったことも想像にかたくないところである。

そしてゲルマン人たちにあっては、印欧祖語時代以来の牧畜と、土着の人間から学んだ農耕とを営む狭義の生活空間（これを安部謹也氏は「小宇宙」と呼ぶ）の周りに、国土の8割を占める森が、「不可思議な力の働いている」「未知の恐ろしい空間」としての森が（それを同じく「大宇宙」と呼ぶ）広がっていたのであり、彼らにおいてはこの大小2つの宇宙によって世界が形成されていたのである。そうして、「人間の運命を司るすべての源泉」[30]、つまりは「災難や戦争もみな大宇宙から人間の住む空間である小宇宙に襲いかかってくるものと考えられていた」[30]（傍点筆者）のだった。いわば恐れの対象となる一切のものが、災難や戦争はもちろんのこと、病や死、不作や飢えといったものが、ほとんど不可抗力的に、人間の力の及ばぬ大宇宙の彼方から、現に人間の住む生活空間に向かって襲いかかってくるのである。

ここで想起していただきたい——古代人にあっては、空間意識のほうが時間意識に優先したということを、というよりはむしろ、時間はほとんど常に空間的で可視的・具体的な形姿において意識されていたということを。そうだとするなら、諸々の形姿をとって襲いかかってくるものとはまさに時間そのものに他ならなかったということなのである。「古ゲルマン人にとって世界 World とは人間 Verr と時 öld の結びついたもの Veröld＝Weoruld＝World、つまり世界とは人間の時を意味していたのです。時間と空間は彼らにとって経験のなかに

あるものであり、直接に体験されたものであって、時間は常に具体的な生活の諸相と結びついており、決して抽象的なものではなかったのです。」[31] ……以上のことからもゲルマン人における時とは——狩猟の場合には獣という可視的で具体的な形姿をとって——未知なる未来から現在へと襲いかかってくるがごとくに向かってくるものであって、そして現在を通り過ぎたあとは、襲いきたったときのその進行方向のままに過去へと不可逆的に過ぎ去ってゆくものというふうに受けとめられていたことは、もはや疑う余地のないところではあるまいか。そして、筆者としては、この「未来→過去型の直線的時間意識」を「ゲルマン的時間意識」と呼ぶことにしたのであった。

(4) ゲルマン人の葬制と死にみられる時間意識

それでは最後にもう1つ念のために、ゲルマン人の葬制および彼らの"死"に対する見方・受けとめ方においても、彼らのそうした「ゲルマン的時間意識」が確認されることを、以下に見ておくことにしよう[32]。

まず葬制に関して何よりも注目に値するのは、ゲルマン時代が火葬であることにおいて、その前後の時代の土葬と明瞭な一線を画しているという点である。すなわち、ゲルマン人が彼らの原郷からゲルマンの地に移住してきた紀元前2000年ごろから、のちにローマ文明と（それによって同時にキリスト教と）接触するようになった紀元後2・3世紀ごろまでの約2000年余りの間の葬制が火葬であるという点において、それの前後の時代がいずれも土葬であるとの際立った相違を見せていて、そしてそのことは他ならぬゲルマン人の時間観とも直接に関係しているものと大いに注意を引くのである。

このことをやや詳しく述べると次のごとくである。……新石器時代（前3000年～前1800年）より以前の時期をも含めた印欧祖語時代にあっては、死体処理は土葬であった。埋葬の様態としては屈葬が主。巨石墓から次第に一人墓に移ってくるのだが、一人墓では巨石墓より副葬品が多く見られる。これらの事実に対する解釈としては、「一人墓がでてきたのは、大家族制のゆるみか、死者への恐れか、あるいは、便利さからか、とされる。屈葬の意味についても色々の解釈がある。①スペースの節約、②死者への恐れ、③母の胎内の姿勢、

④眠る姿勢など。副葬品の意味については、①タブー（死者の使用したものを忌む）、②死者への愛惜（日用品を副える）、③来世信仰などの解釈である。」[33]

　これらのうちからどれかある特定の解釈に絞ることは無理だとしても、それでも土葬、屈葬、副葬品といったことからして、印欧祖語人たちが死後の再生といったことを考え、来世なるものを想定していたらしいことは、ほぼ言い得るのではあるまいか。つまり、現世のみならず来世をも重視していたと見なしてよいのではるまいか。そして、そうしたある種の来世重視のためにはまずもって、時間とは現世から来世へ、つまりは過去から未来へ向かって進んでゆくものだとする時間意識が先行せねばならないわけである。言い換えれば、そうした時間観に依拠してはじめて、死後の再生、来世といった考えないし信仰も出てき得るのであって、そのことは先に見た印欧祖語人の時間意識が「過去→未来型の直線的時間意識」だとしたことともまたよく一致するところである。

　ところが、ゲルマン人が原郷を離れてゲルマンの地に移住すると、こうした土葬が火葬へと移行しだすのである。すなわち、青銅器時代（前1800〜前900年）になると、死体処理は、火葬へゆっくりと移ってゆき、やがて完全に火葬が主になる。次の鉄器時代〜文献時代（前900年〜後1000年）のうち、まず前900年〜前450年のハルシュタット期では、火葬で、骨壺墓になる。副葬品は見られない。続くラ・テーヌ期（前450年〜西暦紀元）でもやはり火葬。骨壺墓なのも同じ。副葬品はほとんどない[34]。西暦紀元後の時期になると、死体処理は、火葬と土葬が並行するようになる。言い換えれば、再び土葬へと移行しだすのである。この土葬はローマの影響とされるのだが、これは要するにキリスト教の影響によるものである。副葬品はラ・テーヌ期より豊かになる。その後も火葬・土葬の並存が続いたが、やがてドイツではキリスト教に改宗したカール大帝（768〜814）によって火葬が禁止された。北ゲルマンでは、ヴァイキング時代にもなお全体として火葬が土葬より多かったのだが、キリスト教改宗後は土葬が一般化することになる。……このようにゲルマン人たちの葬制は、青銅器時代・鉄器時代を中心とする2000年余りにわたって火葬だったことが考古学的に実証されていて、その前後の時代の土葬と明確に一線を画していることが分かる。

ということは、ゲルマン人たちの死に対する概念が、その前後の時代のそれと明確に異なっていたということに他ならず、そのことは同時に、そうした死の概念においてもまた端的に現れるはずの彼らの時間意識そのものが、その前後のそれと一線を画するものであったことをも意味するものに他なるまい。そのようなわけで次にまず、火葬と裏腹の関係をなす彼らの死に対する見方・受けとめ方を、そしてそれを通して看取されるはずの彼らの時間意識を、見てゆくことにしよう。

　まずゲルマン人にとっては、何よりもその死に方こそが重大な関心事であった。「Strohtod（日本流に言えば、畳の上の死）を人（＝ゲルマン人）は恐れた。老いと病いでやむなく死期を迎えた者が、武装して席について自殺したり、又、病気でもない老人が殺してもらったりする例が見られる。戦士が戦場で華々しく死ぬのは最高の名誉」[35]だったのである。ゲルマン人にとって死は、なんぴとといえども避けえぬものとして、未だ来らざるの彼方から現に在る自分に向かって、つまり未来から現在に向かって、いずれ必ず訪れ来るものであった。そして実際に死んで、この世で生命から離れてあの世（ヘル＝冥府）へ行く際に、力を失ったみじめな姿で行けば、それがそのまま死後の世界においても続くと考えていたのである。だから彼らは、戦場での華々しい死こそ名誉ある死と見なし、ある意味でそうした死を願ったのであり、他方老いや病いの死をみじめったらしい死として忌避したのであった。

　さて、「人が死ぬと、後向きに近づいて、眼、口、鼻孔を閉じる。『息』というのが「古北欧語」ǫnd〈魂〉の原義。肉体を去った死者の魂は再び元の肉体に戻るべきではない。」[36]「死者を家から運び出すのにも決まりがあって、敷居を越えて運ぶことは禁じられていた。敷居の下を掘って通るか、壁に穴をあけて通り抜けるか、特別のドアを作って外へ出した。これは敷居の神聖さを汚さないという積極的意味の外に、死者が戻ってきても入口がわからないようにする配慮でもある。」[37]「墓へも一定の道を通って運ばれる。それは『死者の道』又は『非常道』と呼ばれ、ふだんはできるだけその道は避けられた。墓に葬式の列が着くと、普通1〜3回墓のまわりをまわった。これは死者の霊に帰路を

わからなくするという説と、墓所を鎮めるという2つの説がある。」[38]

　いわば避けえぬ運命として、未来から現世へ向かってやってきた死に見舞われた者は、死者となり、その魂ともども、"過去の人"となる。つまり死は、死者と死者の魂とを現世（現在）から引き離して、すでに"過去の人"となった者らのいる世界（ヘル＝冥府）へと連れ去ってゆくのである。死に伴うそのような時間の流れに逆って、死者ないし死者の魂が、再び現世に戻ってくるなどということは本来的・原理的にあり得ず、またあるべきことではない。だからこそ、「死者の魂は再び元の肉体に戻るべきではない」のであり、万が一「死者が戻ってきても入口がわからないようにする」べきであり、それに先立って、「死者の霊に帰路をわからなくする」という配慮がなされねばならないのである。

　いずれにせよゲルマン人は肉体を離れた魂の観念を持っていたのだが、それならその魂は死後どのような世界へ行くのか。あるいは、彼らは死後の世界をどのようなものと考えていたのであろうか。このことに関して一般的によく知られているのは天上のワルハラと地下のヘルである。がしかし、ワルハラはずっと後に出てきた観念であって、彼らにとっての死者の国はもともとヘルだったのである。すなわち、人は死ぬとみなヘルに行く、のである。「ヘル（hel）は『死、死の女神、冥府』を意味する。語源的には hehlen（隠す）と関係ある語。老齢と病気で死んだ者だけがヘルに行く、といわれるが、これは戦士の楽園としてワルハラの観念が固まってから、いわれたので、元来は死者はすべてヘルに行くと考えられていたようである。」[39] ところが、元来は死者のすべてが行くとされた死者の国としてのヘルは、かなり漠然とした国である。つまり、その死後の国への旅あるいは道筋についてはいろいろに語られてはいるのだが、それとても暗さ、冷たさ、河、橋、門、壁といったお定りのもののほかは、何も死の国そのものについては語っていないのである。死の国は橋や門や塀を越えたあちら側にあるものといったほどのものなのである。このように死者の国としてのヘルは、そこに至る道筋についてはある程度のイメージは思い描けるものの、ヘルそのものについてはおよそ漠然としている。

　一体どうしてこのように、ゲルマン人にとって死後の国は漠然としたものに

なるのであろうか。このことに関して谷口氏は、結論的に次のように述べている。……「このように死者の国そのものにゲルマン人は、はっきり一貫した観念をもっていなかったと認めていいであろう。では、どうしてそうなのか、と考えると、仏教やキリスト教ほど来世というものに大きな役割を負わしていなかったからだ、といえる。ゲルマン人の現世主義といってもいい。……死者は生者に Heil をもたらすか、禍を加えるかの関係にあり、害を加えるものは焼かれて、生者と無縁のものにされる。死後の名誉という戦士の最高の徳も、詮じつめれば、それにより氏族共同体の Heil が強化されるからこそ一層尊ばれたのである。現世と関係ない死、Heil、Unheil と関係ない死は忘却されて、ゲルマン人はそれに無関心であった。」[40]

　ゲルマン人が死者の国そのものに明瞭な一貫した観念を持っていなかったのは、要するに彼らの「現実主義」のゆえであり、「来世というものに大きな役割を負わしていなかったからだ」とする氏の結論それ自体は正しいのだが、ただ筆者としては、ゲルマン人の時間意識の観点から少し補足しておきたく思う。というのも、同じく死者の国ないし死後の世界としての「来世」といっても、キリスト教（あるいは仏教）でいう来世と、ゲルマン人の考える来世（あの世）とが、時間意識の点からみて全く180度逆方向に異なるものだからである。キリスト教における「過去→未来型の直線的時間意識」にあっては、来世はいわば現世の続きとして、この時間の流れの延長線上にある。そして、現世における生き方いかんによって、来世での生（天国・地獄あるいは煉国での明瞭なイメージを持つ生）が定まるのである。言い換えれば、来世においてなんとか地獄落ちを免がれて、かなうことなら天国へと願う人情にとっては、来世はそれだけ大きな役割を負うことになる。極端な言い方をすれば、キリスト教において現世を規定するのは来世であって、その意味ではキリスト教（徒）は来世主義といえるかもしれない。

　それに対して、ゲルマン人にとっての死——という１つの具体的な形姿をとって顕れる時間の流れ——は、なんぴとも避け得ぬ必然として未来から現在に向かってやって来て、死者となった者を伴って過去へと、"過去の人"たちの国へと過ぎ去ってゆくものである以上、彼らにとっての来世は、現世の続きと

して重要視されるようなものでは決してない。むしろ現世から切り離されて忘却の淵に沈みゆくに打ちまかし得るもの、現世とは無縁のもの、現世と関係なきものとして無関心でいられる世界なのである。そのような無縁・無関係・無関心の世界に対しては、明瞭な一貫した観念を持ち得ない方がむしろ自然なことであって、かつまた、そのような世界としての「来世というものに大きな役割を負わしていなかった」のもこれまた理の当然といってよいであろう。

　別の言い方をすれば、未来から現在へと向かって来る時間の流れにおいては、その流れを受け止める現世（未来時をふくむ現世）こそが重要だったのであって、そしてまた現世を通りすぎて無縁の過去へと流れ去って行った時間はもはや関心の対象たり得ないのであって、そうした意味でゲルマン人はまさに「現実主義」だったのである。要するにゲルマン人たちが死者の国に対して一貫した観念を欠いていたこと、来世（あの世＝冥府）にさしたる役割を負わしめていなかったこと、現世主義であったこと等の事実とその理由づけを無理なく説明し得るためには、彼らの「未来→過去型の直線的時間意識」なる観点を導入せざるを得ないということであり、逆にまたそうした時間観による裏打ちによってこそ、谷口氏の結論もまた十全なものたり得ると思うのである。

　さて、以上のことをふまえて、なお最後にゲルマン人と火葬の関係について少し述べておこう。――考古学的な見地からみた火葬の意味については、(1)腐敗の過程の短縮、(2)魂の肉体からの開放、の２つの説があるが、ゲルマン人たちの時間意識との関連で言えば、とりわけ(2)が重要な意味合いをもつ。たとえば次のような例においてそのことが端的にうかがえる。……「ソーロールヴ・ベーギフォートは死んでからも出て来ては、人や家畜を殺し、屋根に馬で駆け上がっては壊したりする。生前ソーロールヴの恐れたアルンケルがその死体を掘り出して、淋しい岬に移してから、しばらくは大人しくなったが、アルンケルが死ぬと、また暴れ出す。掘り出してみると死体は腐っていないで、ヘル（冥府の女神）のように黒く、牝牛のように大きかった。火葬にしてやっと静かになった。」[41]これは死後も生者にとってネガティブな力を及ぼすものの１例だが、火葬に付していない場合には、死者は塚の中に葬られても、いま

だその魂が肉体から解き放たれていないがゆえに、なお完全に死んだことになっていないのである。

このように、「生前、魔法使や性悪な人間、ベルセルクル（狂暴戦士）であった者、非業の最後を遂げた者の幽霊」[42]が、死後になおネガティブな力を及ぼす場合でも、火葬に付しさえすれば、その魂がすみやかに肉体から開放されて、"過去の人"となった人たちのいる国へ、つまり過去時へと急ぎ消え去ることにより、その災も消滅して、生者らにとって無縁のものとなるのである。ネガティブな力を及ぼすものにしてかくのごとくであるならば、「現世主義」のゲルマン人にとって、「現世と関係ない死、Heil、Unheil と関係ない死」を死んでいったごく一般の死者たちを、現世から立ち去らしめ無縁のものたらしめるには、（土葬ではなくして）まさに火葬に付すにしくはなかったわけである。

なお、死者が生者に Heil（幸運、利益）をもたらすような場合には土葬にすることもあったようだが[43]、それがごく稀なケースであることは、王侯や名士といえども火葬にされて、そこからワルハラ行きの信仰が形成されていったことからも明らかである。ところでこのワルハラについて一言しておくと、それは死の神で軍神で最高の神であるオーディンの宮殿であって、王侯や名誉の戦死を遂げた戦士など選ばれた者らの行く楽園であるが、そうした者らの火葬においては、その煙が高く昇れば昇るほど、天上の国ワルハラでの地位が高くなり、副葬品が沢山一緒に焼かれるほど豊かになる、と信じられていたという。が、それとても火葬において煙になってしまえば、生前に王侯や名士であり、また死後ワルハラなる楽園においてどのような生活を営もうとも、それは生者らにとってはもはや無縁・無関係の存在となる点では、ヘル行きの者らと本質的に何ら異なるところはない。つまりは、死者らの魂を解き放って、現世ないし生者らと無縁・無関係な存在たらしめるという先に見た火葬の持つ意味合いは、このワルハラ送りにおいても、全く同様のものとして明瞭に見てとれるわけである。

いずれにせよ、印欧祖語時代の土葬が死後の再生、来世への信仰を想定させるものであって、それは他ならぬ「過去→未来型の直線的時間意識」に依拠していたこと、他方またゲルマン人たちが後にローマ文化（キリスト教）と接触

しだしたときに土葬になっていったのは、死後（来世で）の復活を信ずる「キリスト教的時間意識」の影響によるものであることはあまりにも自明だが、これら2つの土葬にはさまれたゲルマン時代が火葬ということにおいて一線を画していたのは、詮ずるところ「未来→過去型」の「ゲルマン的時間意識」がその背後にあったからに他ならない、ということについてはもはやあらためて繰り返すに及ばないであろう。

　以上みてきたように、ゲルマン人たちの1年の季節の巡りに対する受け止め方、彼らの食生活において中心的役割を果たした狩猟、彼らを取り囲む大宇宙から彼らの生活空間としての小宇宙へと襲いかかってくる戦争、同じく避け得ぬ必然として訪れくる死といったものに対する彼らの見方・把え方、また火葬という葬制を通して、ゲルマン人の時間意識（＝「ゲルマン的時間意識」と筆者が呼ぶもの）が明瞭に見てとれたのであったが、そうした彼らの「ゲルマン的時間意識」の形成にあたっては、詮じつめれば結局のところ、寒国ゲルマンの地の気候風土ないし自然環境・生活環境が決定的な影響・作用を及ぼしたものと見なして差し支えないであろう。言い換えれば、印欧祖語時代の住地（＝原郷）からゲルマンの地へ移動したことによる住環境の激変こそが、それ以前の印欧祖語族の「過去→未来型の直線的時間意識」から、「未来→過去型」の「ゲルマン的時間意識」へと彼らの時間意識を一大転換せしめた最も重大かつ決定的な要因であった、と結論づけ得るということなのである。

　ともあれ、このようにしてゲルマン人の間に形成され確立・定着した「ゲルマン的時間意識」は、その後キリスト教による新しい時間意識がゲルマンの地に次第に入りこんできたときにもなお彼らの間にあって主導的役割を演じつつ、長く生き続けることになるのである。そのようにしながらも、しかし13世紀になると、現在の標準ドイツ語の6時制体系へと直結するその基礎がすでに確立された、という言語事実が確認されていた。そしてそのことはとりもなおさず、この「ゲルマン的時間意識」が13世紀にはついに「キリスト教的時間意識」にその主導権を譲って表舞台から降りたことを意味するものであったわけだが、それでもこの「ゲルマン的時間意識」はその後もなお裏の存在ない

し在野的存在として、「キリスト教的時間意識」ともどもドイツ人のうちに並存し続けるのである。それがひとたび生成・定着した時間意識の特性・特質というものだからである。……さてそれならば、なにゆえに他ならぬ13世紀に、「キリスト教的時間意識」がそれまでの「ゲルマン的時間意識」にとって替わって、主導権を握るに至ったのかということが問題となる。それで次には、そうしたところに焦点をあてる形で、この主導権交替に向けての過程を見てゆくことにしたい。

Ⅲ．キリスト教の浸透・普及

　ゲルマン人がキリスト教と本格的に接触するようになるのは、ゲルマンの大民族移動がほぼおさまった5世紀頃からであるが、それ以前からすでにゲルマン人への布教活動が行われていたことは、例えば西ゴート人の僧ウルフィラ（ca311－383）が自らの布教活動の一環として、聖書のゴート語訳を試みている事実からも明らかである。こうした宣教師による一般民衆へのキリスト教の伝導・布教といういわば下からの地道な努力と相まって、いやむしろそれ以上に、ゲルマン社会へのキリスト教の浸透にあずかって力あったのは、まずはゲルマン諸部族の指導的立場にある者らがキリスト教へと改宗し、それに伴って配下の者たちも主君にならうという形での、いわば上からのキリスト教化であった。そうした上からのキリスト教化の発端をなしたものは言うまでもなく、496年ランスにおけるフランク王クロートヴィヒ（英：クローヴィス）のレミギウス司教による受洗である。

　そこに至る歴史的過程は次のごとくである。……先にも少し触れたように、「ゲルマン人は多くが寒冷な北欧や、森林、沼沢地が8割を占めるという中欧に住んでいたので、部族民の人口増加と農耕地の枯渇化に伴って、彼らの関心は自然温暖な肥沃な地に向けられていった。そして、アジアからフン族が侵入（375年）してゲルマン人を圧迫したことが、彼らが部族集団で南へ移動し、ローマ領地に定着するきっかけとなった。……（ゲルマン諸部族のうち）フランク族は、ライン下流域からガリア北部に先住地を捨てずに移動した。これは

移動というより安定した拡大であった。またローマ文化に対しては、ゲルマン固有の精神を失わないで、しかもこれと巧みに融合した。このような堅実なあり方から、やがてフランクはゲルマン諸部族の中堅となり、メロヴィング朝のクローヴィス一世（在位481－511）のとき、フランク王国が成立するに至った。このフランクは、他の多くのゲルマン国家がすでにアリウス派のキリスト教を受け入れていた中でなお古ゲルマン以来の部族信仰を守り続けていたが、王国内で登用されていたローマ系の文化人の働きかけによって、クローヴィス一世が496年ランスの大司教から洗礼を受けた。こうしてフランクのカトリックへの改宗は実現したのである。」[44] 国王の改宗には王妃クロデヒルデと司教聖レミギウスの感化・影響もあったと言われているが、主たる原因はやはり、宗教によって民衆の一致を保ち、ローマ的政治体制と文化的開発とを期待するという政治的配慮によるものであったらしい。ともあれ、これにより王の受洗にならってその部下国民の洗礼も行われ、一挙にしてカトリック教国となったのだった。

　クロートヴィヒ一世のカトリックへのこの改宗の範は、その後のフランク王国の諸王にも継承され、王国の拡大と相まってゲルマン人への上からのキリスト教化（アリウス派からカトリックへの改宗ということをも含めて）が着実に推し進められてゆき、かくして600年頃にはライン右岸のゲルマン諸部族もキリスト教に帰依することになった。なおこの頃から王国内のあちこちに修道院が建てられるようになる（7世紀末にはその数は50に及ぶ）が、そこでの修道院長のほとんどが王国内の有力者や名門の出身者あるいは縁者であったこともまた上からのキリスト教化につながるものと見なしてよいであろう。そうして、中ピピンによって「カロリンガー政権のはじまる687年以降新しい傾向があらわれる。その1つは、ドイツ諸部族地域の政治的支配と異教徒の改宗＝キリスト教化が提携して進んだことであり、いま1つは、フランクの植民政策が積極的に推進されて、政治的支配の基礎を築いたことである。」[45]

　こうした基礎の上にフランク支配の線をさらに推し進めた小ピピンがフランク王となった751年にカロリング朝が始まり、そしてまた言語史的にはこの頃から古高ドイツ語時代に入るわけだが、この小ピピンの後を継いだカール大帝

(768～814) も、自ら深くキリスト教に帰依するだけでなく、領土の拡大にあたって、キリスト教を広めることをその大義としたのであった。長いザクセン戦争の後にようやくザクセンを平定したときも、それまでに頑強にゲルマンの異教信仰を守り通してきたザクセン王ヴィドゥキントをキリスト教へ改宗（785年）せしめているのである。そしてまた788年には、バイエルン（ここのキリスト教化は7世紀末にほぼ完了していた）をもフランク王国に編入する。このようにして西欧全体をほぼ統一して、800年にはローマで教皇レオ三世により戴冠、ローマ皇帝となったことはあまりにも有名だが、自らの支配下にあるものすべてをキリスト教化するべく、ゲルマンの葬制であった死者の火葬、異教信仰、洗礼拒否そのほかを、死罪をもって禁じたのだった。かくして当然のことながら、オーディンを主神とする古ゲルマンの神々とその供儀とはこれまでにも増して、その後急速に衰退の道をたどってゆくことになる。（因みに、ゲルマンの偉大な神オーディンは、古代の神にふさわしく善のみではなく野蛮で強力な力を秘めた神であったから、キリスト教の側としては容易にそれを悪魔と決めつけることができたのだった。）

　このようにして上からのキリスト教化が強力に推し進められた一方で、719年には「ドイツ人の使徒」と言われるボニファティウスのドイツ伝道が始まるなどドイツ人への下からのキリスト教化も本格化していった。そしてこの教化の任に当たったのが主としてベネディクトゥス教団に属する修道士であった。かくして主要な町に司教座が置かれ、あちこちに修道院が建てられて、（カール大帝が登場する768年までにライン以東の地にも約80の修道院が建設されている）それらが伝道の主たる担い手となってゆく。そうしてこの先あらゆる町また村に修道院的教会が建てられてゆくことになるのだが、そうした修道院や教会で鳴らされる〈鐘〉の音（七定時課[46]）を告げる〈鐘〉の音）を通して、キリスト教の時間（意識）が徐々に、しかし絶大な影響力をもって、ドイツ人社会の中へと入りこんでゆくことになる。他方また1年も教会の行事暦にのっとって、復活祭主日から聖霊降誕祭まで、聖霊降誕祭から9月まで、9月から4旬節、4旬節から復活祭主日までの4期に分けられることで、そうした教会暦によっても、時間とは過去から未来へ直進してゆくとするキリスト教的時間

観がドイツ人の間に次第に浸透してゆくこととなるのである。

　ところで、このフランク王国はこの後、カール大帝の死後しばらくして、843年に東西フランクおよびイタリア・ロタリンギアの三国に分裂する。そして、そのうちの東フランク王国こそがドイツ王国の基となる。つまり、この東フランク王国でフランク系の王朝の後を継いだのはザクセン系の君主であって、このザクセン系の王が出たことで、政治的に初めてドイツ国家が成立したものと見なし得るからである。そうして、ザクセン朝をひらいたハインリヒ一世（918－936）、そして息子のオットー大帝（936－973）〔962年に教皇により戴冠、ここに神聖ローマ帝国が成立したことはよく知られているところ〕など有能な優れた国王がその後も次々に出て、彼らは2世紀にわたって大陸を支配し、自国とキリスト教国の境界を守り、固め、広げることに大いに力を奮ったのである。このようにしてザクセン朝時代に達成された国内の平和と新しい秩序は、ドイツ国内にめざましい経済的繁栄をもたらしたのだった。「他方、イタリアとの結合が強化され、アルプス超えの交通路が確保された結果、地中海を中心とする遠隔地貿易の影響がドイツ国内にも及び、都市の勃興を促す」[47]こととなった。こうした社会的・経済的状況の中にあって教会勢力も非常に進展し、10世紀から11世紀にかけては、ドイツでキリスト教全盛の時代を迎えることとなる。そしてそのことがまた、11世紀末に始まる十字軍へとつながってゆく一因ともなったのであった。

　ヨーロッパの歴史にとって、したがってドイツの歴史にとっても重大な影響を与えたこの十字軍は、一般に知られているごとく教皇ウルバヌス二世の勧説に応じて1096年に第1次の遠征が遂行され、その後いくたびか繰り返されながら13世紀末まで2世紀間の長きにわたって続けられたものである。そして第1次から第3次十字軍（1189－92）まではいずれも聖地回復という本来の宗教的理念を旗印として行われたのに、それがハインリヒ六世によって1197年に開始された第4次十字軍になるとすでに政治的あるいは経済的動機が支配的になってくるなどして、時とともにその内実が変質していったこともまたよく知られている。そのように誤れる"聖戦"であったばかりか、およそ不純な動機

による"征服戦争"だったにもかかわらず、それでもこの十字軍に人びとの関心が向けられたことが、キリスト教のさらなる普及・浸透にあずかって力あったことだけは疑う余地のないところである。言い換えれば、この2世紀間にキリスト教はドイツを含む北ヨーロッパに完全に根づいていったのである。

だがそうしたことにも増して、いま問題にしているドイツ人の時間意識との関連で重大な意味を持つことになるのは、第1次十字軍における分捕り品の1つとして、分銅式時計を持ち帰ったことである。このことに関しては後にやや詳しく述べるが、いずれにせよ中世都市の商人たちの欲求に促されて、この分銅式時計から機械時計が開発されてゆき、やがてそのことがドイツ人の時間意識の変革に決定的な影響を及ぼすことになったのであった。

Ⅳ．ゲルマン的時間意識とキリスト教的時間意識のせめぎ合い

上述のごとく、上からと下からの働きかけによってキリスト教が、砂漠的風土に育ったユダヤ教の流れをくむキリスト教が、"森の民"として森林ないし樹木が日常生活の中心的存在であるゲルマン社会の中へ、ドイツ人の間へと侵入・浸透してきたわけだが、それはとりもなおさず「ゲルマン的時間意識」の中へ徐々に新しい異質な時間意識が、つまり「キリスト教的時間意識」が押し入ってきたことを意味する。そして他方また、ゲルマン人にあっては時間意識と空間意識とが表裏一体の関係にあったがゆえに、(阿部氏の言葉を借りて言うなら) いわばそれまでの彼らの小宇宙・大宇宙という空間観の中へ、それら2つの宇宙を否定せんとする「1つの宇宙という構図」が、とはつまりそれを背後から支える時間観が、押し入ってきたことをも意味したのであった。

すなわち、「キリスト教が入る以前のヨーロッパ世界では人びとは2つの宇宙の中で生きていました。人間の生活空間である家とか村とか都市の小宇宙の外に霊や未知の諸力のすむ大宇宙があり、神々のすむところも大宇宙でした。大宇宙は混沌の状態にあったのです。しかるにキリスト教の教義によると天地創造からイエスの降臨、死と復活を経て最後の審判に至るまで歴史は直線的に進んでゆくとされています。世界史は救済の出来事として経過してゆくのであ

って、世界には未知の不可解な領域はなくなってしまったのです。」[48]……神の天地創造（過去）から最後の審判（未来）に向けて時間は直線的に進んでゆくとするのがキリスト教の時間観・時間意識であることは今さら改めて言うを待たないが、この宗教にあってはそうした時間意識の方が空間意識よりも優位に立つ。世界という空間をも世界史ないしは救済史という時間の流れの中に組み込む形で把握しようとするのだ。つまり、それ以前の小宇宙・大宇宙という2つの宇宙を否定し、それらを神の天地創造による「1つの宇宙という構図」の中へ組み込んだ上で、その「1つの宇宙」をも救済史という直線的な時間意識の中で把えてゆくことにより、世界をいわば時間でもって一元的に把握しようとするのである。時間による世界の一元的把握、それがキリスト教の基本的原理なのである。

　このように2つの宇宙を否定し、世界を救済史としてとらえるキリスト教の教義はしかしながら、決してすんなりとゲルマン社会の中へ、ドイツ人社会のなかへ受け容れられていったわけではない。なぜなら、時間とは神の天地創造から最後の審判へと、つまり、過去から未来へと直線的に進んでゆくとする新来の「キリスト教的時間意識」は、時間の流れをそれとは全くの逆方向において把えるそれまでの「ゲルマン的時間意識」と相反するものであったばかりでなく、この時間重視のキリスト教的観点はまた、従来の空間重視でもあるゲルマン的・ドイツ的観点とも異質なものだったからである。すなわち、「キリスト教の教義がいかに緻密に構築されていっても、村や町に住む人びとにとって森や山、野原や川が持つ意味が突然変わる筈はないのです。彼らにとっては森は相変わらず恐ろしい未知な世界であり、大宇宙を構成する四大元素の風や土や火や水も人間には制御し得ない恐るべき力でありつづけたのです。……キリスト教会が主張する1つの宇宙という構図は論理的ではありますが、感性の面での支えを欠いています。教会や修道院の奥深くで、思索をこらしている人間と違って、農民や市民は朝から晩までいつも大宇宙つまり自然を相手にしていました。彼らにとってキリスト教の教義がいかに正しいものとして説かれても、未知の自然に対する恐怖が消えるわけではないのです。彼らは感性の次元であくまでも2つの宇宙の存在を信じつづけていたのです。」[49]

このようにキリスト教の教義がいかに正しいものとして説かれて、それをキリスト教信仰の立場から論理的には肯ったとしても、それでも彼らの感性からすれば、森や山、野原や川といった2つの宇宙＝空間観の方が、はるかに自然なのである。そしてまた一切はこの大宇宙から、未だ来たらざるものが現に在る小宇宙へと向かってくる、つまり時とは未来から現在へと向かって進んできて、そして過去へ流れ去ってゆくとする「ゲルマン的時間意識」の方が、彼らの実生活における感覚・知覚（＝感性）にとっては、より自然で納得のゆくものなのだ。したがって、キリスト教が時代の推移に伴って次第々々にドイツ人社会の中へより深くより広く浸透・普及してゆくにつれて当然のことながら、この新来の時間意識と従来のそれとは、また時間重視の立場と空間重視の立場とは、お互いにぶつかり合い、せめぎ合うこととなる。そして先に、ドイツ語の時制の変遷過程における言語事実として実証したように、この両者の力関係は12世紀から13世紀にかけてしばらく拮抗状態を保つのだが、13世紀の後半になると急速に「キリスト教的時間意識」の方が優勢となって、それまで長くゲルマン人およびドイツ人にとって主導的役割を果たしてきた「ゲルマン的時間意識」は、その主導権を譲りわたして在野的ないし裏の存在になっていかざるを得なかったのであった。

　それならなぜ13世紀後半に、「キリスト教的時間意識」の優勢化が決定的なものとなって、こうした勢力交替が起きたのであろうか。それには、まさしくこの13世紀に全ヨーロッパ規模において教会的勢力がまさに絶頂に達したということの他にももちろん諸々の要因が考えられるわけだが、それら諸々の要因をいわば集約する形で決定的作用を及ぼしたのが、他ならぬ機械時計の出現なのである。つまり、この機械時計における時間意識（それはキリスト教のそれと同じく、時間とは過去から未来へ直進してゆくとするもの）が、絶頂期を迎えたキリスト教のその時間観を、言ってみれば背後から強力に支援する結果となったことによって、それによってドイツ人一般民衆が、キリスト教的時間観を感性の面においても、受け容れるようになっていったことに因るのである。

V．機械時計の出現とその過程

　さてそれならば、この機械時計は一体どのような背景および過程において出現することになったのであろうか。詳しい説明を省いて結論的に概説すると、その基礎はやはり「農業経済の発達」ということになりそうだ。すなわち、8世紀末には当時の先進地帯であったアレマニエンから徐々にバイエルン、テューリンゲン、ザクセンの諸地方にまで三圃農法が採用されるようになっていたが、同時に有輪の重量犂の発明と犂耕法の発達、繋駕法(けいが)の改良、馬力の導入そのほか一連の農業技術の革新によって、穀物の収穫量が増大した。これによって、それまでにも増して人口が著しく増加してゆくことになる。が、このことは同時にまた、それまでの牧畜中心（ゲルマン人の生活は狩猟中心であったが、民族移動後は食糧源をより安定したものとするため狩猟から次第に牧畜へと移っていた）から穀物生産中心へと経営重点を転換してゆくことをも意味していた。

　なお因みにここで、牧畜社会から牧農社会を経て農業社会へとその重心が移行してゆくに際しての時間意識について一言しておくと——印欧祖語時代以来の牧畜における時間意識が、時間とは過去から未来に向かって直線的に流れ進むとするものであることは、改めて言うまでもない。（こうした牧畜に伴う時間観は、狩猟中心の「ゲルマン的時間意識」が主導的立場にあったゲルマン時代には、いわば日陰の存在に押しやられていたわけだが、それが民族移動の後再び日の目を見るようになってきた、と見なしえるであろう。）他方、次第に重きをなしてくる農業にあっては、一般的に言っても、過去の経験をふまえて現在の営みがあり、その現在の営みから将来の収穫が得られるのだから、ここでも時間は当然、過去から未来に向かって流れ行くものとして意識されることになる。ただその際、それが円環的なものと見られないで、むしろ直線的なものとして受けとめられるのは、やはりドイツの気候風土が大きく作用している。

　例えば日本のごとくに春夏秋冬という四季の巡りのはっきりした風土で、かつ1つの土地で毎年水田稲作が営めるような場合には円環的な時間観にもなるのだが、ドイツの気候は、先にも言及したように、冬と夏の2つきりである。つまり、冬蒔きと夏蒔き、あるいは冬作物と夏作物であって、ために農法とし

ても〈三圃農法〉なるものが採られることになるわけである。これは土地を3つに分けて、それらの土地の耕作を1年ずらしに始めるものだが、いまそれらを1つに限って見てみると次のようになる。「最初の年に秋蒔きで次の初夏に収穫される冬作物（小麦、ライ麦、スペクトル小麦、大麦）を栽培し、その後引き続き刈り畑牧草地にした。次の年には夏穀物（燕麦、小麦）あるいは豆果を栽培した。つまり春に耕作し、盛夏に収穫したということである。その後この畑は再び刈り畑牧草地として利用され、それから冬と次の（3年目の）春には休耕地とし、6月には耕すが、改めて休閑とし、晩秋にもう一度耕して、冬穀物を蒔種した。こうして、この周期は最初に戻ったわけである。」[50] なるほど3年を1周期とする巡りではあるが、この3年のうちでの時間の流れは、秋―（冬穀物）→初夏―（牧草）→春―（夏作物）→盛夏―（牧草）→冬・春―（休耕）→秋というふうに、過去から未来に向けて直線的に進行してゆくものと見られていた、と解してまず間違いないであろう。そして他の2つの耕地も1年ずらしに並行しながら、こうした直線的時間で進行しているのだから、これら3つを全体として合わせみる彼らの時間意識が、時間とは過去から未来へ直線的に流れ進んでゆくと見なすものだった、と解してまず誤りなかろう。

　つまり全体として、ドイツ人の農業における時間意識もまた、「過去→未来型の直線的時間意識」と見なしてよいわけである。ともあれ、牧畜・農業における時間観が以上のようなものであるならば、それらは基本的にはキリスト教のそれと一致するものであって、従ってこの点では、やがて大きくは「キリスト教的時間意識」の中へと包摂されてゆき得るものだったわけである。

　いずれにせよ、このようにして農業生産に基礎を置く中世的経済体制が定礎されたのであり、それに伴って9世紀頃までに農村部では集村化現象が各地で見られるようになる。そして10世紀以降には、この集村化ののち、農業共同体が成立し、また折からの「遠隔地商業の復活」と相まって、各地に都市共同体つまり中世都市も生成してくることになる。単純化して言い直すと、「農業経済の発達」によって人口増加が進み、同時に貨幣経済が発展してゆくことによって、その両者をふまえて中世都市が発生してくるわけである。ただし、10

世紀の段階ではなおまだそうした「都市が、はっきり境界線の引かれた独自の生活領域として考えられていなかったことは明らかで、むしろ都市と農村は互いに綿密な関係にあったのである。だが、11世紀から諸都市が発達して、法的・政治的存在となり、近隣とは明確に一線を画するようになってから……中世都市は、国王や都市領主から特権を与えられることによって初めて、ザリエル朝の終わる頃（つまり12世紀初め）までに成立したのである。」[51]

そして「11世紀末からおよそ13世紀にかけての時代は、都市建設の時代であった。……法的視点が前面に出てきたこの時代には、《都市建設》が本質的には都市興隆を意味していた。……数多くの建設と興隆によって、都市の数は著しく増加した。1150年頃のドイツ帝国には200の都市が存在したらしいが、およそ50年後にはその数は3倍になっていた。」[52] ただし「都市制度の発展という点からみて、12世紀までの都市と、13世紀以後の都市とでは重大な相違がある。前期の都市では、市民がまだ都市領主（国王・司教・世俗諸侯）の裁判権＝支配権に服していたのに対し、後期の都市では、自治権をもつ共同体となったからである。厳密な意味で中世都市とは、後者をさす。」[53]

かくしてキリスト教が北ヨーロッパに根づいていった11～13世紀（それは十字軍の時期でもある）には、ほぼ同時に社会・経済面でも大きな変化が起こってくることとなる。すなわち、「農業は四季の変化や自然現象に左右されやすい仕事でしたが、商人もまた春から秋にかけて活動し、季節や自然の条件に依存していたのです。ところが12世紀以来都市の成立とあいまって全ヨーロッパに商業路の網の目がつくられ、海路、陸路を問わず所要時間は予測可能でなければならなくなったのです。都市商業の成立によってそれまでとは全く異なった交易環境が生まれたのです。商人たちは未知の都市や市場との往復に要する時間や距離をあらかじめ計算し、往復に要する時間や費用まで予測して行動しなければなりませんでしたし、市内で職人を使用する手工業親方は職人の就労規則に労働時間を導入しなければなりませんでした。いずれの場合も、ここでいう時間は自然の時間ではなく計測可能な時間でなければならなかったのです。」[54]（傍点筆者）

商業は常に計算可能な仕事でなければならず、商人にとって時間は計測可能

でなければならない。まさしく商人たちのそうした要求に促されて、いわば出てくるべくして出てきたのが機械時計なのである。ただそれが出現するようになる直接のきっかけは、十字軍がアラビア（パレスタイン）から分銅式時計を持ち帰ったことによるとされている[55]。（当時はアラビア人のほうがヨーロッパ人よりも、学問、技術等の面でずっと進んでいた。）それはともかくとして、この分銅式時計から歯車を用いた機械時計（機械仕掛けの歯車時計）が作られたことによって、いまや時間は可視的に、つまり、感覚・感性の面においても、過去から未来へ直進してゆくものとして把えられ得るものとなったのだ。もちろん、この機械時計による物理的で人口的な、あるいは知性的で抽象的な時間は、キリスト教における時間、つまり時間とは本来神の創造せるもの、神にのみ属せるものだとするその時間と決して同質のものではない。がそれでも、中世都市の商人の世界の中から生まれ普及していった機械時計による時間把握は基本的には、キリスト教における「過去→未来型の直線的時間意識」把握と一致するものではあるのだ。

　その点でこの機械時計の出現は、まさにキリスト教の救済史的な時間意識の普及と徹底化にとり、有力かつ強力な支援となるものであった。だがそのことは他面では、それまでの長い歴史に培われた「ゲルマン的時間意識」に生きる者らにとっては、まさに時間意識の決定的な変革・変転・転換を求められることをも意味したのである。まさしく「時間の進路の逆転」[56]を求められることとなったのであった。

　もちろんそれまでも、人びとは日々教会の〈鐘〉の音を、時（＝祈りの時）を知らせるものとして聞いてはいたし、その際教会の側としては言うまでもなく、救済史の教義にのっとり、過去から未来へと進む時間把握において、その祈禱の鐘を鳴らしていたはずである。しかしながら、それを聞く農民や市民はいまなおそれまでの「ゲルマン的時間意識」ないし彼らの感覚・感性の次元において、例えば日暮が近づけば、ああ、もうすぐ夕べの祈りを告げる鐘の音が聞こえてくるはずだというふうに、時とは未来から現在に向かって近づいてくるものと受け止めていたに違いない。あるいはキリスト教を信仰する立場からは、教義どおりにキリスト教的時間観を正しいとして受け容れながらも、感性

の次元ではいまなおゲルマン的時間観のうちに生きるという具合に、1人の人間のうちに同時に2つの時間観が並存していたと考えることもまた可能である。あるいはまた、8世紀あたりからの農業社会化に伴って、1年の農作業を中心とする絵図式暦が普及していったが、そして暦作者の時間観は言うまでもなく「過去→未来型」のものであったわけだが、それを見る農民にあっては、これから先にやるべきこととしての農作業（例えば、種まきとか収穫、牧草刈りとかブドウ摘み）が次第に現時点へと近づいてくるという時間意識において、その暦が見られていたということは大いにあり得ることである。

しかるに今や機械時計が、そう、キリスト教的時間観をいわば可視的・感性的に裏打ちする機械時計が出現したことによって、鐘の音もまたキリスト教本来の時間の流れにおいて聞かれ、また暦もそうした時間進行において見られざるを得ぬものになっていったのだった。いよいよもってドイツ人一般の時間意識が、まさに180度「逆転」せざるを得ぬ状態にたち至ったのである。

なおここで興味深いのは、この機械時計は中世都市の中心的存在たる商人層の要求に促されて出現し開発されていったものだが、この商人層の時間観に対してキリスト教側が、一種の妥協策を講じていることである。……そもそも初めて時計が使用され始めたのは修道院や教会においてであって、言ってみれば、修道院や教会こそが、それまでの社会における時間計測の中心地であった。ただしそこでの時計は、日時計や水時計、砂時計といった自然のリズムに合わせた従来の時計から歯車を用いた機械時計に至るまで、あくまでも修道としての祈祷や定時課の時を知るためのものであったのだ。

ところが同じ時計を用いても商人の時間意識にあっては、その時計を使って利（利益・利子）を得ることへとつながってゆくわけで、これは教会側としては許しがたいことだった。なぜといって時間とは本来神にのみ属するものであって、その神の時間を使って自分のための利を得るなどもってのほかだからである。ところがこうした商人層がその実、教会に数多くの寄進をしていたものだから、教会側としても彼らの活動を認めないわけにいかない。しかしだからといって利子・利息の禁止を解くわけにはいかなかったので、そこで1215年

にラテラーノ公会議において告解(こっかい)の制度がつくられ、それによって商人の活動をある意味で正当化する手段が講じられたのであった。

こうした例からも明らかなように、12～13世紀にはすでに商人や市民たちの間に機械時計による時間意識が、つまり、それまでの「ゲルマン的時間意識」からすれば180度逆転した時間意識が、形成されていたことが知られるのである。そしてこの機械時計による時間の動きは過去→未来型の直線的流れとして把握されることにおいて、基本的にキリスト教の時間観と同じであるがゆえに、「キリスト教的時間意識」の側としては、まさにこの機械時計の出現こそは有力かつ強力な支援者の獲得を意味するものに他ならなかったのだ。そのため13世紀の末葉には早すでに——先にドイツ語の未来形の形成過程における言語事実として確認したごとく——それまでの「ゲルマン的時間意識」に取って替わって、この機械時計の時間意識に裏打ちされたところの「キリスト教的時間意識」の方が、いきおい主導的立場を占めることになったのであり、ために前者はそれまで守り抜いてきた主権の座を降り身を引いて、以後は在野的存在ないし裏の存在として身を潜めつつ生きながらえてゆくこととならざるを得なくなったのであった。これを逆に言い直せば、こうした時間意識における主導権の交替こそが、現代ドイツ語の未来時制に直結する「werden＋不定形」という未来形の文法形態を13世紀に成立せしめた、その根本原因であったということになるのである。

Ⅵ．神中心の時間意識から人間中心の時間意識へ

ところで、時間意識におけるこのような主導権の交替が起きたということは、それはとりもなおさず、中世都市の成長において、その中心的存在たる商人層（富裕市民）および市史がそれだけ成長し、実力を蓄えてきたということに他ならず、そうなれば彼らがこれまでどおりいつまでも教会権力の支配下に甘んじているはずはないのであって、そうした時代の動向・推移に関してジャック・アタリは次のように述べることになる。……「都市は法的な領地を形成する。市門を越えた者はすべからく都市の法に規制された。1年と1日住居を構

えた者だけがそれに属した。都市は自由な空気を満喫し、政治的な体質をとるようになる。市壁の構造は都市の経済制度の出発点でもあった。ここまで成長した中世都市であれば、もはや宗教権力に時間のコントロールを委ねるはずがなかった。時刻と年、鐘と暦はいずれも消滅を免れたが、持ち主が変った。いうまでもなく、市史たちが議会の召集や防衛を呼びかけるために鐘を用いるようになったのだ。これらの鐘は市議会の召集だけでなく、住民たちの動員や消灯の合図にも使われた。祈祷を呼びかけるために開発された鐘——それは過去3世紀にわたって宗教生活や農作業にリズムを与えてきた——が、都市権力の道具となったわけである。瞑想の単なる合図にすぎなかったものが、俗人の行為の始まりと終わりとを示すために在俗信徒によって与えられた秩序として、しだいしだいに拡大されていったのだ。……しかし、市当局は都市に警察力を行使するため、単に修道院の鐘を鳴らすだけで満足することができなかった。独自の鐘を欲しがったのである。こうして新しい鐘が新しい記念物の上に乗せられる。〈市塔〉(時計塔)の出現である。」[57]

　かくして市塔〔大時計の設置された市塔＝時計塔、こうした大時計の時鐘には、後ほとんどの場合、ハンマーでティンバルを叩いて時を告げる例の時打ち人形が姿を見せる〕は、こうして新しい都市権力の重要なシンボルとなる。それは言ってみれば、修道院や聖職者によって支配されてきたこれまでの中世都市が、そのヒエラルヒーを逆転させて、都市自らのリズムを教会に課すことでもあった。そしてそれはまた教会の側からすれば、時間の脱儀礼化へと、時間の世俗化へと向かうことを意味したし、実際またこのようにして王侯貴族、富裕市民、市史といった人びとが都市の時間を組織し、自分たち独自の日課をコントロールすることになって、教会暦は商人暦になっていったのである。それはまさに〈神々の時〉が〈身体の時〉[58]に取って代わられることでもあったのだ。そしてかかる時代推移のうちに「14世紀半ばから、ヨーロッパの各都市ではこうした大時計の設置に拍車がかかり、市吏や王侯貴族たちは自分たちが市民生活の時間を統御していることを周知させようとして、すべての市塔や鐘楼に大時計を取り付けるまでになる。」[59]

　この大時計は15世紀になると、ドイツでもあらゆる都市に広く普及してい

った。他方、15世紀に入るとゼンマイが時計の動力として用いられるようになって機械時計は精度を増す一方、15世紀も終わりに近づくころには時計はより小型化して携帯可能にもなっていった。つまり、市塔や鐘楼から降りて富裕者の家具の１つと化していったのである。がしかしこうしたことはとりもなおさず、時とはそもそも神のみに属するものだとしてきた教会権力による〈時〉の支配権を、都市民たちが奪って自らの支配下に置くことを意味したし、そしてまた〈時〉の支配こそが一切の支配に直結するものである以上、これらのことはそのまま神中心（ないし教会中心）の中世時代が早晩終わりを告げて、人間中心の近代へと移行してゆくことをも意味するものに他ならなかった。確かに15世紀末にはヨーロッパの主な教会や鐘楼がすべて大時計を備えるようになるのではあるが、それはしかし言ってみれば市塔（＝時計塔）の物真似であって、都市民たちを再び自らの支配下に取り戻さんとする教会側の精一杯の努力にすぎなかった。

　だが神中心から人間中心へと動きだした時代の潮流は、もはやいかんとも押し止めることなどかなうものではなかった。そして、神から人間へのこの中心・重心の移行がひとり時間意識のみならず、文芸・思想全般に及ぶ大きな時代思潮となっていったもの、それがイタリアに始まり全ヨーロッパに波及していったルネッサンスであり、そうしてドイツではそれの開華の１つが、ルターによって惹き起こされた「宗教改革」という特殊な形態をとったのだ、というふうに見なせないであろうか。なぜなら、それまで教会や聖職者の権力下・管理下に置かれていた"信仰"を、そうした仲介者を介さずに、直接神と人間とが相対する本来の信仰形態に戻さんとしたルターの主張は、言ってみれば教会中心主義から、本来の「人間」を取り戻さんとする人間中心主義への欲求とも受け取れるからである。

　以上のことを、これまで問題にしてきたドイツ語の時制との関連で言い直すと、次のようになるでもあろうか。……13世紀の機械時計の出現とその支援を待って、それまでの「ゲルマン的時間意識」に替わって「キリスト教的時間意識」が主導権を掌握したのであり、まさにそのことによって、現代ドイツ語

の6時制体系の成立へとつながってゆくその基礎も出来上がったのであった。しかるにその後の時代の推移とともに、この人間の知性の産物としての機械時計による時間意識が、〈市塔〉（時計塔）において象徴されるごとく、次第に優勢になってゆくのに伴って、この6時制体系が依拠する「過去→未来型の直線的時間意識」そのものがまた、キリスト教のそれから次第に機械時計による物理的で人工的な時間として意識されだしたのである。これを言い直せば、大時計あるいは時計塔という形で「近代的な時計が15世紀には普及してきて、1日は24時間というようにはっきりと現代風の時間意識がでて」[60]（傍点筆者）きたということなのだ。そうしてこのことは、ドイツ語の時制の変遷において、現代ドイツ語の6時制へと直結する文法形態の基盤が中世末期（つまり15世紀末）には確立されたという言語事実とよく符号するのである。だがしかし、こうした時間意識の内実における変質こそは、とはつまり、「俗化され、脱儀礼化されたキリスト教の時間が、換骨奪胎された形で施行される」[61]に至ったことこそは、同時にまた神中心の中世の終焉と人間中心の近代の始まりを意味するものでもあったのだ。

　そのようにして近代の初めに、ルターが「werden＋完了不定詞」という文法形態（＝未来完了時制）を打ち出すことで、6時制体系が完成されたときには、彼の信仰としてはもちろん、キリスト教の時間観に違いなかったろう。がそれでも、こうした文法形態の形成における時間意識としては、時代全体・社会全体の意識・意向を反映して、他ならぬ機械時計に依拠せるそれであったと考える方が妥当であろう。かくして近代の初め（16世紀の初め）に、過去から未来へと直進してゆく物理的に計測可能な時間という現代風の時間観・時間意識の上に成り立つ、現代ドイツ語の6時制体系が確立・完成を見たのであった。したがってこれ以降は、確立されたこの時制体系における各時制の役割分担の明確化あるいは表現機能の拡充とか厳密化といった整理・整備の過程にすぎなくなる、と言いきって差し支えあるまい。

　別言すればこれ以降は、16世紀には室内時計が普及したとか、1582年のグレゴリオ暦の制定によって時間尺度の統一が図られたとか、あるいはまた17世紀には〈振り子〉が発明され、それが先のゼンマイと結び合わさって、振り

子＝ゼンマイ時計が17世紀末に具体化されると、時計の精度が驚異的に高められたとか、そんなふうにしながら現代に至っているのであるが、これらのことはいわば、彼らの時間意識がなおいっそう機械時計に依拠し、ますますそれによって貫かれた過程であってみれば、16世紀より後は、すでに完成された時制体系のその内実を、より適正・正確ないしはより厳密・精緻なものたらしめる過程にすぎなかったのも、あるいはむしろ当然のことであったと言い直し得ようか。

ただしここでも筆者として注意を促しておきたいのは、時間意識なるものは、ひとたびその民族のうちに定着したあとは決して滅び去ったり消え去ったりすることがない、との特性を持っているという点である。……これまで見てきたように、機械時計の出現を境にして、それまでの〈神々の時〉から〈身体の時〉へと移行することで、ひとたびは〈時〉は人間の支配下に置かれたのであった。ところがその後の振り子の発明とその脱進機としての使用という技術革新により、ジャック・アタリの言葉を借りれば、次には〈身体の時〉から〈機械の時〉[62]へと移り、そうしてさらなる開発と精密化に伴って、さらには〈コードの時〉[63]へと移行していったのである。そしてそのことでついには人間が、自ら開発したその〈時〉によって統御され管理されだす時代状況を呈するまでになってきたのであって、そうしたことは今日、我々現代人の誰しもが経験させられているところである。

つまりはそれほどまでに、機械時計の物理的で人工的な、あるいは知性的で抽象的な時間に、ひとりドイツ人やヨーロッパ人のみならず、現代では世界中の人間が洗脳されているといった状況にたち至っているわけである。しかしそれにも関わらず、ドイツ人の生活全般の上になお厳然としてキリスト教的時間観が息づいていることについては、今さら改めて説明する必要などないであろう。が、他方それと同時に、「ゲルマン的時間意識」もまた彼らの間に生き続けているのであって、そうしたことの証左としては先の第3章で示した文章例ですでに十分と思われるのだが、なおここに蛇足ながら2、3の事例を取り上げることでその補足としておきたい。

Ⅶ. ゲルマン的時間意識の事例とヴァイツゼッカー大統領の演説

これまでよく時計を問題にしてきたので、1例として時計（時刻）の読み方を取り上げてみよう。……時計による時間の流れは過去から未来へと直進するものであるがゆえに、ドイツ（人）にあっても基本的には、すでに経過した時間を基準にして時間表現がなされる。ところが彼らの日常会話などでは、15分、30分（＝半）、45分のときだけ奇妙なというか独特な数え方をする。例えば、「3時半です」なら、"Es ist halb vier."というふうに、4（時）に向かって半分進んだという言い方をするのである。〔3時15分（45分）です、なら、Es ist ein Viertel (drei Viertel) vier. というふうに、4（時）に向かって4分の1（4分の3）すすんだ、と言う。〕一体どうしてこんな数え方をするのだろうかということだが、筆者としては、これもまた「ゲルマン的時間意識」の名残という観点から解釈してみたい。すなわち、機械時計が出現した当初のころはなおまだ、時間の流れは未来から現在へ向かってくるものとする「ゲルマン的時間意識」の方が優勢であった。そのため、なるほど分のほうでは、過去（3時）から未来（4時）へ向かってすでに半分（30分）進んだというふうに、時計の時間意識において把えられているように見えるのだが、それにもかかわらず、時刻の読み方においてより重要な時に関しては、まさしく未来（の4時）にこそウエイトが置かれているのだ。とするとこの半分（30分）の進みも、未来（4時）に向かってさかのぼっていっているとの意識において把えられていると解し得る。

いずれにせよ全体として、（4時という）未来（時）の方により大きな意味が与えられていることは間違いない。そして「未来に意味を与えること、それは時間をさかのぼることに他ならない」[64]と明言される以上、かつ時間をさかのぼるというときのその時間の流れとはとりもなおさず、未来から（現在を経て）過去へと流れゆくそれに他ならないのだから、従ってドイツ語独特の時刻の数えかたのうちには、部分的にではあってもいまなお「ゲルマン的時間意識」が生き残っていると見なし得るのではあるまいか。

次に例えば何かの乗物に乗っていて、「間もなくミュンヒェンに到着します」と言うような場合、一般的には確かに、"Bald erreichen wir München." といって、現在時の自分が到着点たる未来へと直進する時間意識において表現する。しかしながらこれはまた別に、"Bald kommt München."（直訳：間もなくミュンヒェンがくる。）とも言う。ここで問題にしたいのは、こうした表現法があるのは、それはただ単に話者の視点が乗物の中にいる者から到着点へと移されたために、それで到着点たるミュンヒェンの方がこちらへ近づいて来るように思われるまでのこと、要するに相対化の問題にすぎない、ということのみで片付け得るであろうかということだ。確かに現代的な感覚でなら、そのように解されていると見なしても間違いなかろう。しかし同時にまた別の解釈も可能なのではるまいか。すなわち、到着点そのもの（ミュンヒェン）が実際に移動してくるなどということはあり得ないのだから、この文にあっても、これから到着せんとする未来（ミュンヒェン）により大きな意味が与えられているものと見なせるわけで、したがって時間の感覚としては、到着点（未来）から乗客（現在）の方へと流れくる時間をさかのぼっているというふうに解し得るのである。時間をさかのぼるこの感覚が空間的には、到着点（ミュンヒェン）が次第にこちらへ近づいて来るものとして感じとられるということなのである。

　因みに、時間・空間の両感覚が表裏一体の関係をなすということについては、次のような事例だとより明瞭になる。

　　Da kommt ein Gewitter.　雷雨が来る。

徒歩でなり馬車でなり、あるいは現代風にマイカーでなりと、ある方向に向かって進んでいるその方角に雷雲がたち現れ、それがこちらへと向かって来そうな状況を想像していただくとしよう。このとき雷雨はまず空間的に、向こうからこちらへ向かって来るものとして受け取られる。しかしまた同時に、時間意識においても、雷雨が向こう（未来）からこちら（現在）に向かって次第に近づいて来ている、つまり、未来から現在へと進んでくる時間の流れにそって近づいて来ている、と受け止められてもいるはずである。つまりはこのように、

時間・空間の感覚・意識は多々にして表裏一体の関係をなしているということであり、かつまたこの事例における時間の流れが、未来→過去型の「ゲルマン的時間意識」のそれでもあることも明瞭である。

　この例文では、Gewitter（雷雨）という可視的なものが対象（というか主語）になっているため空間的な感じが加わったわけだが、似かよった文において、この対象なり主語なりが時間的なものになると、いきおい「ゲルマン的時間意識」がよりはっきりと前面に出てくる：

　　Der Abend kam allmählich.　しだいに日が暮れてきた。
　　Sein letztes Stündlein ist gekommen.　彼の最後の時が訪れた。
　　Kommt Zeit, kommt Rat.　時が来れば知恵も浮かぶ。

これらの例文においては、未だ来ていないもの（＝未来）としての Der Abend（夕方、日暮れ）とか Sein letztes Stündlein（彼の最後の時）とか Zeit（時）とかが、話者ないし文中の主体の立つ現時点（＝現在）へと向かって来ているとの時間意識が背景をなしていることは、もはやなんらの説明をも要さぬであろう。そしてここにあげたこれらの例文はいずれも、手近にある辞書から引用したものにすぎない。ということは言い換えれば、「ゲルマン的時間意識」がいまなお連綿として生き続けていることを示す例文・事例をあげだしたらそれこそキリがないということになるのだ。したがってこれくらいに止めて、最後にヴァイツゼッカー大統領の演説のうちに、とはすなわち、1985年5月8日に第2次世界大戦の終結40周年を記念してなされた演説のうちに垣間見られる「ゲルマン的時間意識」の事例を示して終わりにしたい。

　ヴァイツゼッカー大統領が、ドイツ・プロテスタント界の精神的指導者でもあってみれば、この演説における時間意識が過去→未来型の直線的なそれによって貫かれているのはあまりにも当然のことであろう。そうしたことは演説の初めの部分に出てくる次の一文などからも端的にうかがい知れる。「しかし私たちには、1945年の5月8日をドイツの歴史における1つの間違った道の終焉の日として認識するだけの十分な根拠はあるのでして、その終焉は1つのよ

りよい未来への希望の芽を宿していたのであります。」第2次世界大戦の終焉の日という過去時点のうちにすでに、「1つのよりよい未来」（＝ドイツ連邦共和国が戦後40年をへて確固たる民主主義国家となった現時点）への希望が宿されていたとする見方そのものが、時間とは過去から未来へ向けて進みゆくとする時間観によってこそ成り立ち得るものであることは、もはやなんらの説明をも必要としないであろう。

そしてこのような時間観にあっては、過去の過ちにしろ戦争責任にしろ、過去の歴史的事実は、その時間の流れに従って必然的に現在へとつながってくるのであり、かつまたそうした過去を背負った現実を誠実に生きてゆくことによってこそ、「よりよい未来」も切り開かれてゆくわけである。過去の記憶は、当然のこととして現在へと受け継がれ、未来へと託されてゆくべきものなのである。ヴァイツゼッカー大統領のキリスト教的時間意識からすればこのように、過去の事実・記憶はいわば必然的に現在へと、さらには未来へとつながってゆくべきはずだのに、それだのになぜ大統領はこの演説においてかくも繰り返し、過去を想起することをあるいは忘却してしまわぬことを、（gedenken, erinnern, an et. denken, Andenken 等いろいろの言葉を使いながら、）強調するのであろうか。それも、ユダヤ人の時間観を引き合いに出しつつ、ある意味でそれと対比させる含みを持たせながらである。

言うまでもなくユダヤ人にとっての民族宗教であるユダヤ教はキリスト教の母胎であって、その時間観はまさに典型的な「過去→未来型の直線的時間観」である。だから彼らにとっては過去（の歴史の一切）が現在へと直結してくるわけで、そうした過去（の歴史的出来事の一切）を記憶しつつ現在を生き、その上で未来を見定めてゆこうとするのである。それゆえにヴァイツゼッカー大統領も、「ユダヤ民族は記憶しています、そしていつまでも記憶していることでしょう。……記憶はユダヤの信仰の一部なのです」と指摘するわけだが、そのことを念頭に置きつつ、他方ドイツ人たちに次のごとく言う。「他方、過去に対して目をとざす者は、結局のところ現在にたいして盲目となるのです。非人間的行為を思い出そうとしない者は、あらたな感染の危険にまたまた陥るのです。」……ヘブライの民の時間観においてはもちろんのこと、キリスト教的

時間意識においても、過去の行為・事実はその時間の流れにしたがって必然的に現在へとまた未来へと直結してゆくものなのである。そうであるにもかかわらず、そうした時間の流れを意識的に遮断し、あえて過去に目をふさごうとする者がいることもまた事実であるだろうし、上の一文も、直接的にはそのことに対する警告であるだろう。

　がしかしながら、ヴァイツゼッカー大統領がこの演説において、過去に犯した過ちの歴史的事実を数え上げては、それらを想起するように、また忘却の淵へと流し去ってしまわぬようにと繰り返し強調してやまぬのは、単にそのような者に対する警告にとどまらず、いやむしろそれよりもはるかに、いまなおドイツ人たちの間に潜在的に生き続ける「ゲルマン的時間意識」に対する警告とも受けとれるのだ。なぜなら、時間とは未来から過去へと流れすぎるとするこの時間意識にあっては、過去の出来事の一切は、その時間の流れに従って、もはや現在とは——ましてや未来とは——何ら関わることなく、過去の彼方へと流れ去りゆくもの、忘れ去られゆくものと見なされるからである。思い出したくない自らの過去ならなおさらに、こうした時間意識に委ねることほど好都合なことはない。過去は過去をして葬らしめて、また新たに未来へと立ち向かわん——といった考えは、なるほど雄々しく思えることでもあろう。だがしかし、過去を葬り去った現在は「盲目」となるのであり、盲目な現在はそも舵を失える船のごとくに、さだめなくまたまた新たな過ちを犯す危険に陥りかねないのだ。そうした「新たな感染の危険」を防止せんとする意味合いからも、ヴァイツゼッカー大統領が誠実に、いやむしろ執拗と思えるまでに、ドイツ国民に対して過去を想起するようまたそれを忘れぬようにと訴えかけるのは、自らにとっては当然すぎるはずのキリスト教的時間意識のほかに、それをもってしてもなお覆い尽くせぬものとしてのゲルマン的時間意識が、いまなお彼らの間に潜在的に生き続けていることをそれだけいっそう強く感じ取っているからに他なるまい。表向きはキリスト教的時間意識が彼らの生活全般を覆っているかに見えながら、なお裏の存在としてのゲルマン的時間意識がいまも根強く併存し続けているということなのである。

　ドイツ人が、単一的時間（モノクロニック・タイム）の民族（＝ゲルマン系民族）の代表格であること

はこれまでも指摘してきたところだが、それは単に1つきりのキリスト教的時間意識しか持たぬという意味での単一ではなくして、いまなお進行方向の異なる2つの時間意識を併せ持ちながらも、それらのいずれもが直線という単一の時間意識であるそのことにおいて、〔直線と円環の両時間意識を併せ持つことによってラテン系の諸民族が多元的時間(ポリクロニック・タイム)になったのとは異なり、〕単一的時間(モノクロニック・タイム)の民族になっているということなのだ。そのことを最後に指摘・強調して、日独両言語の時制比較をふまえた上での日独両民族の時間意識についての検討を、ひとまず終えることとしたい。

補説

　初めにも述べたように、この書物での主たる目的は、日独両民族の時間観を共時的また通時的に明らかにすることにあった。ただその際筆者としてはあくまでも、時間観と深く関わって表れ出る言語事実をふまえた上で、それならそうした言語事実を無理なく説明し得るためにはその背後にはどのような時間観を想定するのが妥当か、という観点から論を展開してゆく立場をとった。そのようにしてまずは日独語の「時制」を明らかにしてゆく過程で、ドイツ語と日本語を比較することによってこそ解釈のつく点とか、また時間観の導入を待って初めて解明される点などのあることが分かってきた。しかしながら、いわば"発見"とも思えるそうした言語面での解釈・解明を本文中で詳述していったのでは、時間観をこそ明らかにしようとする本来の流れがどうしても堰き止められがちになってしまう。かつまた読者の多くにとっては、「時制」に関わる詳細な言語的説明はあるいは煩しく思えるであろうことをも恐れて、そのためそれらの2、3は本文からはずし、あえて「補説」として述べることにしたものであることをお断りしておきたい。

補説Ⅰ　特別扱いされる日本語の「〜た」の本質

　従来問題にされ特別扱いされてきた日本語の「〜た」の事例に関しては、鈴木英夫氏が、「認定」という概念を導入しさえすれば一括して整理がつくとして順次取り上げておられるので、いまはそれらに依りながら主だったいく例かについて検討してゆくこととする。まず次のような事例をあげている[1]。

　［1］

　　①「あったあった……。井戸がありましたよ。貴女もいらっしゃい……。」
　　②「巣がある！」

同様の事物の存在に対して一方は「た」を、他方は「ある」を使っているが、その相違はどこにあるのかを問うて、以下のように解釈している。——「①の場合、『あった』というのは、『ある』という状態が過去に実現したためであるとは考えられない。その状態は、この発話とはまったく無関係に前から存続していたのである。問題は、その状態を認定するということである。一歩を進めていえば、認定する時点をどこに置くかという、言語主体の把握のしかたが問題になる。……そこで、その状態を認定する時点を、基準の時点すなわち発話の時点と一致させることも、発話の時点の直前に置くことも可能になるわけである。認定の時点を発話の時点の直前に置いたのが①の場合であり、両者を一致させたのが②の場合といえる。」——確かに「認定」という概念の導入によって、①と②との違いについての解釈はそれなりにつく。しかし、そうした「認定」という概念を導入しなければ解釈がつかないものかどうか、あるいは別の見方が可能ではないのかどうかと、さらに問うてみることもできるだろう。問題を単純にするためにいま①を、

　①'「巣があった！」

としてみる。そうした場合、①'②をドイツ語でならどう言うだろうか。おそらくいずれも、

　③　Da ist (ein) Nest !

と現在時制で、つまり日本語で言うなら②の「ある」の方で言うし、ドイツ語ではそれがまず普通である。(それとの対比で言うなら、日本語では①'の「あった」のほうが一般的である。) ①'をいま仮に直訳して

　④　Da war (ein) Nest ! ／ Da ist (ein) Nest gewesen !

としたのでは、巣を目の前にしながら「巣があった！」と言っている日本語の意味合いないし時制からはそれてしまうことになるからである。それでなんとか①'の「〜た」の意味合いを訳し出そうとすると、

　⑤　Da ist (ein) Nest gefunden (worden) !
　　　巣が見つかった！

とでもなるだろう。そしてこの受動文を能動文に直すと、

⑥　Da hab' ich (ein) Nest gefunden！
　　巣を見つけた！

となる。そうした場合、③と⑤・⑥との間の違いをどう解釈したらよいのか。自分としては次のように解する。……

　③では、「巣がある」という眼前の事実を事実としてそのあるがままに、いわば対象の方に重点を置いて言い表しているのである。それに対して⑤、⑥では眼前の事実が話者の立場から、いわば話者の方に重点が置かれる形で言い表されているわけである。つまり、眼前に巣のある事実を同じように「認定」しながらも、対象ないし事象そのものに重点が置かれるか、それともむしろ話者自身の方に重点が置かれるかといった違いによって、一方は「巣が<u>ある</u>！」となり、他方は「巣が<u>あった</u>！」となるのである。そしてドイツ語（ドイツ人）においては「巣が<u>ある</u>！」の言い方の方が一般的だとするなら、それはとりもなおさず、対象ないし事象そのものに重点を置いた表現の方が、いわば事象・事実それ自体を客観的に突きはなした表現の方が、彼らドイツ人には一般的だということであり、それに対して日本語（日本人）では、「巣が<u>あった</u>！」の言い方の方がむしろ普通だとするなら、それは話者自身（普通は「私」）に重点を置いた表現の方が、いわばいったん事象・事実を話者の主観に引き込んだ表現の方が、日本人にとっては自然だということなのである。

　ちなみに、尾関毅氏がドイツ語と日本語を対比して、「日本語では発話原点が発話者という人に固定して」おり、かつ「1人称に固定している」と指摘している[2]が、そしてそのために日本語では発話原点たる1人称主語は表立って表現されないのが普通であるが、そのことを逆に言えば、ほとんど常に1人称主語（「私」）が背後に控えていて、そこに重点が置かれる形で、そこから発話がなされているということでもある。したがって、「巣が<u>あった</u>！」というときにも、一見「巣」が主語のように見えはするものの、それは単に表面上のことで、隠れた主語「私」が背後に潜んでいるのである。だからこそ、この文の「<u>あった</u>」のところをあえて訳出しようとしてみると、⑥で見たように、「巣

（があること）を見つけた」「私」（ich）が浮かび出てくることになるのである。

　[2]
　鈴木氏は、先の事例と似通ったものだとして次のように言う。「合格者名簿に自分の名前を見いだしたとき、『ある！』といって喜ぶ人はまれであろう。『あった！』と叫ぶはずである。しかしそれは、（三上章氏の言われるように）期待をいだいたがゆえに『た』が用いられるのではなく、認定の時点が基準の時点の前に置かれたがゆえに『た』が使われたのである。」……たしかに自分の名前をさがしているときには多く「あった！」と叫ぶだろう。が、もし仮に自分のことでも他人事のように突きはなして見ていたり、あるいは誰かから頼まれてその人の名前を感情移入することなくさがしているような場合ならば、「あるある！」と言ったとしても決して不自然ではない。なぜなら他人事だとより冷静かつ客観的に見れるわけで、だからその名前を見つけたときでも、名簿に載っているその事実をそのままに、その事実のほうに重点をおいた「あるある！」という表現が自然なものとなりえるからである。他方自分の名前をさがしているような場合には、当人自身に重点がおかれているのが一般的なのだから、そのため発話者自身に重点の置かれた表現として、「あった！」と叫ぶことのほうが自然になるのである。

　[3]
　三上章氏が問題とした文を鈴木氏も取り上げて次のように言う。……「三上章氏は、《客観的な事実としてはほとんど違わないが、あるいは全く違わなくても、それらを経験として報告する（間接的に）か、知覚として表出する（直接的に）か、そういう主観的な相違によって》

　　⑦　コノ椅子ハ先刻カラココニアッタ

ともいうし

　　⑧　コノ椅子は先刻カラココニアル

ともいわれるが、これも⑦で『アッタ』というのは発話の時点以前に存在を認定したためであり、そのことが存在を認定したという経験を報告するという形

になると考えられる。『アル』の場合には、認定の時点と発話の時点が一致するから、直接的な知覚を表出ということになるといえよう。」

⑦⑧はドイツ語だと、いずれも現在時制を使った

⑨　Der Stuhl steht seit einer Weile hier.

という文になる。それは、ドイツ語には現在完了時制に（英語のような）「継続」を表す用法がないからというためではなくて、上例の⑦も⑧も、「客観的な事実として全く違わない」事柄を述べているからであり、ドイツ語ではそうした事実そのものを客観的に述べるのが一般的だからである。それならなぜ日本語では、一方で「アル」というのか。それは単に「直接的な知覚の表出」のためではなくて、そうした「知覚の表出」が、ドイツ語同様に、客観的な事実そのものの側に重点が置かれる形で為されるがためである。他方「アッタ」という文では、発話者つまり「認定」する主体の方に重点が置かれているのである。……このように、対象ないし事象そのものの側に重点を置いて客観的に表現することが一般的なドイツ語（ドイツ人）と対比するとき、発話者の側に引きつけ、発話者に重点が置かれる形で（いわばいったん発話者のフィルターを通す形で）表現されることがむしろ普通である日本語（日本人）の発想の特色もよく分かる。そしてまた、「現在止め相当の'た'」と筆者が呼ぶことにしたこうした'た'は、先に見た"過去"表現の「～た」の特殊用法だとしてしまうには、あまりに一般的であるように思われる。

ともあれ、これまで問題にされてきた事例の「た」に対して、あえて「認定」の概念を導入せずとも、別の見方による解釈の可能なことが以上によってほぼ明らかになったことと思われるのだが、なお２、３鈴木氏の例示にしたがって見ておくことにしよう。

[4]

⑩　そうそう、きょうはぼくの誕生日だった。

⑪　（そうそう）、きょうはぼくの誕生日だ。

上の２文を比較して鈴木氏は、前者は「その（＝今日が自分の誕生日だとの）事実について想起を認定した時点を、基準の時点、すなわち発話の時点の直前

におくから『た』が用いられるのであり、両者を一致させれば」後者の表現になる。そして、それによって前者では、今日が自分の誕生日であることに気づいたニュアンスが表現されることになるが、後者ではそのニュアンスは薄くなる、と言う。確かに両文にはそうしたニュアンスの違いはある。しかし、それは「認定」の時点をどこに置くかによって出て来るものだろうか。なぜなら⑪のように言う場合でも、誕生日である事実の「認定」を発話の時点の直前に置いていることだってもちろんあり得るからである。そしてそのように直前に認定しながらも、今日が自分の誕生日であるという事実そのものの方に重点を置いて発話するときには⑪の表現になるということなのではあるまいか。それに対して、発話者がそうした事実をいったん自分の側に引き寄せ、自分に重点を置き、いわばその自分というフィルターを通して発話するときは、⑩のような表現になるということではあるまいか。

[5]

次は、三上章氏が挙げた事例をさらに鈴木氏が取り上げたものである。

⑫　オ名前ハ何トオッシャイマシタ？

「前に名前を聞いたことがあったが忘れてしまったという事実に基づいて」上例のように表現することはもちろんある。が、この同じ表現を「まったく初対面の人に対して言えば、いわば擬似的にそうした関係を想定することによって、《相手を既に知っている》という気持ちを表し、敬意を表することになると考えられる」と鈴木氏は言う。確かにそのような解釈も成り立つであろうが、次のように解することも可能なのではあるまいか。……「オ名前ハ何トオッシャイマスカ？」というふうに、知ろうとする事柄そのものに重点を置いて、それをそのまま相手にぶつけたのでは直接的な問いかけになりすぎて不しつけに響く。そこで話者がこの問いかけをいったん自分のほうに引き寄せ、発話の重心を自分の側に置き、いわば「私」というフィルターを通した後（の発話）だと、そこにワンクッションが置かれることになって、ために「敬意」とか、三上氏の言う「儀礼的な意味合い」も出てくることになる、とは解し得ないであろうか。

ちなみにドイツ語でもこのような場合には、

⑬　Wie *war* doch Ihr Name？
　　お名前はなんとおっしゃいましたっけ？

というふうに、（現在時制 ist の代わりに）過去時制 war を使う形態をとっている。そしてその解説として、「現前の事柄を表現するのにもかかわらず、現在時制の代りに過去時制を用いる言い回しがある。これは話者が自分自身を過去の時点（＝観察時点）に位置づけた表現と考えることができる」[3] とある。すなわちドイツ語の場合でも、「現前の事柄」そのものよりもどちらかというと話者自身（の位置づけ）の方に重点が置かれているのであり、そしてそのことによって時制的ないし時間的な隔りができ、その隔りがいわばワンクッションとなって、「敬意」とか「儀礼的な意味合い」を付与することになっている、と解される。

　［6］
　ところで、「認定」という概念を導入した「観点によってはじめて、〈動詞＋た〉の用法すべてについて統一的な解釈を与えることが可能になる」としてきた鈴木氏ではあるが、最後の事例として取り上げた、命令の意味で用いられる「た」の説明においてはやや苦慮され、特別扱いしたい口振りになっている。そこの個所を引用すると……

　「問題は命令の意味で『た』を用いる場合である。

　⑭　『のいた、どいた、どいた』と叫ぶ。

これまでの用例では、発話の時点がそのまま基準の時点となり、問題は認定の時点をその前に置くか一致させるかということであったが、⑭の場合は、基準の時点が動いたと考えられる。……つまり、基準となる時点を未来のある時にすえて、その時点までに、他者すなわち聞き手の動作が話し手の期待どおり実現しているのを認定することが可能であろうと表現することによって、そのように行動することを促しているといえよう。この場合も、認定の時点は基準の時点の前に置かれるが、ただその基準の時点が、他の場合と違って、未来の、

しかもごく近い未来のある時点に移されたものといえる。」

　こんなふうに、命令の意味で用いられた「た」の場合だけ、「基準の時点が、他の場合と違って、未来のある時点に移され」るとするのでは、やはり一貫性を欠くことになるのではあるまいか。

　この命令の「た」の場合も次のように解し得る。——いま仮に、

　⑮　こら、そこのボーッと突っ立ってるの、<u>のく</u>！　それからそこのお前
　　たちも、<u>どくどく</u>！

と言ったとする。するとこの場合は、「のく」とか「どく」とかの動作それ自体に重点を置いて、そうした客観的な動作・行為をそのまま相手に促すわけだから、この「現在止め」による命令は直接的・直截的なものとなる。それに対して、「のく」「どく」という相手方のとるべき行為が、いったん話者の側に引きこまれることによって、その行為の重点が話者の側に移った後だと、つまり「私」のフィルターを通ってワンクッションおかれた後だと、「のいていた」「どいていた」ないし「のいてくれた」「どいてくれた」の意味合いを持つ「のいた！」「どいた！」になる。このように、命令の意味で用いられた「た」であっても、要するに、相手側のとるべき行為を、いったん話者の側に引きこみ、いわば話者の主観というフィルターを通す形をとって使われているまでのものと解し得るのであって、〔そしてそのことにより生じる微妙な時間差が、本来は過去表現の「た」によって表されているとも考えられるのであって〕なにも特別扱いせずとも、「現在止め相当の'た'」の１用例として解釈し得るのではあるいまいか。

　ともかく、筆者が「現在止め相当の'た'」と呼ぶ事例は、特別扱いするにはあまりに一般的である。そして「た」はなるほど文法的には「過去止め時制」の範疇に入るのではあるが、用法としてはあくまで現在時制（筆者のいう「現在止め時制」）に入る。したがって日本語の時制組織の中に位置づけるとすれば、この「現在止め相当の'た'」は、「過去止め時制」と「現在止め時制」との中間領域にあるものと見なすのが妥当であろう。

補説 II　古代日本語における完了の助動詞〈ツ〉と〈ヌ〉の使い分けの規準

　橋本進吉氏はその著『助詞・助動詞の研究』の中で、古代日本語における完了の助動詞の「〈ツ〉と〈ヌ〉との相違については、古来いろいろの説がある」[1]として、それら諸説を概説紹介した上で、「以上のような諸説があるが、この問題はまだ、十分に解決せられたと言へない。」[1]と述べ、御自身でもまた明確な解釈は出しておられない。その後、この問題についてなおどのような研究がなされてきたのかいちいち調べてはいないが、それでもこの分野での新しい研究論文と思える鈴木泰氏の『古文における 6 つの時の助動詞』においても、「未だ定説と呼べるものはない」[2]としてあって、かつこの論文の中で鈴木氏自身、問題提起にとどめるとか、十分な理由の説明がつきかねるとして、未解決な部分を残しておられる。このように国文法学者の間にあってもいまだ定説がなく未解決とされる問題を、まったくの門外漢である者があえて取り上げようとするのはおこがましい限りだが、しかしひょっとして "傍目八目" ということがあるやも知れぬとの思いから、恐れず筆者の見解を述べてみようと思う。

　まずは原点に戻って考えてみよう。……〈ツ〉と〈ヌ〉という完了の助動詞とはそもそも何なのか。それは時制（テンス）の 1 つだということである。そして〈ツ〉と〈ヌ〉が時制の 1 つだとするなら、それなら古代日本語の時制体系そのものはそもそもどうなっていたのか、ということがまず問題となる。そしてそれは同時に、その古代日本語の時制体系の背後にあった、古代日本人の時間観ないし時間意識そのものはどのようなものであったのか、ということを問題とすることにつながる。そうして、その時間観をふまえた上で、そこからもう一度〈ツ〉と〈ヌ〉を見直せば、それらの使い分けにおける規準もまた明らかになってくるのではあるまいか。——以上が、古代日本語における完了の助動詞〈ツ〉と〈ヌ〉の使い分けの規準の解明に、筆者が古代日本人の時間観の観点を導入する理由である。

さてそこで、そうした点ではまず、古代日本語の時制が6時制体系のものだったという言語事実があった。そうして、そのような時制体系を成り立たせた時間観とは「過去→未来型の直線的時間観」であるということも確認された。そのように、古代日本人の時間観が直線的・直進的なものだったとすると、それならそうした時間の流れの上に生起する「事件」とか「自他の動作」とかは、普通どのように見られることになるであろうか。あるいはそれらが話者とか（文中の）主体とかと、どのように関わってくることになるであろうか。……時間が直線的・直進的に流れ進みゆくものだとする見方にあっては、ごく一般的に言って普通、時間は自分の外側を一様に流れゆくものと見なされて、ある距離を置いて眺めやられることになる。つまり、時間の流れの上における「事件」なり「自他の動作」なりを、ある距離を置いた視点から眺めやることになるのである。ところが、そうした「事件」がこと自分自身に直接・間接に関わってくるような場合には、これも一般的に言って普通、外側から眺めやっているようなわけにはいかず、そうした「事件」の生起する時間の流れのただ中に、自らの身を置くことになる。

　このように、直線的・直進的な時間観にあっては、1つには話者なり主体なりが、ある距離を置いて時間（＝事件）の流れを眺めやっている場合と、いま1つには、話者なり主体なりが時間の流れのただ中に身を置く場合との、2通りのケースが存在することになる。そうして、古代日本語における「完了」表現にあっては、前者の場合には〈ヌ〉が当てられ、後者の場合には〈ツ〉が当てられたということなのである。以上をふまえて〈ツ〉〈ヌ〉の使い分けの規準を整理すると、次のようになる。

　〈ツ〉……話者なり（文中の）主体なりが時間の流れのただ中に身を置く場合の完了。この場合には原則として、「事件」なり「自他の動作」なりはいずれも、現在以前に完了したものとなる。なぜなら話者ないし主体が時間の流れのただ中にいるゆえに、時間の流れは話者ないし主体のところでいわばいったん堰き止められるため、完了の助動詞〈ツ〉によって表現される「事件」なり「自他の動作」なりも、少なくとも話者ないし主体の立脚点（ふつう現在時点）の直前までには終了・完結（＝完了）したものとならざるを得ないからである。

〈ヌ〉……話者なり（文中の）主体なりが、時間の流れをある距離を置いた視点から眺めやっている場合の完了。この場合にも原則として、「事件」なり「自他の動作」なりはたいてい、現在以前に完了したものとなる。しかしながら〈ヌ〉の付いた完了態は、〈ツ〉を付けたそれのごとくには、必ずしも現在以前に完了するとは限らない。なぜなら、話者ないし主体が時間の流れの線上にはいないのだから、したがって時間の流れを堰き止めるべき明確な立脚点（＝現在地点）がこの流れの線上には存在しないことに、あるいは《仮想の現在時点》しか存在しないことになるからである。こうなると、完了の助動詞〈ヌ〉によって表現される「事件」なり「自他の動作」なりが、この《仮想の現在時点》の直前までに終了・完結（＝完了）した場合には、なるほどこの〈ヌ〉による完了態も、〈ツ〉によるそれと似通ったものになりはする。がしかし、この《仮想の現在時点》はあくまで《仮想》なのだから、「事件」なり「自他の動作」なりが、いってみればこの《仮想》の立脚点・現在時点で堰き止められぬままに先へと流れ動いて行ってしまってから、終了・完結（＝完了）することだってあり得るわけだ。そしてそのような場合には、〈ヌ〉による「完了」表現が、「未来にその動作が実現することを表す」用法ともなるのである。……あえて図示すると、図5のようになる。

　さてそれならば、以上のような、〈ツ〉〈ヌ〉の相違ないし使い分けの規準に対する筆者の見解が実際に妥当するものかどうかを、具体的な事例に即して以下に検討してみることにしよう。

　①　秋冬はかなう過ぎぬ。年かへりてなでふこともなし。（蜻蛉日記）
　　　秋冬ハコレトイウコトモナク過ギテシマッタ。年ガ改マッテモ何トイウコトモナイ。
　②　はかなながら秋冬も過ごしつ。……なほ昔を恋ひつつ泣きあかしてあるに、（同）
　　　心ボソイ気持デ秋冬モ過ゴシタ。……ヤハリ亡キ母ヲ恋イシク思ッテハ泣キアカシテイタガ。

この両者を比較して次のように説明されている。「前者は応和2年の記述、後者はそれより2年後の康保元年の記述。その間に、筆者の母が病死している。前者のように、淡々と四時の運行の自然的経過の事実を記するときには〈ヌ〉

〈ツ〉の場合：　(過去)　時　間　の　話者ないし
(文中の)主体
流　れ　(未来)
《現在時点》

〈ヌ〉の場合：　(過去)　時　間　の　《仮想の立脚点・現在時点》
流　れ　(未来)

話者ないし(文中の)主体
《現在時点》

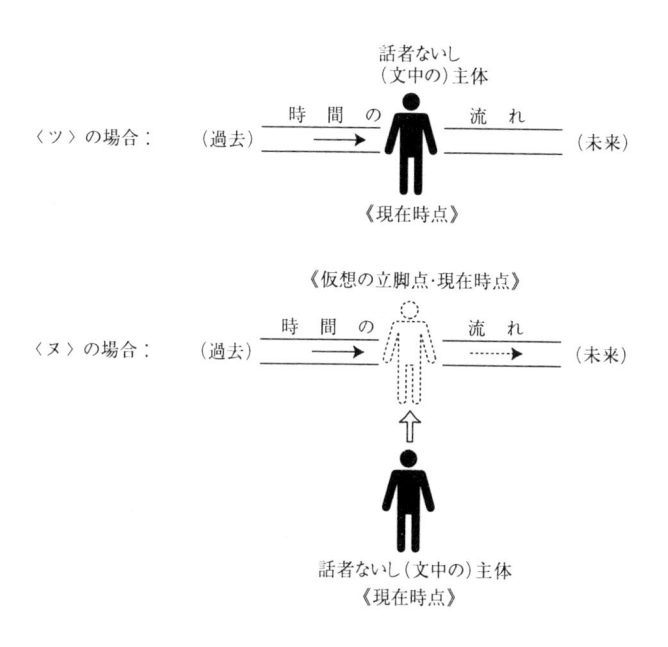

図5

が使われており、後者のように、母の死後をいかに暮らさざるを得なかったかを述べるときには〈ツ〉が使われている。」[3] 上の用例に即したこの〈ツ〉と〈ヌ〉の使い分けの説明は、「〈ヌ〉は、主として自然推移的無作為的な動作・作用に用いられ、……〈ツ〉は、主として作為的・人為的な動作・作用に用いられる、と考えられる」[4] とする、動詞の種類の違いからのものである。確かに①の「過ぎぬ」の「過ぎ」は「自然推移的・無作為的な動作・作用を示す動詞」[5] であり、他方②の「過ごしつ」の「過ごし」は「作為的・人為的動作・作用を示す動詞」[6] であり、そうした動詞の種類の違いによって、①には〈ヌ〉、②には〈ツ〉がと使い分けられていて、これらの用例に関する限りでは、それで一応説明はつく。しかしながら、「同じ動詞に〈ツ〉〈ヌ〉両方がつくこともしばしばあり、動詞の種類についての定説はない」[7] との鈴木泰氏の指摘もあ

ることゆえ、①②についても別の見方からの説明の可能性が出てくるわけである。それで先ほど示した筆者の見解をこれらの事例に適用してみると、次のようになる。

　①における文の主体（＝作者）は、時間の流れを一歩距離をおいた外側から眺めやっており、したがって、そうした時間の流れとともに生起している四時の運行という「事件」（＝事象）をもまた、ある距離をおいた視点から眺めやっているわけである。それゆえに、この場合の「完了」表現には〈ヌ〉が使われているのだ。またこの用例では、四時の運行という「事件」（＝事象）は《仮想の現在時点》の前で完了しているので、ごく一般的な「現在以前の完了」となっているわけである。それに対して②では、この文の主体（＝作者）は、母を亡くして以後、もはや四時の運行を他人事として、傍観者的に、ある距離を置いて外側から眺めやるといった気持になどなれず、いきおい時間の流れのただ中に身を置くことになったために、それで時間の流れはもちろんのこと、それと同時進行の「心ボソイ気持デ秋冬モ過ゴ」すという行為もまた、主体の立脚点たる現在時点で堰き止められることとなる。そしてまさに、そうした感じないし意味合いを出すためにこそ、「過ごし<u>つ</u>」と〈ツ〉が使われているのである。なぜなら、もしもいま仮にここの「過ごし<u>つ</u>」を「過ごし<u>ぬ</u>」に変えたとしたら、とたんにある距離をおいて眺めやる感じないし意味合いの文に変わってしまい、誰か作者以外の他人の事の記述となってしまうからである。（仮に作者が自分のことをそのように第三者的に突きはなして記述したのだ、と解したとしても、それだと次の「ヤハリ亡キ母ヲ恋シク思ッテ泣キアカシテイタ」という文内容とそぐわぬ不自然なものとなる。）

　上例は〈ツ〉と〈ヌ〉がそれぞれ別々に出てくる事例だったが、念のためにいまひとつ〈ツ〉と〈ヌ〉が同時に出てくる例において見てみよう。

　　③　春立ちて日は<u>経ぬれ</u>ども鴬の鳴く初声は今日ぞ<u>きつる</u>

この歌の主体（＝作者）は、歌の前半部分までは、立春以来日は経ってしまったけれども鴬の初声は聞かれないなあと、時間の流れをある距離を置いた外側

から、いわば傍観者的に、まるで他人事のように、眺めやっていたわけで、ぬれ（〈ヌ〉）によってそれが分かるのである。つまり、立春以来日数が経ってきた（時間が経過してきた）という段階までは、鶯の初声という「事件」をいささかも相手にする意味合いがなく、「事件」は自分と無関係のものと見られていたのである。ところがその時間経過のうちに、それにしても今年は鶯の初声はまだだろうかとの思いがきざし、それを待つ思いが次第に強くなりながら「今日」に近づいてきて、それでようやくにして「鶯の鳴く初声」を聞く段になると、そうした時間の経過はもはや他人事として傍観者的に眺めやっておれるようなものではなくなって、この歌の主体（＝作者）は、いきおい時間の流れの中にわが身を置くこととなる。主体の、そうした時間の流れとの関わり方の変化が、歌の後半に出てくる「今日ぞきき<u>つる</u>」（〈ツ〉）によって分かるのである。そしてもはや言うまでもないことながら、この<u>つる</u>によって時間の流れは「今日」で堰き<u>止</u>められて、ためにこの歌の主体（＝作者）の立脚点（＝現在時点）の直前に鶯の初声を聞くという行為も完了したものとなっている。これなどはまさに〈ツ〉による「完了」表現の好例と言えよう。

　ところで、完了の助動詞の〈ツ〉と〈ヌ〉との使い分けの基準に対する筆者の見解は以上からほぼご理解いただけたことと思うのだが、問題はこの見解がなお、鈴木泰氏が解釈なり説明なりを保留された未解決な部分についても適用され得るかどうか、そして未解決な諸点を解決・解明し得るかどうか、ということにかかってくる。したがって以下に、鈴木氏が指摘された問題点とか、氏と筆者との見方・把え方の異なる点などを順次検討してゆくことにしよう。

　第1点……〈ヌ〉に、「未来にその動作が起こることを表す」用法があるとするその理由づけに関して。
　〈ヌ〉も基本的には、現在以前に完了した事柄を表すのに使われる完了の助動詞なのだが、ただ〈ツ〉と違って、この〈ヌ〉には「未だ行われていない事柄を表す意味のものがかなりある」[8]と、つまり、「未来にその動作が起こることを表す」用法がかなりあると、鈴木泰氏の指摘にある。『源氏物語』から

4例をあげてそのことを論証しておられるが、それらのうちから最初の3例を引用紹介すると、次のごとくである。

④　「日暮れぬ」といそぎたちて、御明かしの事どもしたためはてて、急がせば。
⑤　大臣、「朝臣や。御休み所求めよ。翁いたう酔ひ進みて無礼なれば、まかり入りぬ」と、言い捨てて入り給ひぬ。
⑥　心深しや、など、ほめたてられて、あはれすすみぬれば、やがて尼になりぬかし。

そしてこれらの用例について、「④は、お灯明の事など用意して、人々を急がせているのだから、日はまだ暮れていないはずで、すぐに日が暮れる、という意味であることはほぼ間違いない。⑤も、寝所にはこれから入るのであることは明らかである。⑥は、女性の中には、男に薄情にされて気落ちすると、すぐ尼になってしまう者がいる、という一般論が展開されているところで、『あはれすすむ』という条件が実現すれば、それが実現すると言っているところだから、『尼になりぬ』は、未だ実現していない動作を表すものと言えよう。」[9]と解説した後で、「かくして、古代語の〈ヌ〉は、過去に実現したことも、未来に実現することも表すことができることになる。」と結論づけている。この結論そのものはまさしくその通りなのだが、ただ〈ヌ〉にそのような機能があるとすることの理由付けとして次のごとく説明しておられるのは、はたして正鵠を射ているだろうか。引用する。

「……〈ヌ〉のこの用法は、現代語なら動詞の裸の形（助動詞のつかない形）にあたると考えた方がよくあてはまる。つまり、現代語では、ただ『はいる』と言えば、これから入ることで、明らかに未来の動作を表すわけであるが、⑤の『まかり入りぬ』も、それと同じ意味なのではないかと思われるからである。……古代語の〈ヌ〉が現代語の裸の形に当たるということは、動作を一まとまりのものとして示すという意味が〈ヌ〉にあるということだが、〈ヌ〉の（B）と（C）の用法（註、（B）過去に変化や移動が起こったことを表す、（C）未来にその動作が起こることを表す）は、そうい

う意味であることによって持つ、過去の事実も未来の事実も表せるはずだという可能性を実現したものと思われる。」[10]

上に見るごとく鈴木氏は、古代語の〈ヌ〉が過去に実現したことも未来に実現することもともに表すことができる理由として、古代語の〈ヌ〉が現代語における「動詞の裸の形」に相当する機能を持っているからだとしているわけだが、そのような対比による理由づけははたして適切であろうか。なぜなら、同じ日本語であっても、ただ単にその機能が似ているからという理由だけで、ただちに古代語（の〈ヌ〉）と現代語（の「動詞の裸の形」）とを対比して、しかも一方は助動詞、他方は動詞というふうに文法範疇の異なるものを対比して、それによって一方のもつ機能（つまり〈ヌ〉が過去の事実も未来の事実も表せるという機能）の説明理由とし得るものかどうか、およそ疑わしいからである。対比するのであればやはり、同じ完了の助動詞である〈ツ〉と比較した上で、それで似通った面と同時に異なる側面が出てくるのは一体両者のどのような違いに因るのか、と考えてゆくべきではあるまいか。そういう方途をとられないがゆえに、上の引用文のあとに、「ただし、このように考えた場合、その接続する動詞の種類に相補性があり、同様に一まとまりの動作を示すと思われる〈ツ〉に、なぜ未実現を表す用法が少ないのかは問題である。」[11]として、問題を残す結果に終わることになるのではあるまいか。それに、細かいことをいえば、⑤の「まかり入りぬ」が、現代語でただ「はいる」と言うのと同じ意味だと言われるが、現代語の「はいる」はこの場合、古代語ならむしろ「まかり入る」に相当するはずであって、そうすると、「まかり入る」と「まかり入り<u>ぬ</u>」と、2つの言い方が存在する以上、やはりそこには〈ヌ〉のもつ明確なニュアンスと、かつ〈ツ〉にはない〈ヌ〉の機能特色があったはずである。

そのようなわけで、〈ヌ〉に「未来にその動作が起こることを表す」用法のある理由を、先に示した筆者の見解からもう一度検討し直してみることにしよう。……〈ヌ〉は、話者なり（文中の）主体なりが、時間の流れ（の上での「事件」なり「自他の動作」なり）を、ある距離を置いた視点から眺めやっている場合の完了表現として使われるものであった。したがってこの場合には、

時間の流れの上における話者なり主体なりの立脚点（＝現在時点）はあくまで《仮想》のものなので、時間の流れ、つまりは「事件」なり「自他の動作」なりは、この《仮想の現在時点》で堰き止められぬままに、そこを通り抜けて、先へと流れ動いて行ってしまってから終了・完結（＝完了）することだってあり得たのだった。いま、そのことを④について見てみると、「日暮れぬ」と言っているこの文中の主体は、時間の流れと、その時間の流れとともに生起している「日が暮れてゆく」事象とを、ある距離を置いた視点から、つまり外側から、眺めやっているわけで、この事象はいまの場合、《仮想の現在時点》を通り抜けて行った先で完結するのである。つまり、未来のある時点で「日が暮れる」という事象が完了して「日が暮れてしまう」のである。「日暮れぬ」のぬは、このしまうの意味合いを持つものなのだ。

　次に⑤について見てみると、この文の主体（＝大臣）は、自分のことを「翁」と言って、まるで第三者のように見なしているわけだから、この「翁」（なる自分）は、主体からある距離を置かれた、外側を流れゆく時間の中に身を置いていることになる。そうなると、寝所へ「まかり入る」という動作も、主体の立脚点（現在時点）のそば（外側）を通り過ぎていった先において完了することともなる。ここの「まかり入りぬ」（寝所へ入ってしま〔お〕う）のぬは、そうした未来完了の意味を表しているのである。つまり、「まかり入る」（これから寝所へ入る）と「まかり入りぬ」（寝所へ入ってしま〔お〕う）とは、はっきり異なるのである。

　⑥は、鈴木氏の解説にもあるように、「女性の中には、男に薄情にされて気落ちすると、すぐ尼になってしまう者がいる、という一般論」が展開されているのだから、この文の話者が、そうした女性たちを一歩離れた位置から眺めやっていることは明白である。言い換えれば、そうした女性たちは話者の外側を流れ行く時間の中にいて、「あはれすすむ」という条件が実現すれば、「やがて尼になりぬかし」（やがて尼になってしまうものだ］）という具合に、未来にその動作が完了（未実現の動作が実現）することになるのである。……以上 3 例において、鈴木氏が「未来にその動作が起こることを表す」とする〈ヌ〉の用法と、その理由づけを見てきたのだが、それらの検討からも明らかなように、

前述の文中の「起こる」はむしろ「実現する」ないしは「完了する」に変えて、〈ヌ〉には「未来にその動作が実現することを表す」用法がある、とする方がより適切なように思えるのだが、いかがなものであろうか。

ついでながら言うと、〈ヌ〉にあっては、動作が《仮想の現在時点》を通り抜けていった先で完了するといった前述のような用法の他に、まさしくこの《仮想の現在時点》の真上で、動作が実現したり完了することもあり得るわけで次の〈ヌ〉などはそのような事例として解し得る。

⑦　ことなることなき人も、自ら、人に交じらひ、さる方になれば、さてもあり<u>ぬ</u>かし。(源氏物語)

これは、「別にすぐれたところのない人でも大勢の中に入ってしかるべき立場に立つと、自然と格好がつく<u>ものだ</u>、といったほどの意味で、一定の条件が満たされれば、それが実現するという意を表している。」[12] この事例の中のぬの完了的ニュアンスが現在完了的なものではないのはもちろんだが、でもまた必ずしも未来完了的に解するにも及ばず、一定の条件が満たされれば、現在時点においても動作が実現ないし完了するといったふうに、現在時の表現と見てよいのではあるまいか。ただこのぬにあっても、あえてその完了的ニュアンスを訳出しようとするなら、いささかぎこちないが、「自然と格好がついてき<u>てしまうものだ</u>。」とでもいうことになろうか。

第2点……同一の動詞に〈ツ〉〈ヌ〉のいずれもが付く場合。

本居宣長に始まってこのかた、完了の助動詞の〈ツ〉と〈ヌ〉の相違ないし使い分けは、上接する動詞の違いによるとしたいくつかの説があり、大方はそうした説によって解釈はつくものの、それでも同一の動詞に〈ツ〉〈ヌ〉いずれもが付く場合があることからして、やはり上接の動詞の違いを〈ツ〉〈ヌ〉使い分けの決め手とはなし得ない。そうしたことに関しては鈴木氏も、「〈ツ〉と〈ヌ〉については、接続する動詞の違いが問題とされ、古いところでは他動―自動、意志―無意志などと対応するのではないかという説があり、最近では中西宇一(1957)の完了的動作と発生的変化動作の違いに対応するという説も

あるが、同じ動詞に〈ツ〉〈ヌ〉両方が付くこともしばしばあり、動詞の種類についての定説はないと言えよう。」[13]と指摘している。そして鈴木氏は、〈思フ〉、〈ス〉、〈慰ム〉、〈ナル〉、〈アリ〉といった動詞に〈ツ〉〈ヌ〉のいずれもが付く用例を1つずつあげて解説しておられるが、それらのうちからいま〈ス〉と〈ナル〉の事例のみについて見てみることにしよう。

　⑧　などか、里居は久しくし<u>つる</u>ぞ。
　⑨　この君をいかにし聞こえ<u>ぬる</u>か。

「〈ス〉⑧は、どうして長い間里に下りていたのかという意味、⑨は、忍び込んで来た頭の中将が、源氏をどうしようとしているのか、と源典侍が心配しているところである。⑧が過去における動作の完結を表しているのに対して、⑨は未然の動作を表している」[14]との解説がある。⑧は源氏が右近に尋ねている言葉なのだが、この文における主体（＝右近）は時間の流れのただ中にいるわけで、したがってここの<u>つる</u>（〈ツ〉）は、源氏に尋ねられている現在時点の直前まで里居を久しくしていたとの現在完了表現になっている。他方⑨では、話者（＝源典侍）は、一歩離れた立場から、時間の流れの上における主体（＝頭の中将）の動作を眺めやっているわけで、したがって同じく完了の助動詞でありながらも〈ツ〉とは違って、ここでの<u>ぬる</u>（〈ヌ〉）で表される動作は《仮想の現在時点》で堰き止められることなく、すなわち、現在以前に完了した動作とはならないで、上の解説にもあるとおり、「源氏をどうしようと〔シテシマオウと〕いうのか」というふうに、現在ないしは未来において実現（ないし完了）する動作の表現になっているのである。

　⑩　（雀の子は）いとをかしうやうやうなり<u>つる</u>ものを。
　⑪　夢にも御いらへを今少し聞えずなり<u>ぬる</u>こと。

「〈ナル〉⑩は、折角かわいらしくなったのに、今はそれをもう見られないという意味であるのに対し、⑪は、もう少しお話したかったのだが、夢の中でもできない状態が今も続いているという意味である。」[15] ⑩は、女房たちが言っている言葉であり、明らかに女房たちは時間の流れのただ中にいる。したがって

この「なりつる」は、「かわいらしくなった」という「既に実現した事柄」[16]を表している。それに対して⑪は、源氏の言葉であるが、ここでは源氏が夢の中にいる自分自身のことを話しているわけだから、当然のこととして話者（＝源氏）は、自分の外側を流れゆく時間の中での（自分自身の）行為（動作）を眺めやっているわけであり、したがって同じ完了の助動詞でも、こちらの方では「なりぬる」と〈ヌ〉が使われているのである。そしてこの夢の中にいる自分自身はいわば一種の《仮想の立脚点》（＝現在時点）だから、「聞えずなりぬる」における「聞こえずなる」という事柄が、この《仮想の立脚点》の前で実現したとも、またこの《仮想の立脚点》の上に重なる格好で実現したとも、いずれとも解し得るものになっている。鈴木氏の解説に、「……できない状態が今も続いているという意味である」とある所以である。

　以上、同じ動詞に〈ツ〉〈ヌ〉いずれもが付く用例を、〈ス〉と〈ナル〉という２つの動詞について見てみたのだが、これらわずかの用例からでも、〈ツ〉と〈ヌ〉の相違とその使い分けの規準といったものがかなり明らかになってきたのではあるまいか。そしてこのように見てくると、鈴木氏が同じ動詞に〈ツ〉も〈ヌ〉も付く用例を通覧したあとで、「……今のところその理由は十分に説明できない」とされている事柄に対する説明もついてくるのではあるまいか。つまり鈴木氏は、「……〈ツ〉が付いた場合は、皆既に実現した事柄を表しているのに対して、〈ヌ〉のついたものは少なくとも既に実現した事柄（のみ）は表していないという違いを認めることができる。これは、会話文では一般に、〈ツ〉は殆どが既に実現した事柄を表すのに対して、〈ヌ〉はそれだけでなく、未だ実現していない事柄を表すものがかなりあるということと対応しているように見えるが、今のところその理由は十分には説明できない。」[17]と述べておられるのだが、しかしこれまで見てきたごとくに、〈ツ〉と〈ヌ〉における話者ないし主体と時間の流れとの関わり方の相違といった観点から見てゆくならば、まずは説明がつくように思われるのだが、いかがなものであろうか。

　第３点……「その動作が未来に起こることを表す」[18]用法としての〈ツ〉に関して。

鈴木氏は、『源氏物語』のうちに「1例だけであるが、次のように未来の動作を表す例があった」として、次の用例を示しながらも、その解明は保留しておられる。——

「⑫雲間もなくて明け暮るる日数を添へて、京の方(かた)もいとどおぼつかなく、『かくながら身をはふらかしつるにや』と、心細う思せど、

これは、いつまで続くとも知れない風雨の中で、このまま自分は、ここで朽ち果ててしまうのか、と不安に思っているところで、動作が将来に起こることを示しているとしか考えられない例である。ただし、今は他に類例がないので、注意を喚起するに止める。」[18]と。

さてところで、この用例にあっては、時間の流れのただ中に身を置いている「自分」（＝源氏）と、一歩離れた位置からそれを眺めやっているもう1人の自分（「内なる自分」とでも言おうか）とがいる。ただしこの例では、前者の自分にウエイトが置かれていることは明瞭である。そしてまたここでは、時間の流れのただ中にいる自分（＝源氏）の立脚点が、未来のある時点であることも前後の文脈から明らかである。したがって時間の流れは、その流れのただ中に、かつ未来の一時点に立っている自分（＝源氏）のところで堰き止められて、ために「身をはふらかす」（朽ち果てる）という「事件」がそこで完結（＝完了）することになるのである。すなわち、「身をはふらかしつるにや」（朽ち果ててしまうのか）のつる〈ツ〉が、未来完了の用法になっているのである。

ちなみに、古代語における正式の未来完了の文法形態は、〈ツ〉の場合には〈テム〉、〈ヌ〉の場合には〈ナム〉である。ただし〈ヌ〉にあっては先に見たごとく、「未来にその動作が実現することを表す」用法として使われていることが文脈等から明らかな場合には、わざわざ〈ナム〉を使う代わりに〈ヌ〉のみで済まされていることが一般的であったが、〈ツ〉にあっても、未来完了の〈テム〉の代わりに〈ツ〉が用いられることがあり得るということなのである。ただ〈ヌ〉に比べて、〈ツ〉のみで未来完了表現になっている事例がきわめて少ないという事実は、それが〈ツ〉と〈ヌ〉の、時間の流れに対する関わり方の相違からくるものであることは、もはや説明を要しないであろう。

以上で鈴木氏が提起された問題点に対する検討を終え、以下には筆者の見解の妥当性を検証してみる意味で、なお2つの事項を取り扱うことをもって締めくくりとしたい。

　第4点…未来完了の〈テム〉〈ナム〉に関して。
- ⑬　さばかりになりな<u>ん</u>には、物の恥知らでありなん。(大鏡)
- ⑭　花見つつ惜むかひなく今日暮れてよその春とや明日はなりな<u>む</u>。(古今六帖)
- ⑮　秋の野に露をへる萩をた折らずて、あたら盛りをすぐし<u>て</u><u>む</u>とか。(万葉集十二)
- ⑯　一日などぞいふべかりけると下には思へど、さはれさまでなくともいひそめ<u>て</u><u>む</u>ことはとて、かたうあらがひつ。(枕草子)

⑬は、「それほどに成りさがってしまったようなときには、恥も外聞も構わないがいい。」[19]という意味であって、未来の助動詞の〈ム〉と完了の助動詞の〈ヌ〉とが組み合わさって、ある未来時までに「成りさがる」という事態が完結・完了することを、つまり未来完了を表している。⑭も同様に、「私に関係のない春になってしまうことだろう」との未来完了表現になっている。これら⑬⑭では完了の助動詞が〈ヌ〉なので、その未来完了にあっても、話者ないし主体は、時間の流れの上での事態の完了を、ある距離を置いた視点から眺めやっているわけである。他方⑮は、「惜しいことにその盛りを見過ごしてしまうことになるのか」の意の未来完了であるが、同じ未来完了ではあっても完了の助動詞が<u>て</u>（〈ツ〉）なので、この歌の主体（＝作者）は時間の流れのただ中（のある未来時点）に身を置いていることが分かるのである。あるいは逆に言って、この歌の作者は自分自身のことを詠っているのだから、当然時間の流れのただ中に身を置いているわけで、したがって「すぐし<u>て</u>むとか」と、〈ツ〉が使われることになるのである。

　⑯の<u>て</u><u>む</u>に関しては根来司氏が、「これは〈ム〉の連体形であるからそちらで考えていくと、〈もし言い出さないとしたらともかくも、いったん言い出してしまったからには頑張らなくては〉という心持ちになるのである。この〈ム〉

は柔らかく言うのに用いると説かれたこともあるが、婉曲であると共に〈もし……なら〉と仮定的にいう気持と思われる」[20]と「枕草子の文法」の中で解説しておられる。この⑯における話者はもちろん現在にいて、現在と関わる過去の事柄を述べている。(「かたうあらがひつ」のつ（〈ツ〉）によってそのことが分かる。）が同時にある未来時点に身を置いたものとして、その時までに「もしいったん口に出してしまったなら、その口に出したことは最後まで言い張らねば」と考えたわけで、この「いひそめてむ」はやはりその未来時までに完了した事柄としての未来完了表現になっているのである。

それならなぜここを未来完了表現にしたのか、という疑問が出てくる。筆者としては、これによって話者（つまり清少納言）が一般論化を狙ったものと見たい。なぜなら、単に話者の体験を述べるだけのことならば「……いひそめつることはとて」（とか、せいぜい「……いひそめつらむことはとて」）といった表現で十分なはずだからである。そこをわざわざ「未来の助動詞」の〈ム〉を使って、未来完了表現にしたのは、単に自分の体験の場合だけでなく、これから先も（つまり未来＝将来においても）一般に人が、「もし言い出さないとしたらともかくも、いったん言い出してしまったからには」、そのようなことは（あるいはそのようなときには）自説を固執してもいいのではないでしょうか、とそれとなく一般論化せんとする気持が働いている、と見なしたいのだが、どんなものであろうか。

なお蛇足ながら、⑯における話者は、時間の流れのただ中にいて文中に見るような体験をしたのであり、そしてまた一般に似通った体験をするであろう人たちも当然、時間の流れのただ中に身を置いた上で体験するわけだから、したがって、ここでの完了の助動詞としては〈ツ〉が使われて、〈て〉となっているのである。

ただ、〈テム〉〈ナム〉はこのように未来完了を表すのだが、しかし実際には、根来氏も指摘されるように、「〈ヌ〉〈ツ〉は完了というよりは実は確述の意が強いので、これが〈ム〉とともに用いられると確信をもった推量を表す」[21]場合がはるかに多く、未来完了表現としての〈テム〉〈ナム〉の用例は実際には少ない。もっとも現実の生活にあっても、未来完了的な表現を使うことはそう

多くはないのだから、そうした用例が少ないのもあるいはむしろ当然のことといえるかもしれない。

第5点……過去完了時の事柄に対する推量に関して。

⑰　白波の浜松が枝の手向草幾代までにか年の経ぬらむ　一に云う年は経にけむ　（万葉集一）

この歌に関して、池上秋彦氏は次のように述べておられる。「……文法面で問題となるのは、〈手向けの幣が年を経た〉あるいは〈すっかり年を経ている〉ことに作者が感慨を覚えたのは何時か、ということである。その答えはもちろん、作者がこの歌を作った時点、すなわち作者から言えば現在であるから、当然〈ラム〉を用いるべきところで〈ケム〉としたのは文法的に誤っている、ということになる。ただ問題を拡げすぎるかも知れないが、よく言われる、日本語では西欧諸言語に比べて〈時〉の区別があいまいである、という日本語あるいは日本人の特性がここにも現れていると考えられる……」[22] 確かに池上氏の言われるように作者の立脚点は現在なのだから、〈手向けの幣が年を経た〉ことを推測するのは、「現在の推量」の助動詞〈ラム〉を用いて、「経ぬらむ」（経たことだろうか）と現在完了時の（事柄に対する）推量表現にするのがごく自然であろう。だがしかし、だからといって、もう一方の「年は経にけむ」の方を文法的に誤りだとしてしまうのはどんなものであろうか。わざわざ「一に云ふ」として載せている以上、この表現もまた文法的に正しいと考えた上で――なぜなら万葉集の編者が最初から文法的に誤りであるものを載せるとは思い難いからである――それなりの解釈・解明を試みてみるべきではあるまいか。それにまた、日本語では、〈時〉の区別があいまいなために、こうした「経にけむ」という言い方がなされたとも池田氏は解しておられるが、古代日本語に関しては、そうした指摘（からの解釈）は当てはまらないからである。

そのようなわけで、ここの「年は経にけむ」を文法的に正しいとした上で、筆者なりに解釈してみることにしよう。……まずは文字どおりに、「過去の推量」のけむ（〈ケム〉）と「完了の助動詞」のに（〈ヌ〉）とが組み合わさってい

るのだから、過去より以前（＝過去完了時）の事柄に対する推量だと受け取ってみてはどうか。そうすると、ある何らかの過去の時点（「白波の浜松の枝」のところを通りかかったある過去の時点と考えてみてもよい）に、〈手向けの幣が年を経た〉あるいは〈すっかり年を経ている〉ことに作者が感慨を覚えたのを、そのことをいま現在〔新たに〕回想しながら、その時点までにどれくらい年を経ていたことだろうか（「年は経<u>に</u> <u>けむ</u>」）と、詠っているものと解し得る。

ただその際、同じ完了の助動詞でも、〈ツ〉と〈ヌ〉とでは時間の把え方に違いがあったことを想起していただきたい。すなわち、〈ヌ〉の場合には、話者（ここでは歌の作者）は時間の流れを一歩離れた外側から眺めやっているために、その時間の流れの上での「年を経る」という事象も〔〈ツ〉の場合のごとくには〕一定の時点（ここでは浜松が枝の手向草を見た過去時点）の前で堰き止められずに、その時点を通り過ぎて行った先で止まることがある。そうしてその止まった先が作者の立脚点（＝現在）に近接したところであるならば、「経<u>に</u> <u>けむ</u>」（という過去完了時の事柄に対する推量）が結果的には、「経<u>ぬ</u> <u>らむ</u>」（という現在完了時の事柄に対する推量）とほとんど同じような意味合いを持つことになる。そうなると今度は逆に、「経<u>ぬ</u> <u>らむ</u>」で十分であって、わざわざ「経<u>に</u> <u>けむ</u>」にするには及ばぬ、ということにもなりかねない。だがしかし、たとえ結果的にはほとんど同じような意味内容になるとしても、だからといって一方のみを適当とし、他方を不適当として斥けてしまうのではなく、むしろ古代日本語においてはそのように細かな時制（ないしは時間）区分が存在したのだというそのこと自体にこそ注意を払うべきではあるまいか。

そしてまた、そのように細かな時制・時間区分が存在したという事実は、それはとりもなおさず、古代日本人の時間意識が直線的・直進的なものに他ならなかった、ということを如実に物語っていはしまいか。逆に言えば、古代日本人が時間を直線的・直進的なものとして把えていたからこそ、古代日本語に見られるあのように細かく区分された、整然たる時制体系が成立し得たのだとも言えよう。いずれにせよ、円環的ないし螺旋的な場的時間観を背景に持つゆえの、現代日本語における２時制きりの時間区分という大まかさ、そしてそれゆ

えの〈時〉の区分のあいまいさ、と実に大きく異なるところである。

　古代日本語の完了の助動詞の〈ツ〉と〈ヌ〉の用法としては以上見てきた他にもなお、過去完了の〈テキ〉〈ニキ〉、それの推量表現としての〈テケム〉〈ニケム〉、また現在完了の推量表現としての〈ツラム〉〈ヌラム〉などがあるが、煩瑣にすぎることを恐れてそれらについての検討は割愛させていただく。ただしそれらの事例にあっても、話者ないし主体が時間の流れのただ中に身を置いている場合の完了には〈ツ〉の方が使われ、他方話者ないし主体がある距離を置いた視点から、時間の流れの上における「事件」なり「自他の動作」なりを眺めやっている場合の完了には〈ヌ〉が使われる、という筆者の見解が妥当するものであることは申し添えておきたい。

補説Ⅲ　ドイツ語の未来時制の形成過程
——ゲルマン的時間観とキリスト教的時間観のせめぎ合い——

　本文中にも指摘したように、13世紀に活躍したかの有名なキリスト教説教師ベルトルト・フォン・レーゲンスブルクの説教においてすでに、未来時制としては古代ドイツ語以来の sol（＝sollen）による迂言法に代わって、werden と現在分詞あるいは不定形による迂言法が多く見られるようになっている。ただその際注目すべきは、werden 型の未来形が頻繁に出てきだした当初の13世紀にこの同一の人物が、「werden＋現在分詞」と「werden＋不定形」という二様の未来形を同時に、同じように使っているという点である。なぜなら、ドイツ語の未来時制の形成過程に対する一般的な説明・解釈としては、「werden＋現在分詞」という形の方が先に出てきて、その現在分詞の語尾 －ende から－de が落ちて －en となることにより、「werden＋不定形」という未来形が形成されていったとするのだが、そのような音韻的発展説だと、同一人物による二様な未来形の同時使用についての説明がつきかねる。それで筆者としてはそれとは異なる別の見解をとりたいのだが、それに先立ってまずは、そうした解釈の立場

に立つ代表者としてのベハーゲルの意見を取り上げてみる。次のように述べている〔ただし例文は省略する〕：

「'werden＋不定形' に関わる判断にとって重要なのは、12世紀以来 'sein（動詞）＋現在分詞' と並んで、'sein＋不定形' の組合せが〔未来形の試みとして〕現れていることである。sein も werden の場合もともにそのうえ、－enne および －ene で終わる形が現れている。……要するに、付加語の現在分詞としても、－en、－enne、－ene をもつ形が現れているのである。……つまりは、ある音韻的な発展が存在しているにちがいないのだ。しかし －ende から直接 －en へと単純な音韻的磨滅が生じたとするのは論外である。なぜなら、それだと－enne、－ene という形の説明がつかぬままに残るからである。むしろまず初めに、アクセントのない音節における －ende が －enne（＞ene）へと同化されたのである。そしてここでさらに、最弱アクセントのあとの －e 脱落に関する周知の法則から、最後の e の脱落の説明がつくことを想起しえるだろう。ただし、1つにはこの法則はドイツ語圏のすべての地域において妥当するわけではないし、2つには、妥当する場合でも、なにゆえに、－en の形が付加語用法においてたしかに現れるものの、しかしただ述語的な使われ方においてのみ一般的に定着したのかということが、説明のつかぬままに残る。で、副文中に分詞的迂言法が登場するということから出発するべきだろう（daz wir gebende sîn, lösende werden）。副文では迂言法の諸部分が、1つの機能的統一体へとつなぎ合わされるのであって、そうした場合には機能のなくなった音節は容易に滅びることがありえるし、あるいはより短い形のほうがより長いものよりも優先されることがありえるのだ。」[1]

……ベハーゲルの解釈は、現在分詞の語尾 －ende が、－enne＞－ene となり、それがさらに －en となることによって不定形と同じ語尾になったため、「werden＋現在分詞」から「werden＋不定形」という未来形が生じたのだ、つまりは「1つの音韻的な発展」（eine lautliche Entwicklung）の結果なのだ、というものである。ただしこの「音韻的発展」説だと2つの説明のつかぬ点が残

るということは、ベハーゲル自身が認めている。そこで自らの説を補強すべく副文を引き合いに出して、例えば er wirt sehende（＝er wird sehend）から今日の表現方法の er wird sehen が生じたのは、副文「daβ er sehende wirt のなかにおいて sehende と wirt とは内容的にひとまとまりのものになった。そこで －de という音節はまったく余分なものとなり、したがって失われてしまったのである」[2]とする。

しかしベハーゲルの解釈には2つの弱点がある。つまり、たとえ仮に彼の言うような「音韻的発展」の過程をたどることによって「werden＋不定形」という未来形が形成されたにしても、それはあくまでも現象面を問題にしているだけであって、そのような過程を歩ませたその根本原因については何ら言及されていないし問題にされていないこと、いま1つは、副文において －de が失われたことがやがて主文にも波及していったと見なしているのだが、しかし中世ドイツ語の副文における語順は必ずしも常に定形後置になるわけではなく、〔実際には半分くらいしかなく、〕したがって sehende と wirt とで「内容的にひとまとまりのもの」になるというケースが常に生じたわけではなかったこと（にあえて目をつむっている点）である。

こうしたベハーゲル的な解釈の不備に対して、例えばヘルマン・パウルは次のように述べている。

「werden および sein と組合わさる不定形の使用は、現在分詞の使用と接触しあっている。そのことのために、そもそも不定形が基になっているのではなくて、むしろ分詞の（語尾の）擦り減った形が基になっているのだとの推測を抱かせたのだった。もちろんドイツ中部地域での d のない分詞形の存在は証明されうる。がそれらが疑いもなく d のない分詞として認められるのは、付加語の位置においてである。しかしながら、最初の登場と広まり方からして、分詞の影響のない '不定形－構成'〔＝werden と不定形との組合せ〕に対して独自の起源を仮定することを余儀なくされる。」[3]・

……パウルも、「音韻的発展」説では説明のつかぬこととして、「d のない分詞として認められるのは、付加語の位置において」であって、述語部分の不定形

を現在分詞相当語だとは、つまり、分詞が「音韻的発展」をたどって形の上で不定形と同形になったものだとは、見なし得ない点を指摘している。それにまた13世紀になって急に werden を助動詞とする未来形が頻繁に使われだしたとき、「werden＋現在分詞」と「werden＋不定形」という形態がほぼ同時並行的に現れたその「最初の登場」の仕方そのもの——このことがそのままベハーゲルのいう「音韻的発展」説への批判になるのは、この説を採るのなら両形態の間にもっと長い時間的隔たりないしは変遷過程が存在しなければならないはずだと言外に述べているからである——と、その後「werden＋不定形」の方が急速に優勢になっていったその「広まり方」（同じ13世紀の末にはもうほとんど「werden＋不定形」のみとなった）とを指摘してパウルは、「不定形―構成」にはそれ独自の起源があるものと受けとらざるを得ない、と主張するのである。筆者としても基本的にはパウルの意見に賛成なのだが、ただ残念ながらパウルはそこからさらに突っこんで、そうした独自の起源そのものについては、なおまたそれと対比される「werden＋現在分詞」出現の根拠については論究することをしていない。それで筆者としてはここで、これら両形態がそれぞれに独自の背景を持ちながら出来してきたその起源ないし根拠について、自らの解釈・見解を述べてみようと思う。

　筆者の見解を前もって結論的に言うと、「werden＋不定形」はキリスト教的な「過去→未来型の時間意識」に依って出てきた形態であり、他方「werden＋現在分詞」は、Mhd. 時代の初めごろまではなお厳然たる力を持っていたゲルマン的な「未来→過去型の時間意識」にのっとって出てきた形態だということである。……キリスト教的な時間観は、Ahd. 時代の未来形（scolan あるいは wellen＋不定形）を成り立たせていたそれまでのゲルマン的時間観とはもともとまったく正反対のものである。ところが Mhd. 時代とは、このキリスト教的時間観が次第に勢力を得てきて、それまでのゲルマン的時間観とせめぎ合い、やがては急速に優勢になってゆく時代である。そしてこのキリスト教的時間観から見るならば、未来の出来事・事柄が必然的にないしなんらかの意志を持てるものとして、未来から現在へと向かって生起してくるとの意味合いを含む

「scolan (wellen)＋不定形」というそれまでの未来形は、まったくもってそぐわぬものである。どうしても自らの時間観にふさわしい未来形をつくらねばならない。そんな要求からでてきた最初の試みが「sîn＋不定形」なのだ。例えば、それまでの ich scal lesan（私は読むことを「求められている」）に代わってich bin lesan としてみると、「私は読むこと（なの）である」「読むことになってある」「読むことになっている」となって、必然性・意志性の意味あいは薄らぐし、かつそれなりに未来表現たり得る。

　しかしながらこれではなおまだ、時間は過去から未来へ直進するものだとするキリスト教的時間観に特徴的な、かの直進的な動きの感じが出てこない。それでこの「sîn＋不定形」による試みは短命に終わって、次にこの sîn の静止性を打破すべく、sîn に代えて werden（生ずる、起きる、〜になる）を当てることにした。すると ich wirde lesan（＝ich werde lesen）は、「私は読むことになる」となって、未来へ向かう時間の動きの感じが出てくるばかりか、「scolan (wellen)＋不定形」という表現方法に伴う「ある種の不明確さ」、つまり「ある行為が未来に生起しようとしているのか、ある行為の実行の要求を表現しているのか、必ずしも明らかでない」[4] ある種の不明確さも払拭されることになったのである。なおついでながらその点英語では、現在に至るまで未来の助動詞としては shall と will を引き継いできたわけで、そのため例えばブラッドリをして（『英語発達小史』において）「shall、willというこれらの未来助動詞は、未来時以外の意味を含むため、純粋の未来を表す形式としてはあまり適当なものとは言えない。その点において、英語の未来助動詞は無色で曖昧性のないドイツ語の助動詞 werden に比べ、本質的に劣るものである」[5] と言わしめることになるのである。それはともかくとして、いずれにせよ13世紀に未来助動詞として「無色で曖昧性のない」werden が採用されることにより、「純粋の未来を表す形式」、つまり現代ドイツ語の未来時制「werden＋不定形」へと直結する形式が形作られたのであった。

　それでは次にもう一方の「werden＋現在分詞」について見てみよう。……もし仮に中世ドイツ語の時代になってもキリスト教的時間観の抬頭と優勢化という現実がなく、したがってまた「sîn＋不定形」から「werden＋不定形」とい

う形態の出現がなかったとしたならば、古代ドイツ語の時代になお支配的だったゲルマン的時間意識の側としては、その限りにおいてはこれまでどおりの「scolan (wellen)＋不定形」を踏襲してゆくことで何ら支障はきたさなかったはずである。しかしいつの世も時代は否応なく変動してゆく。そして旧勢力の側としても、新興勢力の新たな試みを目のあたりにしては、おのが改革を余儀なくされる。なぜなら、それまでの「scolan (wellen)＋不定形」の方としても「純粋な未来」を、つまり「ある行為が単に未来に生起しようとしていること」を表現しようとする場合でも、scolan または wellen そのものが持つ本質的な意味から、その行為に必然性やら意志性の意味合いがどうしても付加されて、「ある種の不明確さ」を免れえないことは重々感じていたに違いないからである。

　それでまず、新興勢力側の「sîn＋不定形」なる試みに刺激されたらしく、旧勢力のほうでも scolan (wellen) を sîn に変えることを試みたが、その際不定形の個所は現在分詞とした。それは単に相手側と同形態になることを避けようとしたがためではない。そうではなくて時間とは未来から現在に向かって流れてくるとする旧勢力側の時間意識にあっては、未来に生起する事柄は常にある具体的なイメージにおいて、言い換えれば一種のアスペクト的な状態において思い浮かべられるからであって、このアスペクト的表現としては不定形よりも現在分詞の方がはるかに適切だからである。それで例えば、ich bin lesende というと、「私は読んでいる（読みつつある）状態にある（いる）」となって、「読む」という未来に生起する事柄における必然性・意志性の意味合いがずっと薄らぐ一方、時間は未来から現在へと向かってくるとする時間意識そのものは一応損われないですむ。しかしそれでもやはりこの形態だと、時間は静止的な感じを免がれがたい。

　そのため、この「sîn＋現在分詞」なる試みのほうでも短命に終わって、次には同様にこの静止性を打破すべく sîn を werden に変えた「werden＋現在分詞」なる形が出てきた。それで例えば ich wirde lesende とすると、「私は読んでいる（読みつつある）状態になる（なってくる）」となって、「読んでいる」というアスペクト的な状態が、未来から現在へと向かう時間の流れに沿って次第に鮮

明な具体像となりつつ、現時点へと近づいてくるといった動きの感じが出てくることになる。なおまた、「sîn＋現在分詞」のときと同様に「werden＋現在分詞」という組み合わせにするのは、「未来→過去型の時間意識」にあっては、未来に生起する事柄は話者の視点からあくまでも具体的イメージとして思い浮かべられるべきものであって、そのようなアスペクト的表現としては、（不定形よりも）現在分詞の方がはるかに適切だからである。因みに、この「werden＋現在分詞」なる形態が、新興勢力側の「werden＋不定形」の試みに刺激されてでてきたものなのか、それともwerden使用に関してはむしろ旧勢力側のほうが一歩先んじていて、逆に新興勢力側を刺激したものだったのかは定めがたい。ただ言語的事実としては、これら両形態が13世紀にほぼ同時並行的に頻繁に使われだしたということ、そして初めのうちはむしろ「werden＋現在分詞」のほうが実例として多く見いだされるということは言えるのである。

　またいまさら言うに及ばないかもしれないがあえて一言しておくと、「sîn（werden）＋現在分詞」において、現在分詞の語尾 －ende の d が脱落して －enne（－ene）となるのは、発音してみればごく自然な現象として理解されることであり、またそれが付加語的に用いられる場合にはさらに －en となっても、次に名詞がきていることから現在分詞だと容易に分かる。しかしながら、それが述語部分にくる場合には不定形と全く区別のつかぬものとなって、「sîn（werden）＋不定形」の形態に対する自らの独自性が主張できなくなってしまう。述語部分の現在分詞としては、いかんとしても －enne（－ene）までで止めねばならぬゆえんである。これを言い換えるならば、現在分詞の語尾が －ende＞－enne（－ene）＞－en と「音韻的発展」をたどることによって、「werden＋現在分詞」から「werden＋不定形」の形態が形成されていったとは考えられないということだ。ベハーゲル自身が、述語部分にくる －en までも現在分詞（が「音韻的発展」をしたもの）と見なしてしまったがために、「何故に －en の形が、ただ述語的な使われ方においてのみ一般的に定着したのかということが説明のつかぬままに残る」との疑問点を残す結果になったのも、けだし当然のことである。

　繰り返し言う、述語部分にでてくる －en は決して現在分詞ではなく、あく

までも不定形だということだ。つまり、「werden＋現在分詞」と「werden＋不定形」とはそれぞれに異なる起源・出自を持っていたということなのだ。「ゲルマン的時間意識」に依って出てきた「werden＋現在分詞」がやがて使われなくなり、もっぱら「werden＋不定形」一本に絞られていったのは、決して「音韻的発展」の結果などではない。そうではなくて、あくまでもキリスト教的時間観が優勢となり支配的になっていった時代の趨勢のために、それに依拠せる「werden＋不定形」の方が優勢となり支配的になっていったその結果にすぎないということなのである。

　そしてこの優勢化に決定的な影響を与えたのが、他ならぬ機械時計の出現なのである。それについては本文中にやや詳しく述べておいたが、要するに、当時勃興しつつあった中世都市の商人層の要求に促されて、第1回十字軍（1096～99）の分捕り品として持ち帰った分銅式時計から（歯車のついた）機械時計が開発されたことが、キリスト教的時間意識の優勢化を急速に推し進める要因となったのだった。なぜなら、機械時計による時間把握は、基本的にキリスト教の「過去→未来型の直線的な時間」把握と一致するものであって、これがいまやキリスト教的時間観を背後から視覚的に、とは感性・感覚の面からも、支援することになったからである。もし仮にこの機械時計の出現がなかったとしたならば、「ゲルマン的時間意識」から「キリスト教的時間意識」への主導権の交替もおそらくはもう少し緩慢に進行したことであろうし、それによってまた「werden＋現在分詞」と「werden＋不定形」とのせめぎ合いも、1世紀にもみたぬほどの早さで決着を見ることにはなっていなかったろうと思われる。

注

<第1章>

1) ドイツ語による例文は、いちいちその出典をあげてはいないが、主として次の書物から引用した。── G. ヘルビヒ／J. ブッシャ著、在間進訳：『現代ドイツ文法』（三修社、1982年）、シュルツ／グリースバッハ著、稲木勝彦他訳：『ドイツ文法』（三修社、1971年）、橋本文夫著：『詳解ドイツ大文法』（三修社、昭和31年）、『Duden—Die Grammatik』（Dudenverlag、1959）、なおそれぞれの例文に付された日本語訳も、ドイツ語の各時制に対して普通どのような日本語が当てられるかが分かるように、なるべくそのまま引用した。

2) 寺村秀夫：「'タ'の意味と機能－アスペクト・テンス・ムードの構文的位置づけ－」（『言語学と日本語問題』所収）、252～253頁。

3) 橋本進吉著：『助詞・助動詞の研究』（岩波書店、昭和45年）、388頁。

4) 金田一春彦著：『日本語セミナー (2)』（筑摩書房、昭和57年）、300頁。

5) 同、20頁。

6) 『Duden–Die Grammatik』の107頁に、「これら（6つ）の時制はしかしながら、過去、現在そして未来といった客観的な時間状態に必ずしも一致するわけではない。」とある。

7) エドワード・T・ホール著、勝田二郎訳：『かくれた差異』（メディアハウス出版会、昭和61年）、32頁。

8) モノクロニック・タイムおよびポリクロニック・タイムというのはエドワード・T・ホールの造語であって、その著『文化としての時間』（宇波彰訳、TBSブリタニカ、1983）に付された「用語解説」（267頁）において、著者自身が次のように説明している。……「モノクロニックな時間とポリクロニックな時間──この2つの時間体系は、相互に相容れない時間体系である。モノクロニックな時間体系は、一時に1つのことをし、線形的で、欧米世界に多い時間体系である。ポリクロニックな時間は、一度に多くのことを行う。ポリクロニックな時間体系のスケジュールの処理の仕方は、モノクロニックな時間とは全く異なる。実のところ、スケジュールがあるのかないのかさえわからない場合もある。ポリクロニックな時間は、地中海文化、およびイベリア・インディアンの文化に共通している。」そして日本人の時間体系もまた基本的にはポリクロニック・タイムだとする一方で、ドイツ人の時間体系は、モノクロニック・タイムの代表格だとしている。

<第2章>
1）泉井久之助著：『言語構造論』（創元社、昭和22年）、68頁以下。
2）長田夏樹著：『原始日本語研究』（神戸学術出版、昭和47年）、54頁。
3）細江逸記著：『動詞時制の研究』（篠崎書店、昭和54年）、115～128頁を参照のこと。
4）鈴木泰：「古文における六つの時の助動詞」、『図文法講座2、古典解釈と文法－活用語－』（山口明穂編、明治書院、昭和62年）所収、275頁。
5）用例のうち口語訳の付いているものは、立平幾三郎・小山義昭著：『国文法－古典解釈文法－』（研数書院、昭和61年）からの引用。口語訳のない用例は、論者の名前はいちいちあげていないが、適宜、他の国文法家の論文中に出てくるものから使わせていただいた。
6）立平・小山共著：『国文法』（研数書院、昭和61年）、65～66頁。
7）〈キ〉と〈ケリ〉とのこうした相違について高橋伸幸氏は、音韻面から次のように説明している。……「ケリ」〔keri〕は「キ・アリ」（〔ki〕〔ari〕）の複合したもの。そしてその音韻変化は相互同化現象である。つまり、

$$ki \cdot ari > keri$$

$$\begin{matrix} i & & u \\ \downarrow & & \downarrow \\ e & & o \\ \downarrow & & \\ a & & \end{matrix}\Big\}$$の母音三角形で矢印のごとく歩み寄った結果である。

かく同化現象を起こすのは、奈良朝（8C.）までの日本語は母音連続を嫌ったからである。そこで、「アリ」という現在を示す動詞（または補助動詞）を内在するがゆえに「ケリ」は過去の事実を単に過去の事実として別置しないで、現在まで継続しているニュアンスを持たせた叙法となるわけである。
8）山口佳紀：「各活用形の機能」、『国文法講座2』所収、25頁。
9）同、29頁。
10）池上秋彦：「古文における推量（む・らむ・けむ）の助動詞」、『国文法講座2』所収、314頁。
11）山口明穂：「源氏物語の文法」、『国文法講座4、時代と文法－古代語－』（山口明穂編、明治書院、昭和62年）所収、207頁。
12）薗田稔編：『神道』（弘文堂、平成4年）、6頁。
13）西田正好著：『神と仏の対話』（工作舎、平成4年）、33頁。
14）同、12頁。
15）薗田：『神道』、370頁。
16）森浩一・江上波夫共著：『対談・騎馬民族説』（徳間書店、昭和57年）、197頁。
17）同、64頁。
18）金沢庄三郎氏の説に関しては、その著『日韓両語同系論』（三省堂、明治43年）および村山七郎・大林太良共著：『日本語の起源』（弘文堂、昭和48年、129～130頁）を参

照のこと。また朴氏の説については、朴炳植著：『日本語の悲劇』（情報センター出版局、昭和61年）、『日本語の成立証明』（同、昭和62年）を参照のこと。

19）（ハ）にみられる説に関しては、村山七郎・大林太良共著：『日本語の起源』（弘文堂、昭和48年）を参照。

20）もっとも藤原氏のドラヴィダ説、および大野氏のタミル説は、村山七郎氏から、『日本語の起源をめぐる論争』の中で、手厳しく批判されている。

21）森・江上共著：『対談・騎馬民族説』、145〜146頁。

22）同、142頁。

23）江上波夫著：『騎馬民族国家』（中公新書、昭和63年）、5〜6頁。

24）D. ダイマル著：『草原の国モンゴル』（加藤久耕訳、新潮選書、昭和63年）、27および32頁。

25）同、44頁。

26）小島瓔禮著：『日本の神話』（筑摩書房、平成3年）、24頁。なお古事記に出てくる他の神々の名が持つ意味についても、主として小島氏の解釈によったが、しかし日本古典文学体系「古事記祝詞」（岩波書店）をも適宜参照した。

27）真弓常忠著：『日本古代祭祀の研究』（学生社、昭和53年）、28〜29頁。

28）『大系日本の歴史』の第3巻『古代国家の歩み』（吉田孝著、小学館、昭和63年）、72〜75頁。

29）同、139〜140頁。

30）堀一郎著：『日本の宗教』（大明堂、平成2年）、107〜108頁。

31）永藤靖著：『古代日本文学と時間意識』（未来社、昭和54年）、28頁。

32）平野仁啓：「古代日本人の精神史」（明治大学文学部紀要『文芸研究』、第52号、昭和59年）、40頁。

33）永藤靖著：『古代日本文学と時間意識』、85〜86頁。

34）同、111頁。

35）平野仁啓：「日本人の時間意識の展開」（『文芸研究』、第21号、昭和44年）、7頁。

36）同、34頁。

37）同、38頁。

38）同、41頁。

39）同、34〜35頁。

40）花山信勝訳註：『往生要集』、323頁。

41）永藤靖、前掲書、185頁。

42）同、114頁。

43）平野仁啓：「日本人の時間意識の展開」、52頁。

44）この農業（技術）の進歩（発達）に関しては、『日本の歴史』（学習研究社、昭和54年）の記述（161頁）を参照した。

45）平野仁啓：「中世日本人の時間意識(1)－『新古今集』における時間意識－」（『文芸研

究』、第51号、昭和59年)、7頁。
46) 同、24頁。
47) 同、27頁。
48) 永藤靖:「中世日本文学と時間意識(1)」(『文芸研究』、第50号、昭和58年)、31頁。
49) 同、47頁。
50) 同、55〜56頁。
51) 角山栄著:『辛さの文学　甘さの文化』(同文館、昭和62年)、84頁。
52) 薗田稔編:『神道』(弘文堂、平成4年)、30頁。
53) エドワード・T・ホール著:『文化としての時間』(宇波彰訳、TBSブリタニカ、昭和58年)、87頁。
54) エドワード・T・ホール著:『かくれた差異』(勝田二郎訳、メディアハウス出版会、昭和61年)、154頁。

＜第3章＞
1) ベハーゲル著:『ドイツ語学概論』(桜井和市他訳、白水社、昭和52年)、17頁（以後、ベハーゲルと略す）
2) 島岡茂著:『仏独比較文法』(大学書林、昭和63年)、185頁（以後、島岡と略す）
3) 島岡、186頁。
4) 現代ドイツ語にあってさえ未来完了時制の使用はいたって少なく、例えばGelhausが行った統計によると、未来形2282例の使用に対して未来完了形は43例きりであり、かつこの43例中のうちたった 6 例のみが（未来時点までに完了しているとの）時間的意味合いにおいて使われているのである。(H. Kroeger: Zeitbewuβtsein und Tempusgebrauch im Deutschen, 156頁より)
5) このことは現代ドイツ語についても言える。例えば(a) Damals trank er jeden Abend viel Sake.（当時彼は毎晩たくさんの酒を飲んでいた。）(b) Gestern abend trank er allzu viel Sake.（昨晩はしこたま酒を飲んだ。）同じtrankという「過去形」を用いても(a)が継続・反復の不完了過去表現に、(b)がアオリスト表現になっていることは、間違いようもなく明瞭である。
6) 相良守峯著:『ドイツ語学概論』(研究社、昭和25年)、128頁（以後、相良と略す）
7) ウルフィラ（UlfilasまたはWulfila）は西ゴート族の初代司教で、ドーナウ下流南方の属州モエーシア（ほぼ今日のブルガリア）においてキリスト教の布教と聖書の翻訳に従事した。
8) Otto Behaghel: Deutsche Syntax, II, Carl Winter's Universitatsbuchhandlung, 1924, S. 255、（以後、Behaghelと略す）
9) Behaghel, S. 256
10) Behaghel, S. 282
11) Hans Kroeger: Zeitbewuβtsein und Tempusgebrauch im Deutschen. Haag Herchen Verlag.

1977, S. 12（以後、Kroegerと略す）
12）モーザー著：『ドイツ語の歴史』（国松孝二他訳、白水社、昭和49年）、94頁（以後、モーザーと略す）
13）モーザー、106頁。
14）古川尚雄著：『英独比較語学』（渓水社、昭和57年）、42頁（以後、古川と略す）
15）Hermann Paul：Deutsche Grammatik Ⅳ, Max Niemeyer Verlag, 1920, S. 147.（以後、Paulと略す）
16）断りのない限り用例は、Behaghel：Deutsche Syntax Ⅱからのものとする。かつその出典の略記号についても、この書の第Ⅰ巻の略記号表に従う。ただし主なものをあげておくと次のごとくである。
　　Isid.＝Isidor（560-636）がラテン語で書いたもののAhd. 訳。830年ごろ。
　　H.＝Hildebrandslied「ヒルデブラントの歌」：英雄歌謡断片、818〜820年ごろ。
　　Hel＝Heliand「ヘーリアント」：宗教叙事詩、830年ごろ。
　　T.＝Tatian「タチアン」、タチアンは2世紀頃のシリアの神学者であって、彼の書物のAhd. 訳、830年ごろ。
　　O.＝Otfrieds Evangelienharmonie、オットフリートの「福音書」、868年ごろ。
　　N.＝Die Schriften Notkers、ノトカーの散文、11世紀。
　　MSD.＝Müllendorff und Scherer: Denkmäler deutscher Poesie u. Prosa v. d. Ⅷ－Ⅻ Jh.
　　（Exh）＝（Exhortatio）、8世紀ごろの説教。
　　Iw.＝Iwein、「イーヴァイン」、ハルトマン・フォン・アウェ（1165-1210）作の騎士物語。
　　Berth.＝Berthold von Regensburg、ベルトルト・フォン・レーゲンスブルクの説教集。
17）ベハーゲル、226頁。
18）古川、102頁、ただしこのことをもって古川氏のごとく、「Ahd. 時代は実は時の観念の最も衰弱したとき」（古川、102頁）と言うのは当を得ていない。それはあくまでもキリスト教的な時間観を基準にした判断にすぎないからだ。「未来→過去型の時間意識」にあっては「時」の観念はごく自然に現在と過去の2つになるのだし、時制組織もこれまた自然に現在形と過去形の2つになるのだ。Ahd. 時代には、後のキリスト教的な時の観念とは異なる「別の時の観念」が支配的だったというにすぎないのである。
19）前島儀一郎著：『英仏比較文法』（大学書林、昭和62年）、147頁（以後、前島と略す）
20）Paul, S. 66。
21）H. ブラッドリ著：『英語発達小史』（寺澤芳雄訳、岩波文庫、昭和64年）、77頁（以後、ブラッドリと略す）
22）Behaghel, 276頁。
23）島岡、188頁。
24）このことについては註（4）を参照されたい。
25）古川、42頁。

26）Behaghel, 259頁。
27）Kroeger, 353頁。
28）ベハーゲル、226頁。
29）Paul, 148頁。
30）モーザー、134頁。
31）モーザー、142頁。
32）モーザー、147-8頁。
33）Behaghel, 263頁を参照のこと。
34）Paul, 148頁。
35）Behaghel, 259頁。
36）相良、267頁。
37）小学館独和大辞典〔コンパクト版〕、小学館、平成2年、2039頁[b]
38）Behaghel, 298頁。
39）相良、274頁。
40）相良、273頁よりの用例。

＜第4章＞

1）シュラーダー／クラーエ著：『インド・ヨーロッパ語族』（風間喜代三訳、クロノス、昭和60年）、147頁（以後、シュラーダーと略す）
2）シュラーダー、148-149頁。なお引用文中の「……」は中略の記号とする。以下同じ。
3）シュラーダー、48頁。
4）シュラーダー、24頁。
5）林健太郎編：『ドイツ史』（新版）、（山川出版社、昭和52年）14-15頁（以後、林と略す）
6）H・モーザー著：『ドイツ語の歴史』（国松孝二他訳、白水社、昭和49年）、85頁（以後、モーザーと略す）
7）林、15頁
8）半田元夫・今野国雄編：『キリスト教史Ⅰ』（山川出版社、昭和52年）、213頁（以後、半田・今野と略す）
9）カエサル著：『ガリア戦記』（近山金次訳、岩波文庫、昭和64年）、121頁（以後、カエサルと略す）
10）カエサル、202頁
11）タキトゥス著：『ゲルマーニア』（泉井久之助訳註、岩波文庫、昭和63年）、80頁。（以後、タキトゥスと略す）
12）タキトゥス、30頁。
13）タキトゥス、42頁。
14）タキトゥス、83頁。

15) タキトゥス、125頁。
16) タキトゥス、119頁。
17) タキトゥス、43頁。
18) タキトゥス、78-79頁。
19) タキトゥス、79-80頁。
20) タキトゥス、120頁。
21) 谷口幸男著：『ゲルマンの民俗』（渓水社、昭和62年）345頁（以後、谷口と略す）
22) タキトゥス、35-36頁。
23) タキトゥス、62-63頁。
24) タキトゥス、86頁。
25) P. シェパード著：『狩猟人の系譜』（小原秀雄・根津真幸訳、蒼樹書房、昭和50年、以後、シェパードと略す）
26) シェパード、156頁。
27) シェパード、159、164、166頁。
28) 千葉徳爾著：『狩猟伝承』（法政大学出版局、昭和60年）、5頁。
29) 阿部謹也著：『甦える中世ヨーロッパ』（日本エディタースクール出版部、平成2年）、38頁（以後、阿部と略す）
30) 阿部、39頁。
31) 阿部、104頁。
32) このことに関しては、谷口幸男氏の「ゲルマン人の葬制と死の観念」（広島大学文学部紀要、第32巻2号、昭和48年、これは後『ゲルマンの民俗』の中の第Ⅱ章、6に収録されている）という研究があって、ここではその記述のうちから時間観に関わってくる個所をほぼそのまま利用させていただいたことを、前もってお断りしておく。
33) 谷口、136頁。
34) 因みに、中欧ではこれら両期を鉄器時代とする。他方、北欧では鉄器時代がヴァイキング時代（800～1000年）までずれこむ。
35) 谷口、141頁。
36) 谷口、141頁。
37) 谷口、142頁。
38) 谷口、143頁。
39) 谷口、152頁。
40) 谷口、155頁。
41) 谷口、144-145頁。
42) 谷口、144頁。
43) そうした1例をあげておくと、「スノリのサガ『ヘイムスクリングラ』Ⅸによると、ハールヴダン黒王は、王の治世に豊作が続いたため、死後各地で王の遺体を自分の領地に埋葬したがった。結局、遺体を四箇所に埋葬した、という。」（谷口、143頁）

44）半田・今野、213頁。
45）林、35頁。
46）七定時課とは、1日を7つの時祷に分けるもの。朝課〔午前零時〕、讃歌〔午前3時〕、一時課〔午前6時〕、三時課〔午前9時〕、六時課〔正午〕、九時課〔午後3時〕、晩課〔午後6時〕、終課〔午後9時〕、に。そして日の出の第一課には鐘が1つ鳴り、以下日の出と正午の間にある三時課には2つ、正午の六時課には3つ……という具合に鐘が鳴り響いたのである。
47）林、80頁。
48）阿部、75-76頁。
49）阿部、78-79頁。
50）ハンス・ヴェルナー・ゲッツ著：『中世の日常生活』（轡田収他訳、中央公論社、昭和64年）、201頁（以後、ゲッツと略す）
51）ゲッツ、273-274頁。
52）ゲッツ、286-288頁。
53）林、127-128頁。
54）阿部、105頁。
55）玉城肇著：『時計の歴史』（岩波書店、昭和23年）、74頁、なおこのときまでにも、日時計、水時計、砂時計等によって、時間を計ろうとするいろいろの工夫がなされていたことは言うまでもない。
56）ジャック・アタリ著：『時間の歴史』（蔵持不三也訳、原書房、昭和61年）、305頁（以後、アタリと略す）
57）アタリ、82-83頁。
58）ジャック・アタリは、機械時計の出現を境にして人間の時間意識が大きく変わることになったとの見方に立って、機械時計出現以前の時間を〈神々の時〉と呼び、出現以降のそれを、人間中心の時間という意味合いから〈身体の時〉と呼んでいる。彼の表現に従えば、「〈神々の時〉においては、時間は自然の観照や神秘的な力の流れ、さらに惑星や星々の周期的な運行によって測定されていた」のである。それに対して、次の〈身体の時〉になると、天体の動きは身体の動きのうちにメタフォライズされ、後者の動きを分節化する分銅と平衡輪の登場によって、時刻が画定されてゆく。つまり、時間が「鐘や分銅式時計（＝機械時計）のなかで〈理解される〉ようになる」のである。

さてそれで、キリスト教における〈時〉のみならず「ゲルマン的時間」もまた、そうした〈神々の時〉の一形態と見なして差し支えないわけだが、この機械時計の出現によって、「ゲルマン的時間」は言うに及ばず、当初にはその支援を受けたはずのキリスト教的時間までもがやがて、この〈身体の時〉によって主導権の交替を余儀なくされていったのである。（ジャック・アタリ：『時間の歴史』34-35頁、358頁を参照のこと）

59）アタリ、109頁。
60）阿部、20頁。
61）アタリ、70頁。
62）〈機械の時〉とは、「各人をして、さながら一個の機械でも扱うように社会を修繕し、その時間の使われ方をクロノメーター（精密時計）の場合と同じように測ることを求める」ものである。そこでは「時間が金銭と化し、人間が機械と化すに及んで〈ゼンマイ〉と〈アンクル〉とはともどもにブルジョワ階級をして労働者の時間の主に仕立て上げる。」それはいわば〈時〉を用いての人間による人間の統制を意味した。
63）クォーツ時計の出現によって時間はコード化される。この〈コードの時〉では、時計は一層精密になって企業精神のさらなる合理性と生産の工業化とを可能にし、一方、あらゆる事物や身体（＝人間）はあらかじめプログラムされた時間を生きるようになるのである。それは〈時〉そのものによる人間の統御といってもよいものである。
64）アタリ、305頁。

＜補説Ⅰ＞
1）鈴木英夫：「過去と完了－『～た』と『～てしまう』を中心として－」（『文法』、昭和45年12月号所収、明治書院）、63～66頁。
2）尾関毅：「主語設定について」（『日独語対照研究』所収、大学書林、昭和60年）、92、94頁。
3）『現代ドイツ文法』、159頁。

＜補説Ⅱ＞
1）橋本進吉著：『助詞・助動詞の研究』（岩波書店、昭和45年）、364頁および367頁。
2）鈴木泰：「古文における六つの時の助動詞」、『国文法講座2、古典解釈と文法－活用語』（山口明穂編、明治書院、昭和62年）所収、273頁および291頁。
3）立平・小山共著：『国文法』、29頁。
4）同、29頁。
5）同、27頁。
6）同、36頁。
7）鈴木泰、前掲論文、291頁。
8）同、299頁。
9）同、299頁。
10）同、299～300頁。
11）同、300頁。
12）同、302頁。
13）同、291頁。
14）同、302頁。

15) 同、303頁。
16) 同、303頁。
17) 同、303頁。
18) 同、295頁。
19) 立平・小山共著：『国文法』、85頁。
20) 根来司：「枕草子の文法」、『国文法講座4、時代と文法－古代語』（山口明穂編）所収、244頁。
21) 同、243頁。
22) 池上秋彦：「古文における推量（む・らむ・けむ）の助動詞」、『国文法講座2』所収、336頁。

＜補説Ⅲ＞
1) Behaghel、262-3頁。
2) ベハーゲル、226頁。
3) Paul、127頁。
4) ベハーゲル、226頁。
5) ブラッドリ、82頁。

あとがき

　そもそも筆者が、ドイツ人と日本人の時間観ないし時間意識なるものに関心と興味を抱くようになったきっかけはごく些細なことによる。はや三昔半も前のことになるが、ドイツ語教師になりたての筆者は、学生たちが例えば過去完了・過去・現在完了の違いを理解しているかどうかを確かめるために、それぞれ「〜てしまっていた」「〜ていた」「〜てしまった」と訳し分けるよう求めた。彼らはその場ではそうした求めに応じてくれるものの、先に進んでまた同じような文例に出くわすと、そのいずれをも「〜た」ひとつで訳してしまう。ところが考えてみると、日本語としてはそれで決して間違ってもいなければ不自然でもないことに気づいた。
　不思議に思ってそうした点につきあれこれ調べてゆくと、ドイツ語と日本語の時制体系がそもそも異なっていること、そしてそうした違いが生じた背景にはドイツ人と日本人の時間観そのものの相違が控えているらしいことも分かってきた。ところがさらにこれらを歴史的に見てゆくと、両言語の時制が全く対照的な逆の変遷過程をたどって現代に至っていることも、そしてそれにはまた背景としての両民族の時間観がそれぞれに異なる変転をたどったらしいことも明らかになってきた。どうも問題解明のカギは、両民族の時間観を共時的かつ通時的に明らかにするところにありそうだとの思いから、恩師佐野利勝先生のところへ相談に行った。そうしたところが言下に、「そんなことに首をつっこんだら一生出てこれなくなるからやめておけ！」と。
　時間とは何か、といった問題は古今東西の難問中の難問で、それに手を出す気などは毛頭なかったが、一方、時間なるものを各民族がどのように見、イメージしているか、またしてきたかといったことも、一筋縄ではいかぬ難しいテーマであることを熟知された上でのご注告であったと思う。それで自分としては後

ろ髪を引かれる思いではあったが、思い止まることにした。そして他方で興味を抱いていたヘッセやカロッサなどいわゆるドイツ新浪漫派の作家なり作品なりを手がけつつ月日を送っていた。ところがやはり例の時制のことやら時間観のことがどうにも気になって仕方ない。それで今度は佐野先生には内緒でごそごそと調べだした。しかし大学でドイツ語を語学として専攻したわけでもなければ、ましてや国文法にいたっては全くの門外漢である。日本史にしろ世界史にしろ、そのほか何から何まで全くの素人が、ただもう自分自身の疑問点を明らかにしたい一心一念に引かれて、暗中模索しながら進んでゆくのみである。

　そして実際、時間観を解明しようとする過程で、いくつもの問題にぶつかった。例えば、現代日本語で特別扱いされている「タ」についていまだ必ずしも統一的な解釈が確立しているわけではないこと、また古代日本語における完了の助動詞〈ツ〉と〈ヌ〉の使い分けの規準に関しても、いまなお国語学界でも定説がないこと、他方ドイツ語の未来時制の形成過程に関してはベハーゲルもパウルもいまだ十分に解明し得たとは言えないこと等々である。そしてそれらが未解決である理由は、どうもそれらをあくまで文法問題の枠内で解決しようとしていることに原因がありそうだということにも気づかされた。それで試みに、その民族の、その時代の、時間観が背景にあることを考慮に入れて検討してみることにした。例えば、古代日本語の完了の助動詞としての〈ツ〉と〈ヌ〉の使い分けに関しても、古代日本語が直線的時間観の上に成り立っていた言語事実をふまえ、そうした前提・観点から検討を加えてみると、素人ながら、ほとんど無理なく説明のつくことを発見した。

　他方、古代ゲルマン人の時間観がどういうものだったかについては長いあいだずっと分からずにいた。ところがある日フッテ、彼らは時間というものを未来からまっすぐ現在に向かってやってきて、現在を通りすぎた後はその進行のまま過去へと過ぎ去って行ってしまうものというふうに把えていたのではあるまいか、と思い当たった。それでそうした彼らの時間観を「ゲルマン的時間観」と呼ぶことにして、その観点から古代ゲルマン語の時制なりゲルマン人（ドイツ人）に関わる諸々の事柄なりに当たってみた。するとこれまたことごとくスムーズに説明がつくのである。そしてドイツ語の未来形の形成過程についても、

あとがき

　この観点の延長線で、ゲルマン的時間観とキリスト教的時間観のせめぎ合いと、後者の優勢化による結果であると見なすと、これまた無理のない説明が得られたのだった。

　ともかくこんなふうにして調べてゆくうちに、自分自身が抱いていた疑問点も素人なりに次第に解決してきたので、それであえて『日独両民族の時間観』という題で 1 冊の本にまとめてみることを思い立ったわけだが、そうすると今さらながらに、実に多くの方々のご教示・お陰あってのことと感謝の気持のうちに思い起こされた。とりわけ、国内留学の申請を快く受け入れて下さった京都大学の高津春久先生には、中世ドイツ語はじめ語学面での個人レッスンをお願いして、ひとかたならぬお世話になった。また、滋賀大学在職中と専修大学に移られてからと、国語学の備前徹氏には第 1 章の全体を 2 度にわたって見ていただき、貴重な指摘・教示を受けた。それにより書き改めたり補筆したところもあったが、自説にこだわった個所もあった。ただ、時制・アスペクト・ムードは複雑に絡み合い相互補完的に構成されているので、そうしたところにまで視野を広げてみる必要があるとの指摘は全くもってそのとおりであったが、それは素人・門外漢の力の及ぶところでなかったので、あえて時制のみに限定したことを正直に白状せざるを得ない。

　なお第 2 章については、（友人の加納邦光氏を介して）札幌大学の国文学の高橋伸幸氏に全体を見ていただき、その指摘・教示にしたがって訂正・補筆・加筆を施した。（高橋氏はその後、故人になられた由。）さらには、古文のことでは万葉集の研究家である滋賀大学名誉教授の山本利達先生に教えを乞うた。またそのほか前の京都大学教授の井口省吾先生からも示唆に富む指摘をいただいたし、輪読会仲間の伊藤照夫氏（京都産業大学教授）にはギリシア語・ラテン語のことでいろいろと教えていただいた。そのほかいちいち名前はあげられないが、そのつど拙論に対して感想・意見・批評等をお寄せ下さった諸兄姉に対しましても、この場をお借りして、改めてお礼を申し述べます。

　なおまた出版に当たっては、大学教育出版・編集部の佐藤守氏に御世話になりました。心よりお礼申し上げます。

■著者略歴

麦倉　達生（むぎくら・たつお）
1938年4月　大阪府に生まれる。
1964年3月　京都大学文学部独文科卒業。
1966年3月　京都大学修士課程修了。
現　在　　滋賀大学教授。

訳書
T. ボヴェー：『人生の道しるべ』（ヨルダン社、共訳）
ケラー作品集第4巻『マルティン・ザランダー』（松籟社、共訳）

日独両民族の時間観
——時の表現にみる言語事実をふまえて——

2001年10月20日　初版第1刷発行

■著　者────麦倉　達生
■発行者────佐藤　正男
■発行所────株式会社 大学教育出版
　　　　　　　〒700-0951　岡山市田中124-101
　　　　　　　電話 (086) 244-1268　FAX (086) 246--0294
■印刷所────互恵印刷（株）
■製本所────日宝綜合製本（株）
■装　丁────ティー・ボーンデザイン事務所

Ⓒ Tatsuo Mugikura 2001 Printed in Japan
検印省略　　落丁・乱丁本はお取り替えいたします。
無断で本書の一部または全部を複写・複製することは禁じられています。

ISBN4-88730-458-7